I0022671

www.ingramcontent.com/pod-product-compliance
Lightning Source LLC
Chambersburg PA
CBHW031424270326
41930CB00007B/564

9 7 8 1 9 9 0 1 5 7 2 1 9

انتشارات انار

از پژوهش‌های ایران - ۱

بنفشه حجازی

فایل بنفش

مجموعه مقالات ادبی و تاریخی

دانش طلب و بزرگی آموز   تا به نگرند روزت از روز

فایل بنفش (مجموعه مقالات ادبی و تاریخی)
از پژوهش‌های ایران - ۱
نویسنده: بنفشه حجازی
مدیر هنری و طراح گرافیک: عبدالرضا طبیبیان
چاپ اول: تابستان ۱۴۰۰، مونترال، کانادا
شابک: ۹-۲۱-۹۹۰۱۵۷-۱-۹۷۸
مشخصات ظاهری کتاب: ۳۲۰ برگ
قیمت: US $ ۲۰ - CAN $ ۲۵٫۵ - € ۱۷ - £ ۱۴٫۵

انتشارات انار

نشانی: 746A, Plymouth Av., Montreal, QC, Canada
کدپستی: H4P 1B1
ایمیل: pomegranatepublication@gmail.com
اینستاگرام: pomegranatepublication

پیشکش به ناشران سخت‌کوشم

فهرست

برگ

۹   پیشگفتار

۱۱   زندگی و سلوک تاج الرِّجال، رابعه عدویه

۲۱   زنان در متون تحقیرکننده

     (با تکیه بر آثار امام محمد غزالی)

۴۵   تأثیر خواب‌نامه‌ها در فرودست سازی زنان

۶۳   سیری در تاریخچه نقّاشی ایرانی و بررسی حضور زن در آن (بخش اول)

۷۳   بررسی حضور زن در نقّاشی ایرانی (بخش دوم)

۸۹   تأملاتی درباره‌ی شعر زنانه

نقش ترانه‌های عامیانه در انتقال میراث تاریخی، فرهنگی و اجتماعی با تأکید بر مسائل زنان ۱۲۷

زندگی و افکار عالم‌تاج قائم مقامی (ژاله) ۱۴۱

افکار سیاسی - اجتماعی پروین اعتصامی ۱۵۵

دو نگاه به مسئله‌ی ازدواج دختر بچه‌ها ۱۶۵

(در ضمن نقد دو داستان کوتاه از منیرو روانی‌پور و علی‌اشرف درویشیان)

ایاز و تاریخ (نگاهی دوباره) ۱۷۹

تأملاتی در باب کتاب رباعیات خیام ۱۹۵

(ترجمه‌ی منظوم سعید سعیدپور چاپ کمیسیون ملی یونسکو در ایران)

فردوسی، ولف، نوشین ۲۰۵

فرهمندان کارگر و کاوه آهنگر در شاهنامه فردوسی ۲۱۳

تاریخ و حافظ (نگاهی دوباره) ۲۲۵

آشنایی حافظ با مولوی ۲۳۹

مقایسه نگاه شاملو و فروغ به اتاق، خانه، کوچه، خیابان، شهر ۲۶۱

سرنوشت رباعی و چنگ مشوش ۲۹۳

(بررسی کتاب چنگ مشوش، پوران فرخزاد)

سیمای زن در آثار شفیعی کدکنی ۳۰۳

پیشگفتار

مقالات موجود در این فایل ، طی سال‌های ۱۳۶۹ تا ۱۳۹۵ نوشته شده و در مجلات بایا، پیام هاجر، زنان، سروش، فصل زنان، گلچرخ، نافه، فصلنامه پژوهشی دانشکده‌ی ادبیات و علوم انسانی دانشگاه شهید بهشتی ، ایران نامگ و روزنامه‌ی ایران و سایت مدرسه فمینیستی و چند سایت دیگر منتشر شده است . برخی از این مقالات قبل یا بعد از انتشار در کنفرانس‌های خارجی یا گردهمایی‌های داخلی عرضه شده‌اند.

فایل بنفش حاوی ۱۹ مقاله است وچنانکه از نامشان بر می‌آید نمایانگر توجه مؤلف به شعر و ادبیات است که در این زمینه‌ها تمرکز روی مسائل و مباحث زنان و زنان شاعر چشم‌گیر می‌باشد.

سـعی شـده بـرای جمع‌بنـدی بهتـر خواننـدگان، نظمـی بـه آنهـا داده شـود کـه در بخـش نخسـت بـه بررسـی مسائل زنان و زنان شاعر اختصاص دارد و در بخش دوم در کنار مباحث کلاسـیک شـعر و ادب پارسـی بـه نقـد کتـاب و معرفـی چهـره‌ی دیگـری از مفاخـر ادبـی ایـران پرداختـه می‌شـود و در قسـمت سـوم بـه شـعر شـاعران دوره‌ی معاصـر و بررسـی شـعر آنها توجه شـده اسـت.

ایـن تعـداد کـه از بیـن نقدهـا، یادداشت‌هـا و گزارش‌هـای چـاپ شـده انتخـاب شـده بـه غیـر از علاقه‌منـدی مؤلـف بـه آنـان می‌توانـد بـرای خواننـدگان نکاتـی قابـل تعمـق داشـته باشـد.

باشـد کـه مقبـول افتـد.

تابسـتان ۱۳۹۹

| زندگی و سلوک تاج‌الرِّجال، رابعه عدویه |

بررسی زمینه‌های تحول حیات معنوی تفکر اسلامی نیازمند تحقیق در کلیه‌ی اندیشه‌هایی است که در حوزه‌های ایران و آیین زرتشت و سایر کیش‌های باقی مانده در کنار آن، مسیحیت، یهودیت و سایر افکاری که حاملان آن در حوزه‌ی حکومت اسلامی پراکنده بوده و به نشر عقاید خود می‌پرداخته‌اند، دارد.

یکی از این گونه‌های تفکر که از دل تفکر اسلامی سر برآورده و بر آن تاثیر گذاشته و موجب تحول در آن شده، تصوف است.

بحث راجع به چند و چون مبارزاتی که منجر به شکل‌گیری تصوف شد و چگونگی قالب‌ریزی تصوف اسلامی با پوسته‌ی رهبانیت مسیحی در قالب افکار ایرانی متکی بر

فلسفه‌ی ایران باستان و افکار ما نیازمند شرح مبسوطی است که بدون مقدمات، پرداختن به آن در حد این وجیزه نیست. چراکه پس از آن باید وارد این مبحث شد که ایرانیان حاصل را با فلسفه یونان باستان و بخصوص افکار نو افلاطونیان تلفیق و نتیجه را با فلسفه و افکار هندی و بودایی تکمیل کردند تا به مرحله‌ی ذوق و رشد وکمال رسید طوری که حاصل به هیچ‌وجه قابل قیاس با تصوف اولیه اسلامی نیست. بدین خاطر بدون شرح و بسط وارد این مطلب می‌شویم که رابعه عدویه قیسی به عنوان یکی از افراد اولین گروهی که تصوف را شکل دادند، تاثیر خاصی بر عرفان ایران زمین داشته است. او باریتعالی را همانند معشوقی می‌ستاید و ستایشش هم حامل حب الهوی‌ست و هم آن‌گونه حبی که تنها مختص ذات اقدس الهی است:

تو را به دو نوع محبت دوست می‌دارم
یکی حب الهوی
- یعنی محبت شخصی که عاشق و دلباخته است -
و دیگری
آنچنان محبتی که تو شایسته آنی.
اثر حب الهوای من آن است که یاد تو مرا از یاد هرکس دیگری باز می‌دارد
ولی اثر محبتی که تو شایسته آنی این است
که پرده‌ها را از برابرم کنار می‌زنی تا رویت را ببینم
لذا من نه در این نوع محبت شایسته ستایش هستم
و نه در آن نوع
بلکه هم در این نوع و هم در آن نوع
این تویی که شایسته ستایشی.

حصول این معنا در قلب و جان رابعه ناگهانی و دفعتی نبوده بلکه در آغاز راه زاهدی است ترسان. او همانند عده‌ی بیشماری آنقدر ترسیده است که به بشارت‌های الهی کم توجه یا بی‌توجه است. زمانِ استغراق او در محبت الهی مشخص نیست چراکه از زندگی و احوالاتش اطلاع چندانی در دست نیست. آغاز آشنایی ما ایرانیان با رابعه از طریق عطار

است که از او در تذکره الاولیا، مصیبت‌نامه، الهی‌نامه و مقامات طیور نام می‌برد. اسرار التوحید در مقامات شیخ ابوسعید، نفحات الانس جامی وکشکول شیخ بهایی نیز از دیگر منابع آشنا نزد ماست که به او عنایت و توجه کرده‌اند. اما همانند منابع دنیای عرب، بیشتر با او همانند فردی عَلَم و شناخته شده برخورد کرده‌اند و تنها تذکره الاولیاست که به زندگی و شرح حالش پرداخته است.

طبق گزارش عطار، رابعه چون چهارمین دختر پدر و مادرش بوده رابعه خوانده شده است. کنیه اوام‌الخیر است وکنیز آل عتیک و اهل بصره.

نام پدرش ابراهیم بوده و چون ذکری از برده و بنده بودن پدرش نیست به نظر می‌رسد که آنها در زمان پدر رابعه آزادی خود را به دست آورده و شدت فقرشان که مربوط به نداشتن ارباب و حامی‌ست، آزاد بودن و استقلال این خانواده را تایید می‌کند.

آل عتیک از نواده‌های قیس بوده‌اند. به این دلیل جاحظ از او به رابعه قیسیه یاد می‌کند. بنی‌عدوه نیز از آل عتیک بوده‌اند که بعضی بر آن هستند که در مرو بوده‌اند و سپس به بصره آمده‌اند لذا شاید این خاندان و خدمتکارانشان که یکی هم خانواده رابعه است اصلشان از مرو بوده باشد و ایرانی‌الاصل بوده باشند. عبدالرحمن بدوی نویسنده کتاب رابعه، شهید عشق الهی او را به تبع رامشگر بودن و عقاید خاصش راجع به خانه‌ی کعبه ایرانی می‌داند.

قبول این فرض، این سوال را مطرح می‌کند که از چه زمانی دین اسلام را پذیرفته‌اند؟

جواب این سوال را عطار درآنجاکه از قول عیسی زادان، امیر بصره پدر رابعه را شیخ می‌خواند مشخص می‌کند.

در شب تولد رابعه پدرش در جواب خواهش همسر برای گرفتن قطره‌ای روغن چراغ از همسایه «برون آمد و دست به در همسایه باز نهاد و باز آمد وگفت: در باز نمی‌کند و او عهد داشت که هرگز از هیچ مخلوق هیچ نخواهد.» این رویه که بعدها در زندگی رابعه ادامه می‌یابد ما را محق می‌کند بگوییم که ریشه گرویدن او به زهد و آغاز آشنایی‌اش با تصوف تعلیمات پدرش بوده است.

به هر طریق رابعه به مقامی می‌رسد که مشایخ طریق، با ذکر اقوال گوناگون سعی دارند

که او را در صف مردان قرار دهند. عطار می‌فرماید: «چون زن در راه خدای مرد بود او را زن نتوان گفت.» کسی همچون او نیز باید برای گفته خود دلیل بیاورد تا از عواقب آوردن نام یک زن درکتابش درامان بماند: «اگرکسی گوید ذکر او در صف رجال چراکرده‌ای [منظور در تذکره الاولیاست] گویم که خواجه انبیا علیه السلام می‌فرماید: ان الله لاینظر الی صورکم. کار به صورت نیست به نیت است. کما قال علیه السلام یحشرو الناس علی نیاتهم... چنانکه عباسه طوسی گفت: چون فردا در عرصات قیامت آواز دهند که یا رجال! نخست کسی که پای در صف رجال نهد مریم بود علیها السلام».

آنماری شیمل در خصوص استفاده از واژه‌ی «مرد» بر این عقیده است که «واژه‌ی مرد به مشکل درک کردن نقش زن در تئوری و عمل اصول عرفانی اضافه می‌کند.»

تو رهاکن سر به سر این واقعه / مرد حق شو روز و شب چون رابعه

او نه یک زن بود او صد مرد بود / از قدم تا فرق عین درد بود

بود دایم غرق نور حق شده / از فضولی رسته مستغرق شده

مشکل رابعه وقتی مشخص می‌شود که بدانیم متولد قرن اول یا دوم هجری است. بعضی وفاتش را ۱۳۵ و بعضی ۱۸۵/۱۸۰ ق دانسته‌اند. مختصات اجتماعی و فرهنگی زمان او، محل زندگیش، سیاست‌های بنی‌امیه و بنی‌عباس، کششها و جاذبه‌های دنیوی این محیط، جایگاه رابعه را بهتر به نمایش می‌گذارد.

در سال ۲۳ قمری عُمَرکشته می‌شود؛ در سال ۳۵ عثمان؛ در سال ۴۰ حضرت امیر به شهادت می‌رسند و در سال ۴۱ معاویه با تمهیدات، حکومت را به چنگ می‌آورد و دوره‌ی جدیدی از حکومت اسلامی آغاز می‌شود که تا سال ۱۳۲ و به حکومت رسیدن سفاح توسط ابومسلم ادامه می‌یابد. اگر تاریخ درگذشت او را ۱۳۵ ق بگیریم با عمری حدود ۷۰-۸۰ سال، زندگی‌اش کلاً در طول حکومت بنی‌امیه خواهد بود. حکومتی که اساسش بر حکومت دنیوی بود و مردی که آن را اداره می‌کرد از طرفی مردم را می‌ترساند و از طرف دیگر بذل و بخشش می‌نمود. به هر حال معاویه کاری به آخرت نداشت و هر چه می‌کرد برای دنیا بود. دانستن تاریخ بنی‌امیه و تاریخ بنی‌عباس برای درک زمینه‌های شکل‌گیری تصوف از واجبات است. دانستن اختلافات هاشمیان و امویان و کینه‌توزی امویان نسبت به هاشمیان، سیاست

امویان در تایید حکومت خودشان و این که هدف آنان استیلای کامل به هر نحو بوده است؛ تعصب قومی اعراب در این زمان، آزارکردن و خوار شمردن مسلمانان غیر عرب، آزار و تحقیر ایرانیان، شکنجه و آزار اهل ذمه، کشمکش‌های عرب‌های یمن و مصر از همان منظر تعصب قومی، چشم و همچشمی عرب‌های مقیم بصره و کوفه و شام و غیره با یکدیگر، خریدن افکار و عقاید با شمشیر قبایل عرب یا پول توسط امویان، درهم شکستن احکام اسلامی تا حدی که به قول اصفهانی در اغانی، خلفای اموی خود را از تکالیف شرعی معاف می‌دانستند، ما را متوجه می‌کند رابعه که در کودکی یتیم می‌شود و در قحطی بصره از خواهران خود جدا و به شش درهم به خدمتکاری به فروش می‌رسد، به عنوان یک دختر تنها در چه شرایطی می‌زیسته است و به چه مصیبت‌هایی گرفتار آمده است.

افزایش یافتن وسعت و عظمت حکومت اسلامی که همراه با کاستی گرفتن روح سادگی و برابری و برادری بین مسلمانان است، ثروت اندوزی یی که حتی بین صحابه‌ی بزرگ فاصله می‌اندازد چه تاثیری بر رابعه داشته است؟ راه و روش زندگی و گفته‌هایش البته حاکی از نزدیکی او به پارسایی و قناعت علی‌وار است و شبیه ابوذر و عمار نه مثال گرایش طلحه و زبیر و سعد ابن ابی وقاص.

اما چون او یک زن است آن هم زنی تنها برخی را چون عبدالرحمن بدوی وا می‌دارد که راجع به او سخنانی بگویند نه از سر انصاف. راجع به او که شبی که به دنیا آمد حتی تکه پارچه‌ای هم نبود که در آن پیچیده شود چراکه پدرش بسیار مقل بود؛ دختری که از کودکی با دسترنج خدمتکاری خود زندگی کرد و نوع سلوکش باعث شد که اربابش او را آزاد کند و وی به صومعه رود و بعد راه کعبه در پیش گیرد. بدوی از سر همان تعصب‌های عربی رابعه را مطرب می‌خواند و می‌گوید چون ایرانیان همه در کار طرب بودند او هم مطرب شده و چون مطرب شده پس به راه فساد رفته چراکه هرکس به کار طرب بپردازد به فساد در می‌غلتد بخصوص که زیبا باشد. بدوی، اشعار رابعه راکه نمونه دعاهایی مذهبی است حاصل کار طرب می‌داند.

اما نوع زندگی رابعه شاهدی است بر وجود تمایلات نیرومند زاهدانه‌ای که در همان قرن اول هجری به صورت واکنش در برابر مسائلی که گفته شد، دنیای اسلام را فراگرفت و

زمینه‌ای مناسب برای رشد دانه‌های تصوف شد و زهد به تصوف تحول یافت.

«صوفیان اولیه بیش از آنچه عارف باشند زاهد و عابد بوده‌اند، آگاهی و هوشیاری همه جانبه از گناه، همراه با وحشت از روز جزا و شکنجه‌ی آتش جهنم که به طور وضوح در قرآن تصویر شده است صوفیان را وادار می‌کرد که برای رهایی خود از دنیا گریزان شوند. از طرف دیگر قرآن به آنها اخطار می‌کرد که خلاصی از عذاب به طور کامل در اختیار خدا و مشیت مبهم خداوندی است. سرنوشت ایشان در الواح ازلی به تدبیر و احاطه‌ی او نوشته شده و هیچ چیز نمی‌تواند آن را تغییر دهد. اگر سرنوشت آنها این باشد که به وسیله‌ی نماز و روزه و عبادت رستگار شوند، یقیناً رستگار می‌شوند. این اعتقاد طبیعتاً به زهد و پرهیزگاری یعنی تسلیم بی‌چون و چرا و کامل به اراده‌ی الهی که ویژگی رفتار صوفیه در قدیمی‌ترین شکل آن است، منجر شد. انگیزه‌ی اصلی دین اسلام طی قرن دوم هجری ترس بود، ترس از خدا، ترس از جهنم، ترس از مرگ و ترس از ارتکاب گناه. اما نیروی ضد محرکه‌ای که قبلاً شروع شده بود اثرش را به صورت محسوسی درآورد و خود را در وجود رابعه، زن مقدسی که دست کم یکی از نمونه‌های عرفان واقعی و تسلیم محض است نشان داد.»

تا آن وقت فرق زیادی بین این صوفیان و سایرین وجود نداشت جز این که صوفیه به طور خارق‌العاده‌ای به اصول قرآنی بخصوصی وابسته بودند و آنها را به حساب اصول دیگر که بیشتر مسلمین آنها را به همان اندازه اساسی می‌دانستند، توسعه می‌دادند.

از سخنان رابعه می‌توان حدس زد که از زمان او و مخصوصاً با خود او تحول مهمی برای زهاد و مرتاضین این عهد پیدا شده و صحبت محبت الهی و عشق و فنا و بیخودی به میان آمده است.

در بصره، زادگاه و بالشگاه رابعه که در سال ۱۱۸ ق ۱۲۰ هزار نهر در زمین‌هایش جاری بوده که بر روی همه آنها کرجی حرکت می‌کرد و به قول ابن حوقل و اصطخری نخلستان‌هایش از عبدوسی تا آبادان به طول ۵۵ فرسخ به هم پیوسته بود؛ زندگی هزار و یک شبی‌یی جریان داشت و در کنار آن مساجدی که در تمام عراق بی‌نظیر بود و در آنها حلقه‌ی درسی که نحویون و لغت‌شناسان گرد می‌آمدند و با هم به جدال و مباحثه مشغول می‌شدند. یا محفل زاهدانی چون حسن بصری بود که پیروانش او را در میان می‌گرفتند و به موعظه‌اش

جان می‌سپردند که یکی از آنها رابعه بود.

در همین شهر کسانی بودند چون ابن ابی عیینه که شب‌های مهتاب را با افسوس از دست رفتن نعمت‌های زندگی صبح می‌کردند و همچنین کسانی مانند ریاح بن عمرو قیسی که غیر از شب زنده داری، گریه و زاری، توبه و انابه به درگاه خدا هیچ چیز دیگری نمی‌شناختند. اگر روزها در جستجوی او بودی او را در گورستان می‌یافتی و اگر شب‌ها به سراغش می‌رفتی زنجیری آهنین برگردنش می‌دیدی که تا صبح گریه و شیون می‌کند.

شهر بصره با چنین منظری ما را به رابعه پیوند می‌دهد و به کلبه او، کلبه‌ای که با تکه حصیری فرسوده مفروش شده. بر در کلبه نیز گلیمی آویزان است. داراییش یک خمره، یک تکه نمد که هم فرش اوست و هم سجاده‌اش. بر رخت آویزی کفن‌هایش آویزان است تا موجب تفکر همیشگی او در باب مرگ باشد.

رابعه در این شهر به غیر از هم‌صحبتی با حسن بصری گویا با مالک دینار، سفیان ثوری، ابراهیم ادهم، صالح مری، شقیق بلخی، ریاح بن عمرو قیسی، و عبدالعزیز بن سلیمان راسبی آشنایی و گفتگو داشته است. مریم بصری، معاذه عدویه، عفیره عابده، حیونه و عبده بنت ابی شوال نیز از جمله زنان معاشرش بوده‌اند.

از تمام زندگی رابعه همین اطلاعات اندک در دست است. از این زن که عطار او را به خاطر سیر و سلوکش تاج الرجال خوانده است، گفته‌هایی بر جای مانده است. به دلیل ضرب‌المثل شدن رابعه در زهد و تقوا هر زنی را که می‌خواهند به مقامات معنوی بستایند می‌گویند رابعه زمان خود است.

از رابعات معروف تاریخ می‌توان از رابعه بنت کعب قزداری شاعر معروف نام برد که به علت عشقش به بکتاش توسط برادر کشته شد. رابعه شامیه که زندگی‌اش با رابعه عدویه خلط شده است. رابعه لنبانی و رابعه عسقلانی.

بعضی از سخنان و سلوک رابعه در تذکره الاولیا:

• نقل است که پیوسته می‌نالیدی. گفتند: ای عزیزه عالم! هیچ علتی ظاهر نمی‌بینیم و تو پیوسته با درد و ناله می‌باشی.

گفت: آری! علتی داریم از درون سینه که همه طبیبان عالم از درمان آن عاجزند و مرهم

جراحت، وصال دوست است. تعللی می‌کنیم تا فردا بود که به مقصود برسیم که چون درد زده نه‌ایم خود را به درد زدگان می‌نماییم که کم از این نمی‌باید.

• نقل است که حسن بصری گفت: یک شبانه روز در بر رابعه بودم و سخن طریقت و حقیقت گفتم که نه از خاطر من برگذشت که مردی‌ام و نه بر خاطر او بگذشت که زنی‌ام. آخرالامر چون برخاستم نگاه کردم، خویشتن را مفلسی دیدم و رابعه را مخلصی.

• صالح مری بسی گفتی که هرکه دری می‌زند زود در باز شود. رابعه یکبار حاضر بود، گفت: به که گویی که این در بسته است و باز خواهند گشاد. هرگزکی بسته بود تا بازگشایند. صالح گفت: عجبا! مردی جاهل و زنی ضعیف، دانا.

• نقل است که بزرگی بر او رفت. جامه او سخت باطل دید. گفت: بسیارکسانند که اگر اشارت کنی در حق تو نظری کنند.

رابعه گفت: من شرم دارم که دنیا خواهم ازکسی که دنیا جمله ملک اوست پس چگونه توانم خواستن دنیا ازکسی که در دست او عاریت است.

• نقل است که از بزرگان بصره یکی درآمد و بر بالین او نشست و دنیا را می‌نکوهید سخت. رابعه گفت: تو سخت دنیا را دوست می‌داری. اگر دوستش نمی‌داری چندینش یاد نکردی که شکننده کالا خریدار بود. اگر از دنیا فارغ بودی به نیک و بد یاد او نکردتی، اما از آن یاد می‌کنی. هرکه چیزی را دوست دارد ذکر آن بسی کند.

منابع:

۱. برگرفته ازکتاب تاج الرجال رابعه عدویه، بنفشه حجازی، تهران، نشر شالیزار، ۱۳۸۲.

• زندگی و سلوک تاج الرِّجال، رابعه عدویه: ویژه‌نامه روزنامه ایران، ۱ بهمن۱۳۸۲.

• سخنرانی در مراسم روز پژوهش، دانشگاه آزاد - واحد شهر ری، مجتمع یادگار امام، ۲۵ آذر ۱۳۸۲.

| زنان در متون تحقیرکننده |

با تکیه بر آثار امام محمد غزالی

اگر چه ما ایرانیان همواره کتاب و کتابت داشته‌ایم و سنت‌های (Traditions) خودرا تنها شفاهاً و به وساطت افسانه‌ها و ترانه‌ها و مثل‌ها و سایر عوامل فرهنگ عوام (Folklore) به نسل‌های بعد انتقال نداده‌ایم اما قدرت و نیروی «تقلید» از سنت که از طریق گویندگان به مردم بیسواد تزریق شده است بیشتر ویژگی‌های جوامع فاقد خط و کتابت را برای ما به یادگار گذاشته است. که یکی از این ویژگی‌ها، رکود فکری یا ثبات ذهنی (Mental Fixity) است.

تقلید اگر چه اساس یادگیری است اما اصرار بر آن اصرار بر نگهداری گذشته است. به طور طبیعی گذشته گرایی از نوآفرینی آسان‌تر است. افراد در بعضی شرایط خواستار تغییر و در شرایطی دیگر از تغییر می‌پرهیزند. اجتماعاتی که از ارتباطات فرهنگی و برخورد اندیشه‌ها

محرومند، ثبات گرای هستند و چون ایستادگی در برابر تغییر امری فطری نیست بلکه از لوازم زندگی اجتماعات تقلیدی و گذشته گراست سازگاری با ویژگی‌ها و مجموعه‌های فرهنگی نو برای آنان دشوار است. پس باید نو را فدای کهنه کرد در این صورت روشن است که به علت دور ماندگی فرهنگی اسیر ماند فرهنگی (Cultural Inertia) و بر اثر آن، گرفتار سکون ذهنی می‌شوند.

این امر درباره‌ی افرادی که ادبیات کلاسیک را باز تولید و بر آن اصرار بیش از حد می‌کنند نیز صدق می‌کند. جدا ماندگی ذهنی (Mental Isolation) و محدودیت خیال آنان از مجازهای مکرر و انگاره‌های ذهنی (Mental Images) ثابتی که در توصیف طبیعت و تاریخ و اساطیر به کار می‌برند به خوبی بر می‌آید: از تازگی خبری نیست و حتی به ندرت ترکیبی نو رخ می‌دهد.

بر سراسر زندگی این گونه جوامع که سنت‌های خود را مقدس می‌شمارند و موافق آنها سلوک می‌کنند، قیود عرفی و تشریفات کهن سایه می‌افکند. انحراف از سنت‌ها یا هنجار شکنی «گناهی عظیم» است و نوجویی و نوآوری نیز. بی‌گمان در اجتماعی این چنین، انسان نیز گرفتار ذهنی راکد یا شخصیتی ایستا می‌شود و این شخصیت علت ایستایی اجتماعی نیست که معلول آن است. در اجتماعی که عوامل جدیدی راه نمی‌یابند، سنت‌ها با غلبه تام بر شخصیت تحمیل می‌شوند ولی در اجتماعی خلاف این: اجتماع پویا، سنت‌ها کم نیرو می‌شوند چنان که در جوامع شهری تغییر با شدت بیشتری راه دارد و تحرک ذهنی و نوگرایی و تفکر منطقی و آزمایشگری رایج است که البته در این حالات همه گروه‌ها و طبقات اجتماعی به یک نسبت پذیرای تغییر نیستند و هر یک به درجات متفاوت از سنت‌ها تاثیر می‌پذیرند. گفته‌اند که جامعه‌ای که دچار جدا ماندگی فرهنگی است و به سهولت موافق سنت‌ها عمل می‌کند از انحراف و آشفتگی ایمن می‌ماند و از این رو جدا ماندگی فرهنگی و نیز ثبات فرهنگی اموری مطلوبند.

اما اجتماع ایستایی که به شدت با نمودهای نو می‌ستیزد یک نمود نو می‌تواند او را بیشتر از یک جامعه‌ی پویا دگرگون کرده و به خطر اندازد.

افلاطون هنگامی که از اسپارت دیدن کرد آنچنان جدا ماندگی اسپارت و سکون ذهنی و

نیز بیگانه گریزی آنان را پسندید که از تحرک ذهنی آتنیان روی گردانید و در جمهوریت خواستار مدینه‌ی فاضله یا ناکجاآبادی شد که درست از جدا ماندگی فرهنگی برخوردار باشد. پس از افلاطون دانشمندان و سیاستمداران بسیاری پدید آمدند وکوشیدند که جامعه‌ی خود را از جامعه‌های دیگر دور دارند و بدین شیوه ثبات آن راکه معمولاً به سود صاحبان امتیازات اجتماعی است، حفظ کنند. در این راه اندیشه‌های دینی نیز از این قاعده پیروی می‌کنند و می‌کوشند که با وسایل مختلف انزوای خود را با مفهوم تقلید و سنت عمق بخشند تا امور مأنوس وکهنه، معزز و مقدس شوند.

شیلر، شاعر آلمانی سروده است:

...پس وای بر آنان که بر ساز و برگ خانه‌ی کهن خود

-این میراث گرامی نیاکان- دستی ناروا زنند!

زیرا زمان زاینده قدس است

و هر چه سپیدی پیری پذیرد، مقدس گردد.

بدین ترتیب اجتماع مبتنی بر تقلید را -چه نانویسا و فاقد خط وکتابت مثل اقوامی که هنوز درجهان چون قوم مائوری در شمال زلاندنو و... می‌زیند و چه ملت‌هایی که به رغم داشتن خط وکتابت وکتاب به علت بیسوادی به ناقلان مواریث وگفته‌هایشان گوش بدون هوش می‌سپرند- می‌توان «اجتماع مقدس» نامید که در این اجتماعات، سنت‌ها و مواریث نیاکان درمیان هاله‌ی عاطفی احترام انگیزی قرارگرفته‌اند و تغییر و طرد آنهاگناهی نابخشودنی است.

از جمله آثار فرهنگ دینی ما، کتاب‌ها و رساله‌هایی هستند که در معتبرترین کتابخانه‌های شرق و غرب موجودند و درمیان اوراق آنها حاصل تجارب ظاهری و باطنی فرهنگ‌های دینی خفته است. این آثار -فارسی و عربی- به طور عمده مبلغ و مروج اندیشه دینی‌ای هستند که بارها و بارها با تجدید چاپ، جان تازه می‌یابند و غث و سمین آنان به ادوار بعد راه می‌یابد.

از امهات این آثار، کتاب‌ها و رسالات امام محمد غزالی است:

درآغاز به معرفی این چهره‌ی معروف ایرانی -اسلامی می‌پردازم تا روشن شود چگونه اندیشه‌های او امکان ادامه حیات -آن هم حیاتی مضاعف- می‌یابند و با امضاء و تأیید چهره‌های مشخص دیگر چگونه پس از صدها سال -بخصوص در فضای مساعد کنونی

دست‌آویز هم‌فکران او و حکومت‌ها می‌شود تا با استناد به گفته‌هایش همچنان ادامه دهنده‌ی اسارت زنان در جملات قصار و پندها و نصایح‌اش باشند و البته غزالی و افکارش تنها منبعث از فرهنگ و افکار دینی زمانش نیست که به گواهی جلال الدین همایی در مقدمه‌ی نصیحه الملوک و مآخذ این کتاب، ناقل افکار حقیرساز قبل از اسلام هم بوده است:

"... بالجمله قسمت اعظم این کتاب «نصیحه الملوک» بویژه در بخش ابواب هفتگانه، کلمات و دستورهای حکیمانه‌ی حکما و بزرگان ایران قدیم و در واقع کارنامه‌ی دانایان گذشته‌ی این سرزمین است همچون بزرگمهر بختگان و یونان دستور و امثال ایشان" (نصیحه الملوک، ص هفده.)

در اینجا چون غرض بررسی کامل آثار غزالی نبوده و آنهایی مد نظر بوده که به طور مستقیم به اخلاق مربوط می‌شود و نه مثلاً در اصول دین و فروع مذاهب یا تصوف یا رد مذاهب و ادیان یا راجع به قرآن و تفسیر آن یا در فن جدل یا نجوم یا علم اصول یا در منطق و فقه، کار محدودتر شده است.

در این بررسی به کتاب‌های متعددی از غزالی مراجعه شده که بعضی فاقد طرح مسئله‌ای راجع به زنان بودند مثل «المنقذ من الضلال» که چیزی نظیر اعترافات ژان ژاک روسوست.

زندگینامه غزالی

از شرح کودکی و پدر و برادرش احمد غزالی و یتیمی و همشهری فردوسی بودن و مسائلی نظیر این در می‌گذرم که زندگی یک نویسنده یا محقق از دیدگاه من چیزی نیست جز شرح آثار و زندگی فرهنگی او.

غزالی متولد ۴۵۰ ق/۱۰۵۸م در طوس و متوفی به سال ۵۰۵ق/۱۱۱۱م است.

او در میان چند صد تن شاگردان «امام الحرمین ابوالمعالی جوینی» که همگی از علما و دانشمندان قرن پنجم و ششم هجری شمرده می‌شوند، سرآمد بوده است.

غزالی در دربار ملکشاه سلجوقی (۴۶۵_۴۸۵ ق) و خواجه نظام الملک (۴۰۸_۴۸۵ق) مرتبتی ارجمند داشت. در نظامیه‌ی بغداد برکرسی تدریس نشسته بود و همواره سیصد تن

فضلای دانش‌اندوز به حلقه‌ی درسش گرد می‌شدند.

او در پیشگاه خلفای بغداد همچون «المقتدی بامرالله» (۴۶۷_۴۸۷ ق) و «المستظهر بالله» (۴۸۷_۵۱۲ ق) احترامی بسزا یافته بود.

آوازه‌ی شهرتش از خراسان که موطن اصلی او بود به سراسر بلاد اسلامی دور و نزدیک رسیده بود.

می‌نویسند: «جذبه‌ای آسمانی او را از آلایش‌های دنیوی به عالم تجرد و وارستگی کشید. یک چند در کشمکش درونی روزگاری سخت می‌گذاشت. از یک سو جاذبه‌ی مقامات دنیوی او را عنان کشیده به اقامت بغداد و حفظ مراتب نگاه می‌داشت و از سوی دیگر بارقه‌ی عشق الهی در خرمن علاقه‌ها و وابستگی‌های وی می‌زد و عاقبت در این تنازع، کشش الهی کار خود را کرد و عشق بچربید بر فنون و فضائل.» (غزالی‌نامه، ص۸)

که البته این تغییر شامل افکار او راجع به زنان نمی‌شود. و اگر چه می‌توان قبول کرد که «محقق کنجکاوی مانند غزالی نمی‌تواند و نمی‌باید که از اول عمر تا آخر بر یک نهج و بر یک حال به سر برد و تحول لازمه‌ی هر موجود متکاملی است.» (غزالی‌نامه، ص۴۵۶)

ولی حضور و وجود، تکثیر و ادامه‌ی حیات آثار او همچنان مخرب شخصیت زنان است.

حال روحانی غزالی در سال ۴۸۸ ق بی‌اندازه سخت و طاقت‌فرسا شد و عقاید و افکارش دستخوش اضطراب و تشویش گردید. در قلمرو خلفای عباسی و سلاجقه و بحبوحه‌ی فقهای اهل سنت مجبور به اطاعت و در باطن مخالف با اهل ظاهر بود. دیگر نمی‌توانست به میل آنها با ارباب مذاهب بستیزد و در رد عقاید آنها کتاب بنویسد، عاقبت بغداد را رها کرد و از سر همه چیز گذشت. او می‌خواست دیگر به بغداد برنگردد اما از ترس خلیفه و سلطان وقت و مردم آشنا و بیگانه سفر حج را بهانه ساخت... مدت ده سال از ۴۸۸ ق تا ۴۹۸ ق در بلاد شام و جزیره و بیت المقدس و حجاز بسر برد. (همان، ص۱۵۲)

طرفداران غزالی همچون «همایی» اگر چه سعی در حمایت از او دارند ولی این حمایت دیگر سودی ندارد چرا که مثلاً کتاب «تهافت الفلاسفه» او کار خود را با اندیشه مسلمانان کرده است.

همایی در راه حمایت می‌نویسد: «دانشمندان بزرگ مانند «ابن رشد» (۵۲۰ _ ۵۹۵ ق) و

«ابن تیمیه» (۶۶ـ۷۲۸ ق) که با او این همه مخالفت دارند، مشت به سندان می‌آزمایند، با آن غزالی مخالفند که در کتاب تهافت الفلاسفه و امثال آن تجلی کرد و خودش پیش از هر کس پی برد که این معلومات ناقص است و آرام بخش نیست و از این جهت بدانها پشت پا زد و همه را یاوه و بیهوده شمرد و اعتراف نمود. (همان، ص۱۰)

مختصات عصر غزالی

عصر غزالی یکی از دوره‌های تابنده‌ی تاریخ ایران است. در این دوره علوم و ادبیات ترقی کامل داشت و علما و دانشمندان بسیار از هر گوشه و کنار ظهور کردند و در تعلیم و تألیف و تصنیف کتب و رسایل بی‌اندازه پیشرفت نمودند.

غزالی معاصر دولت سلاجقه (۴۲۹ـ۵۵۲ ق) بود. اوضاع سیاسی و احوال عمومی عصر سلاجقه بخصوص عهد ملکشاه و سنجر در علوم و ادبیات تاثیر کلی داشت.

سلاجقه عموماً نسبت به او احترام و تجلیل شایان می‌کردند و او را بزرگترین عالم دانشمند زمان خود می‌شناختند. غزالی نسبت به بزرگان این دودمان حق خدمت و تربیت داشت و گاهی برای تربیت آنها خطاب‌ها و عتاب‌های پدرانه به کار می‌برد. (غزالی نامه، ص، ۱۹، ۱۸، ۱۲)

این عصر به چند خصیصه از دیگر دوره‌های تاریخی ایران ممتاز است:

۱ـ وفور علما و ادبا در هر شهر و کثرت تألیف و تصنیف. در این زمان مدارس اسلامی کاملاً دایر بود و ارباب ذوق و استعداد دست به کار تحصیل و تألیف و تصنیف بردند و تحصیل ادبیات و علوم، خاصه معارف مذهبی مانند فقه و اصول و حدیث و کلام و حکمت الهی شیوع یافت و در نتیجه کار این علوم به حدی بالا گرفت که در کمتر دوره‌ای نظیر پیدا کرده است.

۲ـ رواج و رونق دیانت اسلام بخصوص مذهب تسنن که خلفای بغداد و همچنین پادشاهان سلجوقی و رجال و اعیان دولت همچون نظام الملک با تمام قوا حامی و نگهبان آن بودند.

۳ـ شایع شدن تبلیغات و مجادلات مذهبی و غلبه افکار و اشتداد احساسات و تعصبات دینی. (همان منبع، ص۱۹)

جنگ‌های شیعه و سنی، شیعه و اسماعیلیه، سنی و اسماعیلیه، جنگ و جدال فرق اهل سنت مثل شافعیه، حنفیه، حنبلیه، مالکیه، جنگ و جدال اشاعره و معتزله و... سرانجام جنگ بزرگ ارباب مذاهب مختلف با طبقه‌ای از حکما و فلاسفه.

در این عصر با این مختصات بود که امام محمد غزالی به وجود آمد و در بحران جدال و کشمکش مذاهب و تفرق اهواء مختلفه به شکل یک نفر متکلم بزرگ ظهور کرد. او مسلمان شافعی و اشعری مذهب یعنی در اصول تابع طریقه اشعری و در فروع پیرو امام شافعی بود. او با مخالفان مسلک خویش از سایر طبقات اهل سنت و معتزله و روافض و باطنیه و همچنین حکما و فلاسفه و پیروان مسیح و دیگر ملل عالم مجادله‌ی زبانی و قلمی داشت. یک تنه با یک دنیا مخالف می‌جنگید و به واسطه‌ی مهارت فوق‌العاده‌ای که داشت همه جا فتح و پیروزی نصیب او می‌شد. ارباب مذاهب عمدتاً از نیروی بیان و قلمش زبون و عاجز می‌ماندند، و از این جهت به «حجةُ الاسلام» ملقب گردید. او در رد مخالفان کتاب‌های متعدد تألیف نمود.

همایی در تایید سخن ما ـ که امثال غزالی با تحت تاثیر قرار دادن دیگران با افکار خود از عاملان اصلی ستم بر زنان هستند ـ می‌نویسد:

«تتبع در روح تاریخ ادبی و سیر معنوی ملل و اقوام و از جمله ایرانیان این نکته را بر ما آشکار ساخته است که در یک دوره نابغه‌ی علمی یا ادبی ظهور می‌کند و افکار و نوشته‌های او رواج می‌گیرد و تا مدتی پس از وی هر قدر علما و دانشمندان یا شعرا و ادبا می‌آیند بیشتر زیر نفوذ ادبی یا فکری او قرار گرفته پیرامن کلمات و آثار او می‌گردند و کلمات او را سند قاطع شمرده و احیاناً حرف، حرف در آثار و مؤلفات خویش می‌آورند... نفوذ نوابغ علمی و ادبی گاه تا به جایی می‌رسد که تا چند قرن هیچ کس را یارای آن ندارد که جز در زمینه‌ی افکار و عقاید او فکر کند... مدت نفوذ ادبی یا فکری هر کس متناسب با اندازه‌ی قدرت و نیروی معنوی اوست.»

غزالی در قرن پنجم ظهور کرد و تا چند قرن هر عالم و دانشمندی که آمد غالباً راویان آثار او بودند. نفوذ علمی و فکری غزالی در آثار و مؤلفات علمای بعد از او به خوبی نمایان و آشکار است. (همان منبع، ص ۱۱۴)

غزالی، آثار و تالیفات بسیار به فارسی و عربی دارد و کمتر کتابخانه‌ی بزرگی است که

چند اثر مهم از او در آن وجود نداشته باشد. بسیاری از آثار او به زبان‌های فرانسه و آلمانی و لاتینی و عبری و غیره ترجمه و اصل و ترجمه‌ی آنها در ممالک دنیا مکرر به طبع رسیده است. (همان منبع، ص۲۴۰)

خود او (غزالی) می‌گوید که در علوم دین نزدیک هفتاد کتاب تصنیف کرده‌ام. برخی عده‌ی مؤلفات باقیمانده‌اش را بیش از هفتاد و بعضی تا حدود دویست و برخی چهارصد نوشته‌اند که البته بعضی مقاله‌هایی هستند چند صفحه‌ای. (همانجا)

و اما مندرجات این کتاب‌ها و زنان:

تحقیر زنان از طریق لباس و آرایش و حتی زیبایی

در کتاب فضائل الانام... در نامه‌ای به مجیرالدین یا مجیرالملک که مدتی وزارت سنجر داشت، می‌نویسد که چگونه انسان باید خود را از صفات بشری که سبب مذلّت دنیا و عذاب آخرت است خلاصی بخشد و درباره‌ی علامت پیروزی در این «جهاد اکبر» می‌نویسد: هر که را این فتح برآید پادشاهی گردد که از استخدام ملوک عالم ترفع کند بل بدان رسد که خدمت ترکی کند... هر که خدمت ترکی کند اگر بدان کند تا ممکن شود از لباس نکو و جامه زیبا اسیر رعونت بود، به حقیقت زنی بود در صورت مردی... (ص۷۷)

این در حالی است که در کل کتاب صحبتی راجع به زنان ندارد ولی به اندک نیاز چنانکه دیدیم به زنان حمله می‌کند. ویژگی اساسی این گونه کتب این است که تفسیر، توجیه و وصف عقاید مذهبی است با مثال‌ها و زبان زیبا و در قالب پند و موعظه و حکمت و اشاره به اصولی که عاقلان عوامان را خوش بیاید در نتیجه در تحکیم خواری زنان موفق می‌شود. این مجموعه نیز همانند «نصیحه الملوک» علاوه بر این که «حاوی مطالب علمی و حکمی و عرفانی است از حیث فصاحت و حسن انشاء و جزالت الفاظ و روانی و سادگی باید از شاهکارهای نثر فارسی محسوب شود.» (مقدمه فضائل، ص۶)

نویسندگان این‌گونه کتب چون خواجه نظام الملک در سیاست‌نامه، عنصرالمعالی در قابوس‌نامه، سعدی در برخی از اشعار و... همه یدک‌کش نام فقیه، امام، شیخ و از اجله‌ی علمای عصر و... هستند و شاگردان علمای بزرگ و همنشین وزرای سترگ و... آنها در

فضل و دانش و علو مقام به جایی می‌رسیدند که گفته‌شان سندیت دینی یافته و کسانی چون امام محمد غزالی که خواجه نظام الملک چهل روز در مجلس او حاضر می‌شود برای تعظیم مقام امامی او والبته که باید هرچه می‌گوید عین حقیقت باشد! مردی که مقدمه‌ی فضائل الانام می‌نویسد شخصیت معنوی او در قالب هیچ مقامی نمی‌گنجید. به هر حال کتاب‌هایی از این دست چون یدک‌کش تعاریفی این‌گونه هستند بر سرنوشت زنان سایه افکنده و گاه حتی برکتاب مادر ـ قرآن ـ نیز در نزد عامه‌ی عوام رجحان می‌یابند.

در این‌گونه امور زنان نه تنها با این افراد که با افراد مهمتری که گوینده شهامت بردن نام آنان را ندارد رودررو هستند. عمر (رض) گفت: «زنان را جامه نیکو مکنید تا در خانه بنشینند که چون جامه نیکو دارند، آرزوی بیرون شدن پدید آید و به روزگار رسول (ص) زنان را دستوری بود تا پوشیده به جماعت شدندی به مسجد و در صف بازپسین بایستادندی.» و روزگار صحابه منع کردند، که عایشه (رض) گفت: «اگر رسول بدیدی که زنان اکنون بر چه صفت‌اند به مسجد نگذاشتی.»

و امروز منع از مسجد و مجلس و نظاره، اولی‌تر است، مگر پیرزنی که چادر خَلَق در پوشد که از آن خللی نباشد. و آفتْ بیشتر زنان را از آن نظاره و مجلس خیزد. و هر جای که بیم فتنه باشد، روا نباشد زن راگذاشتن. (کیمیای سعادت، ج۱، ص۳۱۷)

در پروردن و ادب کردن کودکان، می‌آورد: ...و جامه‌ی سپید در چشم وی بیاراید و جامه‌ی ابریشمین و رنگین در چشم وی نکوهیده دارد و گوید که آن کار رعنایان و خویشتن آراستن کار مخنثان بود نه کار مردان. (همان، ج۲، ص۲۸)

در زاد آخرت نیز می‌گوید: ...و چون زنان خویشتن میارای و چون بندگان خویش خاک آلوده مدار. (ص۶۴)

عمر گفت: چون رسول به جایی فرستید نیکو روی و نیکو نام فرستید... بدان که بدین نیکورویی نه آن می‌خواهیم که شهوت را بجنبانند که آن صفت زنان بود. (همان، ج۲، ص۳۷۵)

چنانکه در بخش‌های مختلف خواهیم دید به طورکلی غزالی در مورد زیبایی زن در تضاد است.

دام خواندن و شیطان گفتن زنان

نقل قول از پیامبران مختلف در سراسر آثار غزالی موج می‌زند:

روایت کرده‌اند که ابلیس روزی پیش موسی(ع) آمد و گفت تُرا سه چیز بیاموزم تا مرا از حق تعالی حاجت خواهی. موسی گفت: آن سه چیز چیست؟ گفت از تیزی حذر کن... و از زنان حذر کن که هیچ دام فرو نکردم در راه خلق که بر آن اعتماد دارم چون زنان. و سوم از بخیلی... (کیمیای سعادت، ج۱، ص۵۴۱)

و در جای دیگر: پس از وفات خویش هیچ فتنه بنگذاشتم امت خویش را چون زنان. (کیمیای سعادت، ج۲، ص۵۶)

و در جای دیگر: ابلیس فرا موسی (ع) گفت که «با هیچ زنی به خلوت منشین که هیچ مرد با زنی خلوت نکرد که نه من ملازم وی باشم تا وی را فتنه گردانم.»

و داوود (ع) فرا پسر خویش گفت: «روا باشد که از پس شیر و اژدها شوی و لکن از پس زنان فرا مشو» (همان، ج۲، ص۵۴)

پردگی گفتن و به پرده راندن زنان

در ذکر آفات زبان در کیمیای سعادت می‌گوید: و بدان که چنانکه حدیث مباشرت به کنایت باید گفت تا فحش نبود، اندر هر چه زشت بود هم اشارت باید کرد و صریح نباید گفت و نام زنان صریح نباید گفت بلکه پردگیان باید گفت و کسی را که علتی زشت بود چون بواسیر و برص و غیر آن، آن را بیماری باید گفت و ادب اندر چنین الفاظ باید داشت که این نیز نوعی از فحش است (کیمیای سعادت، ج۲، ص۷۲)

عمر (رض) مردی را دید که در راه سخن می‌گفت با زنی. وی را به دره (=تازیانه) بزد. گفت: این زن من است. گفت چرا سخن جایی نگویی که کس نبیند. (همان، ج۱، ص۴۲۰)

و بدان که هیچ تخم فساد چون نشستن زنان و مردان اندر مجلس‌ها و مهمانی‌ها و نظاره‌ها نیست - چون میان ایشان حجابی نباشد - بدانکه زنان که چادر و نقاب دارند کفایت نبود که چون چادر سپید دارند و در بستن نقاب تکلف کنند، شهوت حرکت کند. و باشد که نیکوتر نماید از آن که روی باز کند. پس حرام است بر زنان به چادر سپید و روی بند پاکیزه و

به تکلف اندر بسته بیرون شدن. و هر زن که چنین کند عاصی است و شوهر و متعلقان وی که بدان راضی باشند همه در آن بزه شریک باشند. و هر شهوت و اندیشه که اندر دل مردان حرکت کند و هر فساد که از آن خیزد، عهده آن در گردن کسی باشد که بدان رضا داده بود.

و... روا نیست زن را که با مرد بیگانه سخن گوید الا درشت و به زجر... از هیچ چیز حذر کردن مهمتر از آن نیست که از آنچه به زنان تعلق دارد حذر کردن. (همان، ج۲، ص۶۲)

در ادب پنجم این کتاب می‌نویسد: در حدیث غیرت اعتدال نگاه دارد و از هر چه ممکن بود که از آن آفت خیزد، باز دارد و تا تواند بیرون نگذارد و فرابام و در نگذارد و نگذارد که هیچ نا محرم وی را ببیند. و نگذارد که وی نیز هیچ نا محرمی را ببیند. و نگذارد که به روزن و پالکانه (=پنجره ـ دریچه) به نظاره‌ی مردان شود، که همه آفت‌ها از چشم خیزد و آن از درون خانه نخیزد بلکه از روزن و پالکانه و بام خیزد. و نشاید که این معانی آسان فرا گیرد... (ص۳۱۶)

در نصیحه الملوک (باب ۷، ص۲۷۷) کار سخت‌تر می‌شود:

مرد باید که با حمیت و رشکین بود بر اهل و مردم خویشتن زیرا که حمیت از دین خیزد و بی‌حمیت بد دین بود و فی المثل غایت رشک و حمیت تا بدان حد است که چنان واجب کند که هاون گوفتن زنان، مردان بیگانه نشنوند و اگر مردی از در خانه آواز دهد نشاید زنان را که بچربی و نرمی جواب دهند که دل مردان به بسیار و اندک چیزی بیاویزد و اگر ناچار جواب باید دادن باید که انگشت در دهان کنند و جواب دهند تا آواز ایشان مانند‌ه‌ی پیر زنان بود.

و نشاید که زنان به مردان نامحرم نگرند و اگر چه آن مرد نابینا بود... و بر مرد واجبست که به هیچ حالی به زنان بیگانه ننگرد که پیش از عقوبت آن جهان بدین جهان عقوبتست..

در کیمیای سعادت گویی پاسخی برای این اعمال دارد:

در خبر است که زنان را از ضعف و عورت آفریده‌اند. داروی ضعف ایشان خاموشی است و داروی عورت ایشان، خانه بر ایشان زندان کردن است. (ج۱، ص۳۱۴)

این زندانی که آواز هاون کوفتن‌اش را مرد نباید بشنود بدیهی است که آوازش را نباید که کسی بشنود:

بدان که آنجاکه سماع مباح گفتیم به پنج سبب حرام شود، باید که از آن حذرکند: سبب اول آنکه از زنی شنود یا ازکودکی که در محل شهوت باشد... و سماع ازکودکی که در محل فتنه نباشد مباح است و از زنی که زشت بود مباح نیست چون وی را می‌بیندکه نظر در زنان به هر صفت که باشد حرام است.

اما اگر آواز بشنود از پس پرده، اگر بیم فتنه بود حرام بود و اگر نه مباح بود.

سبب سوم آن که اندر سرود فحش باشد یا هجو یا طعن... یا صفتی باشد از آن زنان معروف که زنان را صفت کردن پیش مردان روا نباشد که این همه شعرها گفتن و شنیدن حرام باشد. (کیمیای سعادت، ج۱، ص۴۸۲ و ۴۸۳)

غزالی در احیاء علوم الدین سخت‌گیرتر است: اگر زنی چنان باشد که آواز او در «سخن گفتن بی‌لحن» در فتنه اندازد، شنیدن سخن او روا نباشد، و شنیدن آواز او و در سخن گفتن و در قرآن خواندن نیز... (ص۸۲۲)

و بدینسان صدای زن در سخن گفتن و حتی قرآن خواندن نیز قطع می‌شود.

انتساب ضعف و سایر صفات منفی به زنان

و اما در باره‌ی انتساب ضعف به زنان:

و در جمله در زنان ضعفی است که علاج آن احتمال بود و کوژیی است که علاج آن به سیاست باشد. مرد باید که طبیب استاد بود که هر علاجی به وقت خویش نگاه می‌دارد. (کیمیای سعادت، ج۱، ص۳۱۶)

و نیز واجب آید مردان راکه با زنان مداراکنند زیراکه به خرد ناقصند و از جهت کم خردی که ایشانست که هیچ کس به تدبیر ایشان کار نکند و اگر به گفتار زنان کار کنند، زیان کنند. (نصیحه الملوک، ص۲۸۲)

درعلاج علمی و عملی خشم می‌نویسد:... پس خشم راکه خوی سگان است مردانگی و شجاعت نام کنند و حلم راکه اخلاق پیغامبران است ناکسی و بی‌حمیتی نام کنند وکار شیطان این است که به تلبیس و به الفاظ زشت ازاخلاق نیکو باز دارد... عاقل داند که اگر برخاستن خشم ازمردی بودی، بایستی که زنان وکودکان و پیران ضعیف و بیماران به خشم نزدیک‌تر

نبودندی و معلوم است که این قوم زودتر خشم می‌گیرند. (کیمیای سعادت، ج ۲، ص۱۱۵)

در پروردن و ادب کردن کودکان می‌آورد: و چون به دبیرستان دهد، قرآن بیاموزد. پس از آن به اخبار و حکایات پارسایان و سیرت صحابه و سلف مشغول کند و البته نگذارد که به اشعارکه در وی حدیث عشق و صفت زنان باشد مشغول شود. و چون معلم وی را بزند، بگوید تا فریاد و جزع بسیار نکند و شفیع نیانگیزد و صبر کند و بگوید که کار مردان این باشد و بانگ کردن کار زنان و پرستاران (=کنیز و خادمه) است. (همان منبع، ج۲، ص۲۹)

بی‌انصاف نباید بود که برای زنان حقوقی نیز قائل است که لزومی بر ذکر آن نمی‌بینم چراکه دانستن حقوق مرد، مرز حقوق زنان را آشکار می‌سازد:

اما حق مرد بر زن عظیم‌تر است که وی به حقیقت بنده مرد است و در خبر است که اگر سجود کردن جز خدای را روا بودی، زنان را سجود فرمودندی در پیش مردان.

و حق مرد بر زن آن است که در خانه بنشیند و بی‌دستوری وی بیرون نشود، و فرا در و بام نشود و با همسایگان مخالطت و حدیث بسیار نکند، و بی ضرورتی به نزدیک ایشان نشود، و از شوهر خویش جز نیکویی نگوید، و گستاخی که میان ایشان باشد ـ در معاشرت و صحبت ـ حکایت نکند، و در همه کارها بر مراد و شادی وی حریص باشد، و در مال وی خیانت نکند، و در همه کارها مراد وی طلبد، و شفقت نگاه دارد، و چون دوست شوهر وی در بکوبد چنان پاسخ دهد که وی را نشناسد، و از جمله آشنایان شوهر خویشتن را پوشیده دارد تا وی را باز ندانند، و با شوهر بدانچه بود قناعت کند و زیادتی طلب نکند، و حق وی را از حق خویشاوندان فرا پیش دارد، و همیشه خویشتن را پاکیزه دارد چنانکه صحبت و مباشرت و معاشرت را بشاید، و هر خدمت که به دست خویش بتواند کردن بکند، و با شوهر به جمال خویش فخر نکند، و بر نکویی که از وی دیده باشد ناسپاسی نکند و نگوید: من از توچه دیده‌ام؟ و هر زمانی بی‌سببی عیب نجوید و خشم نگیرد و طلب خرید و فروخت و طلاق نکند. (کیمیای سعادت، ج۱، ص۳۲۳)

بی‌سواد و بی‌اطلاع نگاه‌داشتن زنان

استاد اخلاق در جایی دیگر از کتاب کیمیای سعادت خود در مبحث مذمت دروغ

می‌نویسد: بدان که دروغ از آن حرام است که اندر دل اثر کند و صورت دل کوژگرداند و تاریک بکند.

او پس از سطوری راجع به این که در چه جاهایی دروغ مجاز است، می‌نویسد: چون زن طاعت ندارد الا به وعده، روا بود که وعده دهد اگر چه داند که قادر نبود بر آن. (ج۲، ص۸۲)

کار این وعده دروغ به آنجا می‌رسد که مقدار مال خویش با هیچ کس مگوی و نه نیز با اهل و فرزند که اگر اندک بود در چشم ایشان حقیر شوی و اگر بسیار بود هرگز به خوشنودی ایشان نرسی. (زاد آخرت، ص۶۴)

بی اطلاع نگاه‌داشتن زنان تا بدانجا می‌رسد که: هرکس در معرض کاری دیگر باشد بروی واجب نبود که علم کار دیگران بیاموزد که بر زنان واجب نشود مثلاً بیاموزند که در حال حیض، طلاق دادن روا نباشد، و بر مرد واجب شود که بیاموزد. (کیمیای سعادت، ج۱، ص۱۳۴)

یعنی زنان باید از اموری که به سرنوشت‌شان مربوط است بی‌اطلاع باشند. در حالی که در صفحه‌ی بعد در فصل «عذر بی‌علمی پذیرفته نیست» می‌نویسد: و چون معلوم شد که بر هرکسی آموختن آن علم واجب است که بر راه معاملت وی است بدانستی که عامی پیوسته در خطر باشد. مثلاً... اگر زنی پیش از صبح پاک شده باشد و نماز شام و خفتن نکند ـ که نیاموخته باشد ـ یا مردی زنی را در حال حیض طلاق دهد و نیاموخته باشد که حرام است معذور نباشد. و با وی گویند که «تُراگفته بودیم که طلب علم فریضه است.» (ص۱۳۵)

البته در جای دیگر می‌نویسد: ادب هفتم آنکه هر چه زنان را از علم دین، در کار نماز و طهارت و حیض و غیر آن به کار آید باید که در ایشان آموزد و اگر نیاموزد بر زن واجب باشد که بیرون شود و بپرسد... و این مقدار باید بیاموزد که چون پیش از آفتاب فرو شدن، حیض منقطع شد، نماز پیشین و دیگر قضا باید کرد و... (کیمیای سعادت ج۱، ص۳۱۸)

حدود علم‌آموزی زنان از این طریق معلوم می‌شود.

تحقیر میل جنسی و در نتیجه تحقیر زنان

در جای جای متون قدیمی برای یافتن نام زن کافی است به کلمات شهوت، جماع و...

نظر باشد تا سریعاً اطلاعات به دست آیند.

علاء بن زیاد گوید: چشم بر چادر هیچ زن میفکنید که از آن شهوت در دل اوفتد. «و به حقیقت واجب بود حذرکردن از نظرکردن اندر جامه زنان و شنیدن بوی خوش از ایشان و شنیدن آواز ایشان بلکه پیغام فرستادن و شنیدن و به جایی گذشتن که ممکن باشد که ایشان تو را ببینند، اگرچه تو ایشان را نبینی؛ که هرکجا جمال باشد، این همه تخم شهوت و اندیشه بد اندر دل افکند. (کیمیای سعادت، ج۱، ص۶۱)

البته درحقیرکردن این شهوت تا بدانجا می‌رود که می‌گوید: شریف‌ترین برنشست‌ها اسب است و همه مردان بر پشت وی کشند و عظیم‌ترین شهوت‌ها، شهوت زنان است و حاصل آن شاشه دانی است که بر شاشه دانی رسد و زن از خویشتن آنچه نیکوتر است همی آراید و تو از وی آنچه زشت‌تر است طلب همی کنی. (همان، ج۲، ص۱۴۲)

و در جای دیگر همین کتاب (ج۱، ص۳۰۴): هر زنی که برآید، شیطانی با وی باشد چون کسی را زنی نیکو پیش آید باید که به خانه شود و با اهل خویش صحبت کند در وقت، که زنان همه برابر باشند اندر این معنی.

به هرحال، عمر(رض) گوید: با زنان حدیث عشق مگویید تا دل ایشان تباه نشود که زنان همچون گوشتند برصحرا افکنده، نگاه دارنده ایشان خداست. (نصیحه الملوک، ص۲۶۸)

غایت زنان: فرزند آوری

حصیری در خانه افکنده باشد بهتر از زنی عقیم و گفته است که «زن زشتی که زاینده باشد بهتر از نیکو رویی که عقیم باشد.» و بدین معلوم شود که نکاح برای شهوت نیست که نیکو شهوت را شایسته‌تر است از زشت. (کیمیای سعادت، ج۱، ص۳۰۳)

بدان که نکاح کردن از جمله آداب راه دین است همچون طعام خوردن. چنانکه راه دین را به حیات و بقای شخص آدمی حاجت است ـ و حیات بی‌طعام و شراب ممکن نیست ـ پس همچنین به بقای جنس آدمی و نسل وی حاجت است و این بی‌نکاح ممکن نیست. پس نکاح سبب اصل وجود است و طعام سبب بقای وجود است. و مباح کردن نکاح برای این است نه برای شهوت...

بدان که فضل نکاح به سبب فواید وی است و فواید نکاح پنج است: فایده‌ی اول در فرزند است...

فایده‌ی دوم در نکاح آن است که دین خویش در حصار کند و شهوت را، که آلت شیطان است، از خویشتن باز کند...

فایده‌ی سوم انس باشد به دیدار زنان و راحتی که دل را حاصل آید به سبب مجالست و مزاح با ایشان، که آن آسایش سبب آن باشد که رغبت عبادت تازه گردد که مواظبت بر عبادت ملال آورد و دل اندر آن گرفته شود و این آسایش آن قوت را باز آورد...

فایده‌ی چهارم آن بود که زن تیمار خانه بدارد و کار پختن و رفتن و شستن کفایت کند که اگر مرد بدین مشغول شود از علم و عمل و عبادت باز ماند. و بدین سبب زن یاور مرد بود اندر راه دین.

فایده‌ی پنجم آن است که صبر کردن بر اخلاق زنان و کفایت کردن مهمات ایشان و نگاهداشتن ایشان را بر راه شرع جز به مجاهدتی تمام نتوان کرد و آن مجاهدت از فاضل‌ترین عبادات است. (کیمیای سعادت، ج۱، ص۳۰۵)

برخورد با مسئله‌ی زناشویی در افکار غزالی همانند سایر متفکران دینی است: اما تأنی نیک است و پسندیده الا در چند جای معدود که در حدیث نبوی است(ص): تزویج بکر چون رسیده باشد و گزاردن وام چون قدرت باشد و... (منهاج العابدین، ص۴۹)

... اما اگر کسی را نکاح از خدای تعالی مشغول خواهد کرد نکاح ناکردن اولی‌تر و اگر شهوت غالب شود، زهد آن خواهد بود که زنی خواهد که با جمال نباشد که شهوت نشان باشد نه شهوت‌انگیز.

احمد حنبل را (رض) زنی نیکو می‌دادند، گفتند این زن خواهری دارد عاقل‌تر از وی و لیکن یک چشم است، آن عاقل‌ترین بخواست. (کیمیای سعادت، ج۲، ص۴۴۹)

حکمت ـ حکیم گوید که مردم را زن خواستن بر چهار نوع است یک زن همه‌ی مرد را بود و یک زن نیمی مرد را بود، یک زن سیکی مرد را بود، و زنی بود که شوی را دشمن دارد.

تفسیر: اما آنکه همه‌ی مرد را بود، دوشیزه بود؛ و آنکه نیمی مرد را بود، کالم(= زنی که شوهر او مرده یا از شوهر طلاق گرفته باشد) بود، و آنکه سیکی مرد را بود، زنی بود که

نخستین شوهرش مرده بود و ازو بچه دارد و آنکه شوی را دشمن بود، آن باشد که شوی پیشین هنوز برجای بود و ازو بچه‌یی آورده بود و دلش باشوی پیشین بود. پس بدان که بهترین زنان دوشیزه است از پارسا آن. (نصیحه الملوک، ص۲۷۰)

تنبیه زنان

ادب نهم آنکه چون زن نافرمانی کند و طاعت شوهر ندارد، وی را به تلطف و رفق به طاعت خواند. اگر طاعت ندارد، شب جامه جدا کند و در جامه پشت با وی کند. اگر طاعت ندارد سه شب جامه جدا کند. پس اگر سود ندارد، وی را بزند، و بر روی وی نزند و سخت نزند چنانکه جایی بشکند. و اگر در نماز یا در کار دین تقصیر کند روا بود که بر وی خشم گیرد ماهی یا چندان که باشد. (کیمیای سعادت، ج۱، ص۳۱۹)

تحقیر زنان پیر

اگر چه هنوز زنان پیر از محروم‌ترین اقشار هستند بدون شک در آن عصر وضعی اسفبارتر از حال داشته‌اند که در احسان و نیکوکاری، هرگونه احسان بدانان را از صدقه بهتر و فاضل‌تر می‌شمرده‌اند: «آنکه کالای درویشان گران‌تر بخرد تا ایشان شاد شوند چون ریسمان پیرزنان و میوه از دست کودکان و درویشی که باز پس مانده باشد... (کیمیای سعادت، ج۱، ص۳۵۶)

غزالی در تجسم صحنه‌ای مضحک برای تجسم غرور و پندار مردمان می‌گوید: مثل این قوم چون پیرزنی عاجز بود که کلاه برسر نهد و قبا دربندد و سلاح اندر پوشد و بیاموخته باشد که مبارزان اندر مصاف لَنجه (= رفتار از روی ناز و کبر) چون کنند و شعر و رجز چون گویند و همه حرکات ایشان بدانسته باشد و چون پیش سلطان شود تا نام وی در جریده بنویسد، سلطان چنان بود که به صورت و جامه ننگرد، برهان خواهد، وی را برهنه کند تا با مبارزی در میدان بگردد. (همان منبع، ج۲، ص۳۰۷)

اما همانند سایر مثال‌هایی که در ادبیات فارسی بخصوص راجع به پیرزنان آمده زنان پیر مثال جادوی دنیا و غفلت اهل آن هستند: عیسی(ع) دنیا را دید در مکاشفات خویش به صورت پیرزنی.

گفت: چند شوهر داشتی؟

گفت: در عدد نیاید از بسیاری.

گفت: بمردند یا طلاق دادند؟

گفت: نه که همه را بکشتم.

گفت: پس عجب است از این احمقان دیگر که می‌بینند که با دیگران چه کردی و آنگه در تو رغبت می‌کنند و عبرت نمی‌گیرند.

مثال دیگر:

سحر دنیا آن است که ظاهر خوش و آراسته دارد و هرچه بلا و محنت است پوشیده دارد تا جاهل به ظاهر وی نگرد، غره شود و مثل وی چون پیرزنی است زشت که روی دربندد و جامه دیبا و پیرایه بسیار بر خویشتن کند تا هرکسی از دور وی را بیند بر وی فتنه (= مفتون) می‌شود و چون چادر از وی بازکند پشیمان شود و فضایح وی می‌بینند.

و در خبر است که دنیا را در روز قیامت بیارند بر صورت عجوزه‌ای زشت، سبز چشم و دندان‌های وی بیرون آمده و چون خلق در وی نگرند گویند نعوذبالله، این چیست، بدین فضیحتی و بدین زشتی؟ گویند: این دنیاست که به سبب وی حسد و دشمنی ورزیدید با یکدیگر و خون‌ها ریختید و... (کیمیای سعادت، ج۱، ص۷۵)

عقوبت برای زنان

در نصیحة الملوک آمده است: که خداوند زنان را به علت نافرمانی حوا و خوردن گندم عقوبت کرده است:

«حق تعالی زنان را هشت ده چیز عقوبت فرمود کردن. تفسیر:

اول حیض.

دوم زادن.

سوم جدا شدن از مادر و پدر و مرد بیگانه را به شوهر کردن.

چهارم به نفاس خویش آلوده شدن.

پنجم آنکه مالک تن خویش نباشد.

ششم کمی میراث.
هفتم طلاق که به دست ایشان نگردد.
هشتم آنکه مرد را چهار زن حلال کرد، زن را یک شوی.
نهم آنکه در خانه معتکف باید بودن.
دهم آنکه در خانه سرپوشیده دارد.
یازدهم آنکه گواهی دو زن برابر یک مرد نهاده‌اند.
دوازدهم آنکه از خانه بیرون نیارد آمدن تنها مگر با کسی محرم.
سیزدهم آنکه مردان را نماز عید و نماز آدینه و نماز جنازه بود و از پس جنازه روند و غزا کنند و زنان را اینها نباشد.
چهاردهم امیری را نشایند و نه نیز قضا را و نه حکم را.
پانزدهم آنکه فضل هزار بهره است یک بهره از آن زنان راست و دیگر مردان راست.
شانزدهم آنکه در قیامت چندانکه جمله امت را عذاب بود یک نیمه از آن زنان فاجره را بود.
هفت‌دهم آنکه چون شویش بمیرد چهار ماه و ده روزش عدت بباید داشتن.
هشت‌دهم آنکه چون شویش طلاق دهد سه ماه یا سه حیض عدت باید داشتن. (ص۲۷۱)

علت ترحم بر زنان

در همین کتاب در ده صفحه‌ی بعد می‌آورد: و هر که خواهد که بر زن خویش رحیم و مهربان گردد، ده چیز را یاد باید کردن تا انصاف داده آید:
یکی آنست که زن تُرا طلاق نتواند دادن و تو توانی.
و دیگر آنکه او از تو هیچ چیز نتواند ستدن و تو توانی که همه چیز از و بستانی.
سه دیگر آنکه او تا در حکم تو بود شوی دیگر نتواند کردن و تو زنی دیگر توانی کردن.
چهارم آنکه او بی‌فرمان تو از خانه بیرون نتواند رفتن و تو توانی.
پنجم آنکه او برهنه نتواند بودن و تو توانی.
ششم آنکه او از تو ترسد و تو از و نترسی.
هفتم آنکه او از تو به تازه رویی و سخن خوش بسنده کند و تو از و همه کارها نپسندی.

هشتم آنکه او از همه خویشاوندان و مادر و پدر ببرد و تو از هیچ کس جدا نگردی و کنیزک خری و بر وی بگزینی.
نهم آنکه او پیوسته تُرا خدمت کند و تو خدمت او نکنی.
دهم آنکه او به بیماری تو خویشتن بکشد و تو بمردگی او هیچ غم نخوری.

پس ازین روی واجب آید بر خداوندان خرد که بر زنان رحیم باشند و بر ایشان ستم نکنند که زن در دست مرد اسیر و بیچاره است. (ص۲۸۲)

تقسیم‌بندی زنان از دیدگاه غزالی و زن آرمانی او

غزالی در نصیحه الملوک سیرت و خوی زنان را به ده حیوان تشبیه می‌کند:

خوک، کپی (بوزینه)، سگ، مار، استر، کژدم، موش، کبوتر، روباه، گوسفند.

«خوک: زنی که به خوی خوک بود خوردن و شکستن داند و شکم آکندن و باک ندارد هرجاکه رود و غم دین و نماز و روزه نخورد و تفکر مرگ و قیامت و ثواب و عقاب و وعد و وعید و امر و نهی نکند و غافل بود از خشنودی و خشم خدای و نگاه‌داشتن فرزندان و ادب کردن ایشان و علم قرآن و ادب آموختن. و همیشه پلیدجامه بود و بوی ناخوش آید ازو.

کپی: و زنی که خوی وخصلت کپی دارد همت او جامه‌های گوناگون پوشیدن بود سبز و سرخ و زرد و پیرایه‌ها و گوهر و مروارید و زر و سیم. و فخرکردن بر هم‌شیرگان خویش و خویشتن را جای ساختن پیش شوهر و باشد که سروی نه چنان بود که می‌نماید.

سگ: و آن که به خوی سگ ماند آنست که هر وقتی شوی با وی سخن گوید بر وی جهد و بانگ برو زند و جنگ کند مانند سگ. و چون کیسه شوی پر سیم و زر بیند و خانه پر نعمت چون میوه وگندم وگوشت و آنچه بدین ماند، شوی را کرامت کند وگوید: جانم فدای تو باد و حق تعالی مکروه تو مرا منمایاد و مرگ من پیش از تو باد و چون حال بر خلاف این بود همچون سگ به روی شوهر اندر جهد و دشنام دهد و حسب و نسب او را بنکوهد و بیرونش کند وگوید تو درویشی و آن روز البته خاموش نشود.

استر: و آن زن که خوی استر دارد تند و حرون بود همچون استر که بر پول (=پل) بایستد و نرود و هرچندش می‌زنی نرود و این زن همچنان ستیزه‌کار بود و خود رای و معجب بود.

کژدم: و آن زن که خوی کژدم دارد به خانه همسایگان گردد و غمازی کند و سخن ایشان شنود تا یک دیگران را به جنگ افکند و بیاغالد تا عداوت و بغض اندر میان ایشان افتد و فتنه انگیزد همچون کژدم که هرکجا می‌رسد نیش می‌زند و نترسد که ازآن جمله باشد که پیغامبر (ص) گفت لا یدخل الجنه فتان یعنی سخن‌چین در بهشت نرود.

موش: و زنی که خوی موش دارد، دزد بود و ازکیسه شوی بدزدد. بخانه همسایگان برد و گندم و جو و آرد و مانند آن بدزدد و زنان ریسمان ریش را دهد.

کبوتر: و زنی که خوی کبوتر دارد همه روزه می‌گردد و هیچ نیارامد و شوهر را همی گوید که کجا می‌روی و ازکجا می‌آیی و با زنی دیگر سر داری و با من یک دل و مهربان نیستی و آن نه از مهربانی گوید.

روباه: و زنی که خوی روباه دارد شوی را از خانه بیرون کند و هرچه یابد بخورد و بخسبد و خویشتن را بیمار سازد و چون شوهر از در درآید به جنگ آغازد که چرا مرا در خانه تنها و بیمار بگذاشتی.

و اما زن آرمانی امام محمد غزالی

گوسفند: و زنی که خوی گوسفند دارد مبارک بود همچون گوسفند که اندر همه چیزهای وی منفعت یابی. زن نیک همچنین با منفعت بود و بر شوهر خویش و بر اهل و همسایگان رحیم بود و بر خان و مان و فرزندان خویش مشفق و مهربان بود و طاعت دارد خدای را جل جلاله (ص۲۷۳-۲۷۵)

سرانجام

آن زن که بر مرد عزیز بود و در دل او دوست بود یکی به بزرگ داشتن شوی بود، و دیگر به فرمان‌برداری به وقت خلوت و مجامعت و به نگاه‌داشتن سود و زیان، سه دیگر به آراستن خویشتن را و نهفته بودن اندر خانه و پروردن فرزندان و نیکو داشتن کسان خویش، چهارم آنکه پیش شوی افراشته و خوش برآید، پنجم آنکه وقت طعام نگاه دارد و هرچه شوهر را آرزو آید بسازد به تازه رویی، ششم آنکه حاجت محال و چیزی که ممکن است نباشد نخواهد و لجاج نکند، هفتم آنکه به وقت خفتن خویشتن را پوشیده دارد، هشتم آنکه راز

شوهر خویشتن نگاه دارد به حاضری و غایبی (نصیحه الملوک، ص۲۸۱)

منابع:

۱. کیمیای سعادت (۲ جلد) در اخلاق به فارسی، چکیده‌ای است ازکتاب احیاء علوم الدین عربی با افزون و کاستی. این کتاب را درآخرین سال‌های قرن پنجم به رشته تحریرکشیده که درواقع ازآثار دوران خلوت‌نشینی و مردم گریزی اوست. (به کوشش حسین خدیو جم، تهران، شرکت انتشارات علمی و فرهنگی،۱۳۶۴).

۲. نصیحه الملوک به زبان فارسی در حکمت عملی و اخلاق، تألیف در حدود سال ۵۰۲ _ ۵۰۳ ق برای سلطان محمدبن ملکشاه (۴۹۸ _ ۵۱۱ ق) یا سلطان سنجر (۴۷۹_۵۱۱ ق)، به تصحیح جلال‌الدین همایی، تهران، هما،۱۳۶۷.

۳. فضائل الانام من رسائل حجه‌الاسلام که مجموعه‌ی نامه‌های غزالی است. (فضائل الانام من رسائل حجه الاسلام‌امام زین الدین ابو حامد محمد غزالی، مقدمه و حواشی و تصحیح مؤید ثابتی، بی‌جا، بی‌تا، ۱۳۳۳).

۴. منهاج العابدین الی جنه رب العالمین. این کتاب نیز ازآثار مرحله‌ی سوم زندگی غزالی یعنی فاصله‌ی سالهای۴۸۵ تا ۴۸۹ ق است. (ترجمه عمربن عبدالجبار سعدی یاوی، تصحیح احمد شریعتی، تهران، بنیاد فرهنگ و هنر ایران، ۱۳۵۹).

۵. احیاء العلوم دراخلاق نیز ازآثار دوران خلوت نشینی غزالی است. هرکس کتابی پس از غزالی دراخلاق نوشته ازاین کتاب استفاده و اقتباس یا تقلید صرف کرده است. (احیاء علوم الدین؛ نیمه دوم از ربع عبادات، ترجمان مؤیدالدین محمد خوارزمی، به کوشش حسین خدیو جم، تهران، بنیاد فرهنگ ایران، ۱۳۵۹).

۶. زاد آخرت، پیراسته مراد اورنگ، بی جا، چاپ مهر، ۱۳۵۲.

۷. غزالی نامه؛ شرح حال و آثار و عقاید و افکار ادبی و مذهبی و فلسفی و عرفانی‌امام ابوحامد، جلال الدین همایی، تهران، فروغی، ۱۳۴۲.

- فصل زنان، مجموعه آراء و دیدگاه های فمینیستی، ۱۳۸۱.
- سخنرانی دراستکهلم (سوئد) به دعوت انجمن حق زنان، ۷ آوریل ۲۰۰۶.

| تأثیر خواب‌نامه‌ها در فرودست سازی زنان |

قرن‌هاست که زنان چشم به مردان دوخته‌اند و به تبع آن به جامعه‌ی مردسالار. قرن‌هاست که زنان خود را مطابق میل مردان آراسته و پیراسته‌اند، و قرن‌هاست که برای موفقیت در جلب‌نظر آنان، یکدیگر را پند داده و نصیحت کرده‌اند.

در این میان صدها ضرب‌المثل، جمله‌ی قصار، شعر و داستان کوتاه و بلند در کار عمق بخشی به این دنباله‌روی هستند و در ساختِ «ماده‌ی سر به راه و فرمانبر برای پادشاه کردن مردان درویش» کوشا. سازندگان این ادبیات فقط مردان نبوده‌اند که زنان نیز، با همسویی ناآگاهانه مهر تأیید و قطعیت بر مردسالاری زده‌اند و گاه حتی تن دادن به آن را دال بر ظرافت و سیاست زنانه دانسته‌اند.

درباره‌ی تأثیر نوشته‌های بزرگان، شاعران و متفکران متأخر و معاصر در ایجاد و تقویت باورهای غلط درباره‌ی زنان زیاد صحبت شده است، گو این‌که معتقدم هنوز باید کارهای فراوانی در این حوزه انجام شود. من در این مقاله برآنم تأثیر خوابنامه‌ها را در تقویت و حفظ فرهنگ سنتی و تحکیم قدرت مردانه در جامعه نشان دهم. تعبیر خواب، به نظر من، یکی از راه‌های ظریف و پوشیده‌ای است که بر مجسمه‌ی فرودستی زنان رنگ و جلا می‌زند و دایره‌ی تبدیل باور به رفتار و رفتار به باور را وسیع‌تر می‌کند.

خواب‌نامه‌ها که در حال حاضر جای معبران و خوابگزاران را گرفته‌اند، تلقین متکی بر اعتبار را با هر بار خواندن شدت می‌بخشند و با استفاده از هاله‌ی پر رمز و راز خواب و رؤیا، قالب‌های فرهنگی مبتنی بر فرودستی زنان را مستحکم‌تر و جاودانه‌تر می‌سازند و گاه تأثیرات بسیار مخربی بر احساسات و افکار خواننده می‌گذارند.

در این مقاله تأکید من نه بر مسئله‌ی تعبیر خواب، که به نوعی تعبیرآن است و به تعبیر خواب‌هایی استناد می‌کنم که در کتاب کلیات کامل‌التعبیر۱ آمده است. امید دارم بتوانم از تأثیر مخرب برخی تعابیر خواب بر افراد پرده بردارم و اعتراض خود را از انتشار چنین کتاب‌هایی با تیراژ بالا، که متأسفانه مورد استقبال مردم و حتی تحصیل‌کردگان روشنفکر نیز قرار می‌گیرد، اعلام کنم.

در این مقاله به بررسی مباحثی چون سهم زنان، فرودست‌سازی آشکار زنان، صفات پسندیده برای زنان، حضور زنان در کنار اشیاء، عرصه‌ی عمل زنان در مقایسه با مردان، چهره‌ی مالی زنان، و آرزوهای جامعه‌ی مردسالار در کلیات کامل‌التعبیر پرداخته‌ام و سعی کرده‌ام با نمایش آماری این مباحث، درجه‌ی شیوع هنجارها، نابهنجاری‌ها، آرزوها و بیم‌های اجتماعی جامعه را نشان دهم و با توجه به کل مدخل‌ها و عناوین، عوامل سازنده و مشخص‌کننده‌ی جایگاه فرهنگی، اجتماعی و اقتصادی زنان را مشخص کنم.

این تذکر را لازم می‌دانم که تعداد قابل توجهی از عناوین از قبیل آبکانه (غذایی از شیر و ماست)، بادریسه (مهره‌ی دوک)، بوریا، پلاس و تغار فراموش یا منسوخ شده‌اند و دیگر در خواب‌ها منعکس نمی‌شوند ولی بسیاری چیزهای دیگر موجودند که با تعبیر خود و به خصوص انعکاس در تألیفات جدید به کارِ ساختن درجه‌ی انسانی زنان مشغولند.

گردآورنده‌ی کتاب کلیات کامل‌التعبیر شخصی است به نام شیخ ابوالفضل حسین بن محمد ابراهیم التفلیسی که می‌نویسد: «در این علم جهد کرده و رنج بر خود نهاده از بهر مطالعه نظر همایون سلطان معظم [القاب بسیار] مالک الرقاب‌الامم عزالدنیا و الدین ابوالفتح قزل الارسلان مسعود بن ناصرالدین اطال‌الله بقائه و بر نسق حروف معجم، شخصی که کتاب به او هدیه شده احتمالاً از اتابکان سلجوقی است که در اواخر قرن ششم به قتل رسیده است.

ناشر کتاب نیز در ابتدای کتاب می‌نویسد: «کتابی است از هر حیث کافی در علم تعبیر خواب، زیراکه جمع اقوال بین جمیع حکما و علما و متخصصان این فن شده به نوعی که کلیات و جزئیات هر خوابی از حیث تعبیر مشروحاً بیان گردیده تا مطالعه‌کنندگان کاملاً استفاده نمایند.»

در این خواب‌نامه حدود ۱۱۶۰ مدخل و عنوان وجود دارد که در تقریباً ۳۱۵ عنوان از زنان به صورت‌های مختلف نام برده شده است. اگرچه ممکن است تصور شود در عناوینی که نامی از زن نمی‌رود نظر با زنان نیز باشد ولی تفسیر، مقایسه و فحوای، کلام حاکی از فضای مردانه است مگر این‌که تصور کنیم هرجا نام از «کسی»، «آدمی»، و «فردی» می‌رود به زن هم اطلاق می‌شود. اما شکی نیست که حذف نام زن و اختصاص نیافتن مدخل‌ها به او، و استفاده از ضمایر و اشاره‌های مردانه برای زنان از عوامل حذف فرهنگی زن و در نتیجه بی‌چهره‌گی و حذف اجتماعی، اقتصادی و سیاسی اوست.

سهم زنان

از کل ۱۱۶۰ مدخل، در ۳۱۵ مدخل از زنان و مسائل مربوط به آنان سخن رفته است که تنها ۴۰ مورد به خواب دیدن زنان و بقیه به خواب دیدن مردان اختصاص دارد. از این ۴۰ مورد، تنها در یک مدخل حرفی از مردان نیست؛ یعنی در ۳۰ درصد کل کتاب، حرف از زنان است که در این ۳۰ درصد (۳۱۵ عنوان) تنها ۱۱ درصد زنان خواب دیده‌اند که در این ۱۱ درصد که شامل خواب مردان هم هست تنها ۲/۵ درصد (یعنی همان یک مدخل) شامل خواب زنان در مدخل زنانه است.

به دیگر سخن، زنان در کل کتاب ۳/۴ درصد سهم دارند (خوابشان مطرح است) و آن تنها مدخل، ۰/۰۸ درصد کل کتاب را تشکیل می‌دهد.

فرودست‌سازی آشکار زنان

خواب‌نامه‌ها از همان ابتدا با سرکوب کردن زنان و ارائه‌ی سیمای فرودستی از آنان شروع می‌شوند. چنین تصوراتی درباره‌ی زنان یقیناً بازتاب مناسبات، افکار و عقاید جامعه است ولی وقتی به صورت مکتوب در می‌آید. همچون وحی منزل می‌شود و با تلقین شدیدی که ایجاد می‌کند، تصور فرودستی زنان را تداوم می‌بخشد.

در فصل ششم کتاب کامل‌التعبیر در تفاوت میان خواب‌ها و فضل خواب کسی برکسی دیگر آمده: «...خواب مردان را فضل است بر خواب زنان از بهر آن‌که ایزد تعالی ایشان را برگزیده و ۱۲۴ هزار پیغمبر همه مردان بودند و مردان را بر زنان اختیار کرد... و چنان دان که ایزد عزوجل صبر و خرد و عمارت [امارت؟] و بزرگی و شجاعت و سخاوت و قضا و پارسایی و عدالت و آنچه بدین ماند اندر جبلت مردان مذکور کرده است و خواب زنان نزدیک است به خواب بندگان.»

و در مورد خواب زنان می‌نویسد: «... و خواب مست و جنب و زن حائض و مانند این درستی و اصلی ندارد.» در فصل چهاردهم آمده: «... در پیش زنان و کودکان تعبیر نکنند و دشمنان نیز.» در تعابیر دیگر نیز از بددینان و جاهلان و دشمنان خداوند در کنار زنان یاد شده که «درگذاردن خواب، ایشان را خیر نباشد.»

در این کتاب از قول جابر مغربی آمده که: «پهلوها در خواب دلیل بر زنان است زیرا که زنان از پهلوی مردان آفریده شده‌اند پس هر خیر و شر که در پهلوها ببیند، تأویل آن بر زنان بازگردد.»

برای آن‌که روشن شود مقوله‌های مرد ساخت خواب‌نامه‌ها چگونه به ستمدیدگی زنان مشروعیت می‌بخشد، بهتر است به مثال‌هایی از کتاب توجه کنید:

۱- راست و چپ

«... بعضی از معبران گویند دندان‌های پیشین و آنچه از جانب راست است دلیل بر پدر و

خویشان پدر کند و دندان‌هایی که از جانب چپ است دلیل بر مادر و خویشان مادر کند.»

«ابن سیرین گوید که دیدن سرین راست دلیل بر پسر است و سرین چپ دلیل بر دختر.» (مصادیق برتری راست بر چپ در فرهنگ ما به قدر کافی روشن است.)

«و بر این قیاس است بالا و پایین که دندان‌های بالا دلالت کند بر نرینه و دندان زیرین دلالت کند بر مادینه. و لب بالا در خواب دلیل پسر است و لب زیرین دلیل دختر و آستانه‌ی بالایین در خواب کدخدای خانه بود و آستانه‌ی زیرین کدبانوی خانه و گوید اگر بیند که آب بینی براندام وی افتاد دلیل کند که وی را پسری آید و اگر بیند که بر زمین افتاد دلیل که دختر آید.»

۲- آواز زن

«ابن سیرین گوید که آواز مرد در خواب چون بلند بود دلیل کند که در میان مردم بزرگی یابد...»

«کرمانی گوید بلندی آواز مردان را دلیل بر شرف و بلندی نام کند اما بلندی آواز زنان در خواب نیکو نباشد و به خلاف آواز مردان بود بسیاری.»

۳- امامت کردن زن

«امامت کردن در خواب بر شش وجه است: فرمانروایی، پادشاهی به عدل و انصاف، علم، قصد نمودن به کار خیر، منفعت، ایمنی از دشمن و اگر ببیند امامی زنان نمود دلیل بر گروه ضعیفان والی شود.»

«اگر ببیند که زنی بر منبر همی خواند و مردمان را پند همی داد، دلیل که شوهر زن رسوا شود.»

۴- دختر زادن

در خواب‌نامه‌ها دیدن دختر به خواب دلیل بر شادی و فرح دنیاست، اما «اگر بیند که دختری شده است دلیل بر غم و اندوه است.»

«اگر مردی بیند که دختری بزاد دلیل که غمگین و مستمند شود و اگر بیند که پسری زاد دلیل که کار نیکویی از وی صادر شود و از آن کار نام نیکوی او در عالم منتشر شود.»

۵- جامه‌ی زنانه و مردانه

«اگر ببیند جامه‌ی زنان پوشیده است دلیل که مالش زیاد شود اما ترسی عظیم بدو رسد و به قولی او را غم و اندوه رسد و بی‌حرمت شود.»

«اگر بیند جامه‌ی زنی می‌دوخت غم و زیان به او رسد. اگر بیند جامه‌ی مردی می‌دوخت تأویلش نیکو باشد.»

«ابن سیرین گوید اگر بیند چون زنان چادر پوشیده است دلیل که در آن کار خیر و شر است لکن آن کار را از او مکروه دارند.»

«اگر زنی به خواب دید که لباس مردان پوشیده است دلیل منفعت بود.»

۶- مرد یا زن شدن

«اگر زنی بیند که مرد شد و جامه‌ی مردان را پوشید، اگر زنی مستور بود دلیل که خیر و صلاح او بود و اگر زن مفسد باشد دلیل است بر شر و فساد.»

«اگر بیند که مخنث شده بود و خود را چون زنان می‌آراست دلیل که بلایی بر وی رسد.»

«اگر مردی به خواب دید که چون زنان فرج داشت دلیل است خوار و رسوا شود.»

۷- پیرایه

«کرمانی گوید اگر بیند پیرایه‌ی زنان داشت دلیل که غمگین شود.»

«ابن سیرین گوید که دست اورنجن (دستبند) در خواب زنان را شوهر است و مردان را غم و اندوه و تنگدستی.»

«اگر مردی بیند که نگین و تاج دارد دلیل بر ولایت بود و زنان را دلیل بر شوهر بود.»

(تفسیر این تعبیر نیازی به تأکید ندارد که چگونه شوهرکردن را برای زنان مثل پادشاهی می‌داند و القایی مخفی‌تر سایه‌ی مرد را بر سر زن می‌گستراند.)

۸- حجامت

در مدخل «حجامی» یا رگ زدن حرفی از «اگر زنی این را به خواب بیند» نیست، هرچه هست درباره‌ی مردان است و بس.

اگر بیند حجامی بیگانه در جایگاهی بیگانه او را حجامت کرد دلیل که کتابی نویسد و ولایتی درگردن خود کند.»

«اگر بیند کسی او را حجامت کرد اگر آن کس دوست او بود، دلیل که امانتی به وی

بسپارد و اگر دشمن است از شر او ایمن شود و از غم فرج یابد و اگر آن کس جوانی بود همین تأویل دارد و اگر پیر است عز و بزرگی یابد.»

«کرمانی گوید اگر بیند که پیری را حجامت می‌کرد کارش نیکو شود. اگر بیند پادشاهی را حجامت می‌کرد دلیل که مقرب پادشاه شود و کام یابد و اگر بیند جوانی را حجامت می‌کرد دلیل که دشمن بر او ظفر یابد. اگر بیند شیشه‌ی او بشکست دلیل که زنش بمیرد یا او را طلاق دهد.»

چنان‌که ملاحظه کردید نوشتن کتاب، ولایت، سپردن امانت، ایمن شدن از شر دشمن یا برعکس، فرج از غم، عز و بزرگی یافتن، نیکو شدن کار، مقرب پادشاه شدن، و کام یافتن برای مردان است و مردن یا مطلّقه شدن سهم زنان.

۹- شیر نر و ماده

«دیدن شیر نر در خواب دلیل است بر پادشاه و شیر ماده زن پادشاه. اگر بیند که شیر ماده را می‌دوشد دلیل است دبیر پادشاه گردد. اگر این خواب را زنی بیند دایه پسر پادشاه شود.»

۱۰- پالان

«پالان دیدن در خواب، زن است. اگر پالان بر پشت داشت دلیل که مطیع و فرمانبردار زن شود و زن بر وی مستولی گردد.»

«ابن سیرین گوید پالان دیدن در خواب زن است و اگر بیند پالان داشت یا از شخصی به بهانه‌ی خرید دلیل که زن خواهد یا کنیزک خرد و اگر بیند پالان بر پشت داشت دلیل که مطیع و فرمانبردار زن شود و زن بر وی مستولی گردد.»

«اگر بیند پالان از وی ضایع شد دلیل است که آن زن از وی جدا شود و یا طلاقش دهد.»

«جابر مغربی گوید اگر دید پالان پاکیزه داشت دلیل است که زن مستور سازگاری بخواهد و از او خیر و منفعت یابد و اگر بیند پالان درشت و چرکین داشت دلیل است که زنی خواهد ستیزه‌روی و ناسازگار و از وی مضرت بیند.»

کاربرد مفهوم «زن ذلیل»، قدمتی قابل تشخیص تا این زمان دارد.

۱۱- فاخته

«دیدن فاخته در خواب دلیل زنی بود ناقص دین و بدمهر که با کس نسازد، اگر بیند فاخته

داشت دلیل است که زنی بدین صفت بخواهد.»

این تعبیر خواب ظاهراً از ویژگی این پرنده که در لانه‌ی دیگر پرندگان تخم می‌گذارد، به عاریت گرفته شده است و سرانجام به طبیعت زنان اطلاق شده است، هر چند زنان بدمهر.

همان‌طور که ملاحظه کردید، این خواب‌نامه‌ها با القای ضعف و زبونی به زنان، بر این تصور مهر تأیید می‌زنند که زنان فقط قادر ند کارهای معینی انجام دهند و با این تلقینات فرودستی زنان را طبیعی، همگانی و اجتناب‌ناپذیر قلمداد می‌کنند.

جالب این است که چنین مضامینی در کتاب‌های تعبیر خوابی که قرن‌ها بعد نیز نوشته شده به چشم می‌خورد. مثالی از تداوم این تعبیرات و تلقیات در خوابنامه‌های مختلف می‌زنم. مدخل «بوق زدن» را در کتاب کلیات کامل‌التعبیر با کتاب تعبیر خواب۲ نوشته‌ی مطیعی تهرانی، که کتاب تعبیر خواب جدیدی است، مقایسه می‌کنم. در کلیات کامل‌التعبیر آمده است: «ابن سیرین می‌گوید اگر کسی به خواب دید بوق می‌زند و بوق زدن نمی‌دانست دلیل که مردم را از سرّ خود آگاه کند. اگر بیند بوق می‌زند دلیل که در میان مهتران دروغ گوید و آن دروغ را به سوگند راست کند و به عاقبت ظاهر گردد که آن دروغ بود. جابر مغربی گوید بوق زدن به تأویل مردان را مصیبت است و زنان را رسوایی و ظاهر شدن راز ایشان.»

و در کتاب تعبیر خواب مطیعی آمده است: «بوق زدن در خواب کاری است آمیخته با تزویر و ریا و از جهتی توسل به دروغ‌گویی و خیانت. ممکن است در اتومبیل باشیم و بوق بزنیم و یا بوقی در دست داشته باشیم و در آن بدمیم. در مورد اول جواب ما گویای این است که کاری نیرنگ‌آمیز می‌کنیم، هدفمان ایجاد محبوبیت بیشتر است اما به شکست می‌انجامد و اثری نامطلوب باقی می‌گذارد. در مورد دوم یعنی دمیدن در بوق دستی، خواب ما می‌گوید دروغی می‌گوییم که فاش می‌شود و شرمندگی و ندامت می‌آورد. برای زنان بوق زدن به هیچ‌وجه خوب نیست و گویای رسوایی است. چنانچه زنی در خواب ببیند که بوق می‌زند چه در اتومبیل باشد و چه در بوق بدمد، خواب او می‌گوید کاری زشت انجام می‌دهد که به رسوایی و بدنامی می‌کشد و چنین زنی باید به شدت مراقب اعمال و رفتار خویش باشد.»

صفات پسندیده برای زنان

در شمارش دفعات تکرار (بسامد) صفات پسندیده‌ی زنان آمار زیر به دست می‌آید:

توانگری (۳۲) به علاوه بزرگ‌زادگی و اصالت (۹) در مجموع (۴۱).

زیبایی با بسامد ۳۷

دینداری با بسامد ۲۱

پاکدامنی و نجابت با بسامد ۱۶

فرهنگ و خرد با بسامد ۱۲

توجه شود که مجموع صفات نیکوگفتار، خردمند، با فرهنگ، موافق، عاقله، بی‌آزار، عاقبت‌اندیش، خوش‌آواز و مشفق، بسامد فرهنگ و خرد را به این رقم رسانیده است.

حضور زنان در کنار اشیاء

در بررسی همراهی و حضور زن در ۳۵۱ مدخل، اطلاعات زیر به دست آمد:

- در ۳۲/۲ درصد از عناوین که به اشیاء اشاره دارد از زن نام برده شده است.
- در ۱۷ درصد از عناوین که به حیوانات اشاره دارد از زن نام برده شده است.
- در ۱۴/۵ درصد از عناوین که به افعال و اعمال اشاره دارد از زن نام برده شده است.
- ۳۵/۳ درصد بقیه شامل این موارد است:

اعضاء و اجزای بدن، عناصر، مواد، اماکن، میوه‌ها و ریشه‌ها، گل‌ها و درخت‌ها، غذاها و سایر خوردنی‌ها، اشخاص و بیماری‌ها.

غرض از این تقسیم‌بندی و آمارگیری، دریافت سریع همراهی و ملازمت قابل توجه زنان با اشیاءست. یعنی در ۱۱۷ عنوانی که به اشیاء اختصاص دارد زنان در ۴۴ درصد موارد همنشین اسباب و وسایل منزل هستند؛ در ۴۱ درصد موارد ملازم وسایل زینتی و عطریات و پوشاک، و در ۱۵ درصد موارد ملازم سایر اشیاء.

عرصه‌ی عمل زنان در مقایسه با مردان

در ۱۱۶۰ مدخلی که در خواب‌نامه‌ی مورد بررسی وجود دارد، ۱۷۵ عنوان حاکی از انجام

عملی است (هم برای زنان و هم برای مردان) که در موضوعات زیر دسته‌بندی شده‌اند. (از هر یک نمونه‌هایی آورده می‌شود.)

- اعمال فیزیکی: آب تاختن، بالا رفتن، آبستن بودن.
- کارهای روزمره: آتش افروختن، شستن، بخورکردن.
- شادی و موسیقی: رقص کردن، چنگ زدن، تزویج.
- ورزش: چوگان زدن، کشتی گرفتن.
- اعمال جنگی: غلبه کردن، جنگ کردن، غزاکردن.
- اعمال مذهبی: دعاکردن، روزه داشتن، صلوات فرستادن.
- اعمال خشن: بر دارکردن، لگد زدن.
- اعمال عاطفی: در آغوش گرفتن، عاشق شدن، بوسه دادن.
- واکنش غم و اندوه: گریستن، ترسیدن، ضعیف شدن.
- آرزوها: پروازکردن، جوان شدن، زنده شدن مرده.
- اشتغال و فعالیت: پل ساختن، معلمی کردن، خریدن و فروختن.
- غیره: نام گردانیدن، رخ دادن، از پس پرده شدن.

این اعمال در مجموع ۱۵/۲ درصد کل مدخل‌ها را شامل می‌شود یعنی کل کارها و فعالیت‌های افراد یک جامعه که از خواب و رؤیای آنها ـ چه زن و چه مرد ـ سر در می‌آورد این میزان است که به هر حال می‌تواند گواه بیکاری و انفعال جامعه باشد. در میان این ۱۷۵ مدخل زنان تنها در ۵۱ مدخل چهره می‌نمایانند که ۲۹ درصد کل این فعالیت‌هاست. به عبارتی، میزان فعالیت و کار زنان معادل ۴/۳ درصد کل مدخل‌هاست.

اعمال و فعالیت‌هایی چون بنیاد نهادن، تخم کاشتن، دوختن، حجامی، فروختن، و فراشی کردن تنها مدخل‌های کار و فعالیت هستند که در آنها از زنان سخن به میان آمده است. با مشخص کردن کارها و فعالیت‌های کل جامعه، به غیر از آشنا شدن با مشاغل اجتماعی، می‌توان به جایگاه اجتماعی زنان پی برد:

بارکشیدن، بافتن، پل ساختن، خمیرکردن، رفوکردن، رگ گشادن، سقایی کردن، کحالی کردن، گدایی کردن(!)، معلمی کردن، دلالی کردن، مصحف فروختن، تاب دادن، جولاهی،

حلاجی، حمالی، پرده‌داری، بقالی، پیله‌وری، تره‌فروشی، جوفروشی، دربانی، درودگری، طباخی، عصاری، عطاری، مطربی، فراشی، مسجد بنا نهادن، طبیب [طبابت]، نویسنده و قاضی [میرزایی و قضاوت]، ترازوگر(؟).

شش مدخل بنیاد نهادن، تخم کاشتن، حجامی، دوختن، فراشی کردن و فروختن بدیهی است که به مردان نیز مربوط می‌شود. سخن آخر این‌که از کل ۱۷۵ مدخل ۴۰ مدخل به کار فعالیت اختصاص دارد که معادل ۲۳ درصد کل مدخل‌هاست و از این میزان سهم زنان ۳/۴ درصد است.

چهره‌ی مالی زنان

همان‌گونه که در بخش صفات پسندیده‌ی زنان ملاحظه شد، دلخواه‌ترین صفت زنان از نظر جامعه، توانگری بوده است که در جدول زیر با تقسیمات مختلف چهره می‌نمایاند.

عنوان‌ها	تعداد
ازدواج با زن توانگر	۳۳
منفعت از قبل زن	۳۲
خوردن مال زن و کنیز	۵
ستاندن مال زن، کنیز، خادمه	۵
حصول مال از زن	۴
میراث بردن از زن	۷

خوردن مال زن مفسده از تعبیرات جالب خوابنامه‌هاست.

دیدن خواب‌هایی که سمبل‌های زنانه دارند مثل آبستنی، دیدن پستان‌ها بر بدن و حیض، برای مردان به حصول مال و نعمت تعبیر می‌شود که تأییدی است بر تمایل مردان به بهره بردن از زنان توانگر.

اشاره‌هایی خاص به زن توانگر و مال‌دار در عناوینی چون درخت انار، یاسمن، بط سفید تذرو، آب چاه، ماکیان و خم آب فراوان دیده می‌شود:

حتی دیدن حیوانات ماده مثل ماده‌گاوی که به خانه بیاید یا شاخ‌گاو ماده تعبیر مالی دارد.

حس جویی از زن جوانمرد (!) و سخی (آب چاه بسیار) طرد زن سفله و دون (آب چاه اندک) جفا دیدن به جهت مال زن (آب چاه گرم)، اشاره به درویش شدن زن و... به اضافه‌ی تعبیرهایی که در حال حاضر برای ما بسیار عجیب هستند، حاکی از آرزوی توانگر شدن از طریق زنان بوده و هست.

«اگر کسی دید زن او شوهر کرد و آن شوهر او را به خانه برد دلیل که مال بسیار از این ممر به شوهر او رسد.»

«اگر بیند با زن پادشاه مجامعت کرد دلیل از او منفعت یابد.»

«اگر مردی بیند که کسی دست‌درازی با زن او کرد دلیل باشد که اهل آن زن توانگر گردند.»

«اگر بیند که زن او به نزد مردمان بیگانه به فساد باشد دلیل که بدو منفعت و نیکی رسد.»

افزودن علاقه به دوستی با زنان بزرگ و خاتونان محتشم و دیدن خیر و راحت از آنان و به خصوص توجه به ابراز تنفر از هزینه‌کردن مال برای زن و عیال که به نمونه‌هایی از آنان اشاره می‌شود. آمار را بالاتر می‌برد:

«اگر بیند بلغم از گلو بیرون آورد و به آستین بگرفت دلیل که مال خود بر عیال هزینه کند.»

«اگر بیند که در بستر خویش پلیدی کرد دلیل که مال خود بر عیال هزینه کند.»

«دیدن شپش در خواب دلیل بر عیال مرد باشد که نعمت او را می‌خورند.»

«اگر بیند که گِل خورد دلیل که مال بر عیال هزینه کند.»

«ابن سیرین گوید دیدن کنه در خواب دلیل عیال است. اگر بیند اندامش را می‌خورد دلیل که به‌قدر آن مالش تلف شود.»

دیدن خواب پیرزنان باز هم تعبیر اقبال دنیا و مال و نعمت دارد:

«اگر زنی پیر مجهول بر وی سلام کرد، اقبال دنیایی یابد.»

«اگر دید پیرزنی به خروارها پابند بدو بخشید دلیل است که مال و نعمت دنیا بیابد و به‌قدر آن کارش به نظام گیرد.»

مسئله‌ی قابل توجه در افکار و اعتقادات جامعه‌ی زمانِ خوابنامه‌ها، تضاد بین طرد

دنیا و دل بستن به دنیاست. این تضاد هنوز در فرهنگ ایرانی حضور دارد:

«اگر بیند که با زنی پیر صحبت داشت دلیل است که دل به دنیا بسته باشد.»

«اگر کسی در خواب بیند که آبخانه (توالت) همی ساخت دلیل کند که به جمع کردن مال دنیا حریص گردد و راغب گردد و نخواهد که از مال خود چیزی خرج کند.»

این تضاد باعث می‌شود جامعه منابع مالی زن و حاصل فعالیت‌های او را تملک کند اما از نظر اعتقادی و فرهنگی آن را مکروه شمارد و بنابراین از تشکر و امتنان و رد سهم زنان شانه خالی کند.

«اگر بیند در راه همی رفت و زنی پیش وی آمد و به سبب آن زن از راه به یک سو رفت دلیل که به دنیا فریفته شود و خلل در دین او درآید و راه خیر گذارد.

آرزوهای جامعه مردسالار

خواب‌نامه‌ها در تأکید و رسوب این نظر که نقش زنان به لحاظ زیستی معین است، کاملاً فعال هستند و در نتیجه به محدود کردن دامنه‌ی پرسش‌ها و پاسخ‌های ممکن درباره‌ی زنان می‌پردازند! یعنی خواب‌نامه‌ها با تأکید بر وضعیت زیستی زنان تعیین می‌کنند که مثلاً زنان باید از بچه‌ها مراقبت کنند و این سؤال مطرح نمی‌شود که چرا مردان از بچه‌ها مراقبت نمی‌کنند؛ و اگر زنی از ایفای نقش همسری و مادری خود اظهار نارضایتی کند، حتماً عیب و ایرادی دارد، یعنی یا از نظر زیست‌شناختی زن کاملی نیست یا از نظر روانی بیمار است.

خواب‌نامه‌ها ایجاد پیش‌داوری می‌کنند و با مسلّم و طبیعی جلوه دادن تصورات عامه مانع واکنش مناسب در برابر این پیش‌داوری‌ها می‌شوند.

خواب‌نامه‌ها به تحکیم فزاینده‌ی وابستگی زنان به حوزه‌ی خانوادگی یا خصوصی می‌پردازند و در زمان حاضر نیز موجب کندتر شدن فعالیت آنان در حوزه‌ی عمومی سیاست و اقتصاد می‌شوند چراکه با مطالب خود نیاز و ضرورت حضور زن را در حوزه‌ی عمومی نفی می‌کنند.

این نوع کتاب‌ها در کنار سایر عوامل موجب تحکیم برتری مردان و نهادینه کردن نابرابری زنان می‌شوند.

تأکیدات خواب‌نامه‌ها در شکل‌گیری و تعمیق این فرض که رضایت زنان فقط با ازدواج و بچه‌داری حاصل می‌شود.» فرضی که کلید معمای فرودستی و استثمار زنان است، نقشی مهم دارند.

آرزوهای جامعه‌ی عصر فئودالی ایران بیشترین بسامد را در موضوع ازدواج با عناوین زن خواستن (۱۳۵ مورد)، کنیزک خریدن(۴۷ مورد)، حصول کنیزک (۶ مورد)، ازدواج و حصول خادمه (۵ مورد)، ازدواج مجدد (۱۹ مورد)، زن بچه‌دار خواستن (۳ مورد)، واسطه‌ی ازدواج بودن (۸ مورد)، و هدیه گرفتن زن و «زن به مرد رسیدن» دارد که با طلاق (۴۲ مورد)، پس دادن زن، رها کردن و بیرون کردن او، فروش زن و کنیزک (۵ مورد)، به انتها می‌رسد.

شوهر کردن زن (۱۸ مورد) و ازدواج مجدد او (۱ مورد) حاکی از مرد محور بودن خواب‌نامه‌هاست که زن را به عنوان «دیگری» و موجودی در حاشیه تنها برای معنا بخشیدن و پر کردن زندگی مرد مطرح می‌کند.

تولید مثل در افکار فئودالی مثل تعبیر ارّه در خواب دیدن است: «کرمانی گوید اگر دید که ارّه فرا گرفت یا بخرید یا شخصی بدو داد دلیل است که اگر پسری دارد وی را پسر دیگر آید و اگر دختر دارد وی را دختری دیگر آید و اگر فرزند ندارد و چهار پای دارد دلیل است که چهارپایی مثل آن نصیب گردد.»

از مسائل قابل طرح که شاید با فرزند آوری هم ارتباط داشته باشد مسئله‌ی سلامتی زنان است. بسامد بیماری زن و کنیزک و خادمه (۱۸ مورد) و مرگ زن (۳۶ بار) و مرگ کنیزک (۱۱ مورد) توجه‌برانگیز است که اگرچه ممکن است ناشی از ترس مردان از مرگ همسران‌شان باشد ولی وجود مرگ شوهر در سه مورد از خواب‌های زنان (مدخل‌های انگشتری، سر دیدن، چادر) این سؤال را به ذهن می‌آورد که چرا ترس از دست دادن شوهر در خواب‌های زنانه نمود کمی دارد؟ آیا نبود این ترس در خواب زنان حاکی از رضایت از زندگی زناشویی است، یا پنهان کردن نارضایتی از زندگی زناشویی، عشق به مرد خود یا ترس از دست دادن سرور و بزرگ خانه؟ و یا مطرح نبودن و نشناختن احساس و عواطف زنان؟

به هر حال، خوابنامه‌ها از منابع موثقی هستند که روابط و خصوصیات جامعه‌شناختی

زمان خود را منعکس می‌کنند و از طریق انعکاس خواب‌ها، ترس‌ها، نگرانی‌ها، آرزوها و روابط روزانه‌ی مردمان را ثبت می‌کنند.

«اگر زنی بیند که عروس شده و او را پیش شوهر می‌برند دلیل است که آخر عمر او باشد.»!!!

مجله‌ی «زنان» جهت درج این مقاله اقدام به افزودن این نوشته کرده است:

«آنچه می‌خوانید بررسی جامعه‌شناختی است از تعبیر جنسیتی خواب و رؤیا که برخاسته از سنت ایرانی است نه آموزه‌های متقن و مستند دینی. اگرچه همه‌ی منابع مورد بررسی نیز از اعتبار و سندیت قابل قبولی برخوردار نیستند اما در میان توده‌ی مردم خوانندگان و رهروانی دارند که بی‌شک این تعابیر و نگرش‌ها را به حوزه‌ی خارج از خواب و رؤیا یعنی گستره‌ی زندگی واقعی نیز تعمیم می‌دهند و جایگاه زن را در آن ترسیم می‌کنند. از این رو بررسی این تعابیر می‌توانند میان نگرش سنتی و اندیشه‌ی دینی تمایز ایجاد کند و موجب بیداری جامعه از خواب قرون شود.»

منابع:

۱. کتاب کلیات کامل‌التعبیر مجموعه‌ای از ۱۹ کتاب خواب‌نامه است که برخی از آنها عبارتند از: کتاب اصول دانیال، کتاب جوامع محمدبن سیرین، و کتاب ارشاد جابر معویی، گردآورنده‌ی این مجموعه، شیخ ابوالفضل حسین بن ابراهیم التفلیسی، به سبب آن‌که مجموعه‌ای از خواب‌نامه‌ها را گردآوری کرده و در این کتاب گنجانده، نام آن را کلیات کامل‌التعبیر گذاشته است. مشخصات کتاب به قرار زیر است: کلیات کامل‌التعبیر، محمدبن سیرین و (منسوب به) دانیال پیغمبر، گردآوری شیخ ابوالفضل حسین بن ابراهیم التفلیسی، تهران، نشر محمد، چاپ هشتم، تیراژ ۱۰۰۰۰ نسخه، ۱۳۶۸.

۲. تعبیر خواب، مطیعی تهرانی، ناشر مؤلف، تهران، تیراژ ۳۰۰۰ نسخه، ۱۳۶۳.

• تأثیر خواب‌نامه‌ها در فرودست سازی زنان، مجله زنان، س. ۹ ش. ۷۲، بهمن ۱۳۷۹.

• متن سخنرانی در یازدهمین کنفرانس بین المللی بنیاد پژوهش‌های زنان ایران، دانشگاه برکلی، کالیفرنیا ۱۵-۱۸ جون ۲۰۰۰ (۲۶-۲۹ خرداد ۱۳۷۹).

سیری در تاریخچه نقّاشی ایرانی و بررسی حضور زن در آن

بخش اول

انسان از آغاز هستی یافتن بر زمین، نیازمند تجسم بخشیدن بر افکار و خیالات خود بوده است؛ و چون در آن روزگاران، زبان برای بیان مفاهیم و نیازهای تخیلی و تجسمی پرداخته نشده بود، برای انتقال افکار و اندیشه‌ها از ترسیم خطوط و کشیدن نقوش استفاده می‌کرد. بشر با هر آنچه در محیط خود می‌یافت مثل گِل و مواد رنگی طبیعی بر روی صخره‌ها و سفال دست‌ساز خود اثر می‌گذاشت و به همین دلیل است که نقّاشی به اندازه تمدّن بشر، گذشته‌ای طولانی دارد و از این‌روست که با یک نظر به آثار نقّاشی و حجّاری او می‌توان به ابزار و آلات و اشیاء و شرایط زندگی و آداب و رسومش پی برد. خط pictographique که در آن از نشانه‌ها و تصاویر مخصوص برای ادای منظور و بیان منویات استفاده می‌شده است،

حاکی از استفاده از نقّاشی برای بیان است.

بررسی تاریخ گذشته ایران نیز روشن می‌کند که ایرانیان هم، از دیرباز با هنر نقّاشی آشنا بوده‌اند و این وسیله‌ی ارتباط جمعی در طول عمر خود در ایران قبل از اسلام، راه تکامل خود را می‌پیموده است. یکی از مورخان اسلامی (مسعودی) می‌نویسد: «در تخت جمشید به کتاب بزرگی از داستان‌های پادشاهان ایرانی دست یافتم (حدود سال ۲۹۴ هجری) که تصاویری از سلاطین ساسانی در آن درج گشته بود. تمثال هر یک از این شهریاران به همان وضع و حالتی بود که به هنگام مرگ داشتند و با تزئینات و اورنگ پادشاهی ترسیم گشته بود. کتابی که من دیدم از روی اسناد و مدارک موجود در خزانه پادشاهان ایرانی به رشته تحریر درآمده و کار نگارش آن در اواخر مردادماه ۱۱۰ هجری پایان یافته بود.»[۱]

باید گفت که هرچند مدارکی این چنین نیز وجود دارد ولی هنر تصویری ایرانیان قبل از اسلام بخصوص پارتها و ساسانیان به ویژه به وسیله‌ی نقّاشی و حجّاری روی سنگ و صخره و دیوار ارائه گردیده است. در بررسی تاریخ نقّاشی ایران، محققّان به قطعات یافته شده از کتاب مانویان در تورفان رسیده‌اند.

مانی، نقّاش دوره ساسانی، آیین مذهبی‌اش را به وسیله‌ی نقّاشی به دیگران عرضه می‌داشت. آثار گرانبهای این نقّاش یعنی کتاب ارژنگ (=ارتنگ) و تالارهایی به نام نگارستان ـ که داستان خلقت آدمی و سرنوشت او، بر پایه اعتقادات مانی بر آن نقّاشی شده بود ـ در تشنجات زمانه از بین رفته‌اند. خود او نیز در سال ۲۹۰ میلادی کشته شد و کتابهای مصوّر او را در آتش سوزانیدند. اما نسخ دیگری که به خارج از ایران برده شد، باقی ماند و اکنون نگارگری ایران را سرچشمه یافته از نظام مانی‌گری می‌دانند. مانی در آثارش ویژگی نگرش ایرانی را داشت و هنر «در نقش یک عامل تنظیم و انتقال مایه‌های اصلی فنون و ایده‌هایی که بعدها اهمیت زیادی برای هنر ایرانی داشت، سهم بسزایی دارد. پس از مانی، در یک فاصله سه قرنی، مدرک دیگری دیده نمی‌شود، بدین لحاظ پیگیری

---

۱. مجله هنر و مردم، ش ۱۷۹، شهریور ۱۳۵۶، ص ۳. کتاب الصور یا کتاب صورت پادشاهان بنی‌ساسان را برای هشام بن عبدالملک ترجمه کردند و گویا مترجم آن جبله بن سالم بوده است محتوی صورت ۲۷ مرد و زن از پادشاهان ساسانی در روز مرگ‌شان (به نقل از تاریخ ادبیات در ایران، ذبیح‌الله صفا، جلد اول، ص ۱۳۳).

تاریخ نقّاشی ایران در قبل از قرن سیزدهم میلادی، عملاً غیرممکن است.»[۲]

آثار باقی‌مانده از هنر نگارگری ایران هرآنچه باقی مانده چه بر صخره‌ها و بر مُهرها و کتب، شاهدی بر وجود رشد هنر نقّاشی در ایران قدیم است که در درجه‌ی اوّل، صفت خاص آن، ارتباط و پیوند نزدیک با زندگی و سرشته بودن با افکار و اعتقادات مردم آن دوره‌ی باستان است. البتّه موضوع این نقّاشی‌ها اغلب متنوع نیست یا تصویر اسب سواری است در پی شکار جانوران یا پادشاهی که بر تخت سلطنت نشسته و پاسداران و خنیاگران در کنار وی گرد آمده‌اند یا صحنه‌های دلاوران، پهلوانان و مجالس بزم و سرور، بعدها پس از دوره‌ی رکود نقّاشی ایران (از انقراض سلسله ساسانی تا تشکیل خلافت عبّاسی) به تدریج این سنت فراموش شده، توسط خلفا تجدید شده آثار خلفای اموی و عبّاسی از وجود هنرمندان غیر مسلمان ایرانی بهره‌ها گرفت.

دین اسلام و بخصوص خصلت مذهب شیعه که به تحریم تصویر کردن پیکرهای انسانی قائل بود، برای مدّتی نه چندان دراز، بر شیوه‌ی صورتگری و پیکرنگاری عهد ساسانی راه بست و این قلمرو به محدودیت روزافزون گرفتار آمد. اما هنرمندانی که به دین اسلام متمایل شدند با اتکا بر تجربه‌های سنتی، قالب‌های هنری نوی را که توان حمل مفاهیم و ره‌آوردهای جدید را داشته باشد، پذیرفتند و در «راهی جدید، هنر نگارگری ایران در جهتی مستقل از تکامل آن در چین، ترکستان، و بین‌النهرین (بغداد) به تکامل خود ادامه داد.»[۳] پس از دوره‌ی رکود، با توسعه‌ی نفوذ ایرانیان در دربار خلفای عبّاسی و «پیدایش طبقه اشراف ایرانی که در اثر هجوم اعراب از بین رفته بودند بار دیگر هنر نقّاشی ایران، احیا گردید ولی از آنجا که محلّ تجمع اشراف ایرانی در خارج از محیط ایران بود، تجدید و احیای این هنر در خارج از ایران انجام گرفت.»[۴] البتّه ممنوعیت نقّاشی توسط دین رسمی کشور باعث شد که این هنر به کاخهای بزرگان محدود شود و هرگز عمومیت و گسترش نیابد و «نگارگران ایرانی خدمتگزاران فروتن خانواده‌ی اشراف شوند.»[۵] هنرمندان ایرانی

---

۲. آشنایی با مینیاتورهای ایرانی، تألیف و گردآوری آرتور پوپ، ترجمه حسین نیر، تهران، بهار، ۱۳۶۹، ص ۵ و ۱۴.

۳. نگاهی به نگارگری در ایران، بازل گری، ترجمه و حواشی، فیروزشیروانلو، تهران، توس، ۱۳۵۵.

۴. مجله دانشکده ادبیات و علوم انسانی مشهد، ش ۱، بهار ۱۳۵۲، ص ۴۴.

۵. نگاهی به نگارگری در ایران، ص ۲۹.

که همانند سایر هنرمندان «در اکثر دوران‌ها بدواً و عمدتاً صناعت‌گر بودند، به نگارگری در حمام یا به ترقیم مجلّدی تاریخی یا دیوان شعری پرداختند که آن هم دور از رؤیت عامه مردم بود و از آنجاکه دربارها و اشراف نیز تعدادشان بدان حد نبود که شوقی عمومی در تمام هنرمندان ایجاد کند یا منتقدی نبود که هنر خوب و مبتذل را جدا کند، چندان آثار خوبی به وجود نیامد. و از آنجاکه نگارگری در ایران نتوانست همانند سایر کشورها در مقام وسیله‌یی به خدمت دین درآید و اثری از حفظ روند پیوستگی و تداوم نگارگری توسط برخی از مراجع سازمان یافته چون کلیسا نیز وجود نداشت، نگارگران ایرانی پس از زینت حمام‌های بزرگان به مصوّر ساختن کتابهای علمی پزشکی، نجوم، فیزیک و رساله‌های آبیاری پرداختند که آنها هم باز با حمایت حامیان ثروتمند تهّیه می‌شد و تصاویر آن به عنوان خصایص جدایی‌ناپذیر نسخ خطی به جا ماندند و چون بخشی از متن بودند، فرصتی برای هنرآفرینی نبودند.»[۶] اما برعکس نقاشی، هنر خطّاطی و استفاده از آن در نگاه‌داری آیات قرآن کریم مورد توجه قرارگرفت و آنچنان اعتبار یافت که هنگامی که توأم با نقّاشی در نگارش کتابها مورد بهره‌برداری قرارگرفت، نقّاشی به عنوان یک عامل فرعی مورد تسأهل واقع شد، هرچند علمای دین با ترسیم صورت جانداران مخالف بودند و در بحث و رساله‌های مذهبی، کمترین صورتی از حیوانات دیده نمی‌شود ولی در اینکه شهریاران قوم اعم از شیعه یا سنی، نقّاشان خود را مأمور مصوّرکردن داستان‌های معروف آثار فردوسی، نظامی، سعدی و خواجوی کرمانی می‌کردند، اختلافی نیست.»[۷]

بدین‌طریق صورت‌گر ایرانی در اوج شهرت نقاشی ایرانی (مینیاتور[۸]) علاوه بر تصویر حوادث مذهبی و شمایل قدّیسین و آثاری مثل معراج (اثر سلطان محمد، ۹۴۹) به تصویر نمودن حماسه‌های ملی نیز پرداخت. طی این دوره رکود و رشد در خارج از مرزها و توسعه مخفیانه داخلی تا رواج مجدد صورت‌گری در ایران، تاریخ نقّاشی به هجوم مغول نیاز داشت.

---

۶. خلاصه و اقتباس از کتاب نگاهی به نگارگری در ایران.

۷. مجله هنر و مردم، ش. ۱۷۹، شهریور ۱۳۵۶، ص ۲.

۸. چون نام مینیاتور برای نقّاشی ایرانی ـ بخصوص تا دوره قاجار ـ رایج شده است، مؤلف ناگزیر آن را به کار می‌برد وگرنه بحث راجع به تفاوت‌های نقّاشی ایرانی با مینیاتور فرنگی، مفصّل است.

ایلخانان مغول با همه ستیزه‌جویی، علاقه‌ی خاصّی به صورت‌گری داشتند و این امر موجب انتقال مجدد مینیاتور به چین رفته به ایران شد و رشد هنر نقّاشی در ایران دوباره آغاز گردید و شهرهای تبریز و هرات در قرن هفتم و هشتم مهد رونق این هنر شدند. در این عصر، مینیاتور تحت نفوذ و تأثیر هنر صورت‌گری خاص چینیان بود تا اینکه هنرمندان ایرانی روح شعر فارسی را در صورت‌گری دمیدند و هنر نقاشی ایران با مینیاتور به مرحله کمال رسید.

از خصوصیات بارز نقّاشی ایران پس از اسلام، ارتباط آن با ادبیات فارسی است، نقّاشان با استفاده از مضامین متنوع ادبی، اشخاص و صحنه‌های داستانی را مطرح می‌نمودند. شعر شاعر و نثر نویسنده را به زبان خط و رنگ، تجسّم بخشیدند و بدین‌طریق است که صور خیال در شعر فارسی و نقّاشی ایرانی بر هم منطبق‌اند. بتدریج نقّاشان فهرستی از تصویرهای قراردادی بر پایه مضامین ادبیات حماسی و غنایی گرد آوردند و کوشیدند معادل تجسّمی این زبان استعاری را بیابند و بکار ببرند. «نقّاشی با تحول سخنوری پیشرفت کرد و سرانجام در زمانی که ادبیات کلاسیک فارسی غنا و تنوع و عمق محتوایی خود را از دست داد، هنر نقّاشی نیز از مسیر پیشین خود منحرف شد.»[۹]

در دوره‌ی صفوی هنرمند ایرانی با افزایش نفوذ عرب، کاملاً از قید مصوّرکردن کتاب رهایی یافت. در این راه «شاه عباس با تعمیم شیوه‌ی فردگرایی موجبات بوجود آمدن "تصویر انسانی" را فراهم ساخت.»[۱۰] رضا عبّاسی، دیوارهای عالی‌قاپو را نقّاشی کرد که با وجود در برداشتن خواص مینیاتور، مرحله‌ی تازه‌ای را در هنر تصویرسازی و نقّاشی ایران نوید می‌داد. اما در این عهد «علی‌رغم سامان یافتن شرایط مادی، پیشرفت بیشتری در نگارگری ایران پدید نیامد.»[۱۱] هرچند تناسبات و ابعاد و رنگ‌آمیزی تازه‌ای در نقاشی‌های دیواری عبّاسی ظاهر گردید.

در زمان افشاریه این هنر به فراموشی رفت و در دوره‌ی زندیه تأثیر نقّاشی اروپایی در آن

---

۹. همگامی نقّاشی با ادبیات در ایران(از سده ششم تا یازدهم)، م م اشرفی، ترجمه روئین پاکباز، تهران، نگاه، ۱۳۶۷، ص ۱۱.

۱۰. هنر و مردم، ش ۱۷۹، شهریور ۱۳۵۶، ص ۵.

۱۱. نگاهی به نگارگری در ایران، پس از صفحه‌ی ۶۳.

بیشتر شد و کارهای رنگ و روغن روی جعبه‌ها، قلمدان‌ها و جلدهای متنوع شروع شد که در دوره‌ی قاجار به اوج کمال خود رسید.

سرآغاز نقّاشی قاجار را باید در قرن هفدهم میلادی جستجو کرد. نقّاشی واقعی سبک قاجار در دوران زندیه و مخصوصاً در دربار کریمخان زند رواج یافت و سپس در عهد فتحعلیشاه قاجار (۱۲۱۲تا ۱۲۵۰ هجری قمری) به اوج خود رسید. در مجموعه ایمری‌ها Harold Leopld Amery که آثار آن مربوط به اواخر قرن دوازدهم تا حدود پایان قرن سیزدهم هجری است، بخصوص در ارتباط با زن، آثار متعدّدی وجود دارد.[۱۲] در این ادوار خطوط هندسی و تزئینات اسلیمی رفته رفته به کنار رفت و عناصر طبیعی جایگزین آنها شد ولی همیشه این ردّپای مینیاتور قدیم ایران در این آثار بوده که آنها را به چشم زیبا و اصیل می‌نمایانده است.

به طور کلی می‌توان گفت از قرن یازدهم هجری، نقّاشی به مجالس عاشقانه و تک چهره و در قرن دوازدهم به گل و مرغ روی آورد. از آغاز نیمه‌ی دوم قرن یازدهم نمونه‌های الگوبرداری از تصاویر اروپایی پدید آمد و نقاشی در این قرن و قرن دوازدهم بهره‌مند از سنن متنوع و غنی، شاخه شاخه شد و در شاخه‌ها به تفاوت به تکامل خود ادامه داد. نقّاشی ایرانی از قرن سیزدهم به این طرف به طور جدی مورد بررسی قرار نگرفته است چراکه ارزشیابی هنر مینیاتور در ابتدا نیاز به جمع‌آوری و چاپ آثار هنرمندان دارد.

در دوره‌ی معاصر با گشایش دوره‌های تحصیل آکادمیک نقّاشی، تعداد هنرجویان رشته‌ی نقّاشی و علاقه مندان ادامه کار نقّاشی در رشته مینیاتور افزایش چشمگیری یافته است که تعداد اندکی از آنان چون حسین بهزاد، علی کریمی و محمود فرشچیان به شهرتی دست یافته‌اند که تثبیت تاریخی این شهرت خود نیازمند تجزیه و تحلیل آثار آنان و تاریخی شدن آثارشان است.

آنچه که در دوره‌ی معاصر بخصوص در مینیاتور چشمگیر بوده است، فعالیت زنان

---

۱۲. این آثار را در کتاب مجموعه‌ای از نقاشی‌های ایران در سده‌های دوازدهم و سیزدهم هجری تهران، ۱۳۵۱، مجموعه هارولد و لئوپلد ایمری می‌توانید ببینید.

نقّاش در این رشته است. پدیده‌ای که در تاریخ نقّاشی ایرانی بی‌سابقه است.[۱۳] بعد از انقلاب اسلامی، علی رغم وجود تعداد زیادی زنان نقّاش و مینیاتوریست به نام چند زن که به طور حرفه‌ای و پیگیر به کار مشغولند، بیشتر بر نمی‌خوریم که در این میان نام دو تن از آنان با دو سبک مختلف کار شاخص‌تر است: شهلا حبیبی با «مینیاتور چرخان» و فرح اصولی با سبکی که آغازگر آن رضا عبّاسی بوده است و اصولی با تکیه بر اندوخته‌های جدید گرافیکی سعی بر تحول آن دارد.

۱۳. کارنامه زنان مشهور در صفحه ۱۰۲ می‌نویسد: ماه رخسار (فخرالدّوله) دختر عباس میرزا نایب‌السلطنه، خواهر محمدشاه و همسر محمد حسنخان سردار ایروانی بود. او در شعر و نقّاشی و خط در دوران خود بی‌نظیر و ضمناً صاحب ذوقی سرشار و عاشق هنر بود. با آن همه مقام و وسائل تفریح و تفنّن که در دسترس داشت پیوسته به کار خلق آثاری در رشته‌های مورد علاقه‌اش مشغول بود و چنان شیفته آثار هنرمندان بزرگ بود که فقط خط میرو تابلو اثر غلامرضا و بهزاد را با عنبر چه برلیان و تاج زمّرد نشان مبادله می‌کرد.

| بررسی حضور زن در نقّاشی ایرانی |

بخش دوم

سیر در تاریخ نقّاشی ایرانی را تنها با نام دو زن نقاش به پایان رساندیم ولی حضور زن در متن خود آثار از همان ابتدای تاریخ نقّاشی ایرانی چشمگیر است. چه آثاری که چهره‌ی زن مستقیماً هدف تصویر بوده مثل مصوّرکردن داستان‌های عاشقانه، پرتره‌های عاشقانه و تک‌چهره‌ها، و چه در آثاری که حضور زن به عنوان جزئی از کل تصویرسازی برای یک صحنه مطرح بوده است.

تعیین جایگاه زن در اعصار مختلف از طریق بررسی حضور او در نقّاشی ایران از قرن شش و هفت هجری قمری در مکتب بغداد (سلجوق) تا دوره‌های بعد از آن یعنی دوره‌ی ایلخانان؛ عصر تیموری و مکاتب تبریز، شیراز، و هرات؛ عصر صفوی و مکاتب معروف آن

و سبکهای مشخص افراد مشهور این عصر، کار تحقیقی وسیعی را می‌طلبـد ولی به نظر می‌رسد که این بررسی (بررسی طبق ادوار تاریخی) به دلایل ذیل عملاً امکان‌پذیر نباشد: وجـود امضاهای مشکوک، انتسـاب‌های دلبخـواه قدیمی، نبودن آرشیوی از مینیاتورهـا یا تصاویرشان، و تمایـل به پیروی و تقلید نقّاشان یک عصر از مکاتب قدیمی‌تر.

از طرف دیگر، پیوند نقّاشی با ادبیات، طبیعتاً باعث پیوستگی حضور زن با ادبیات نیز شده است. تمایل حامیان نقّاشان به مصوّر کردن تعداد خاصی از آثار مکتوب ایرانی مثل شاهنامه فردوسی، خمسه نظامی، بوستان و گلستان سعدی، دیوان حافظ، همای و همایون خواجوی کرمانی، آثار جامی مثل هفت اورنگ، سلسله‌الذهب و سجه‌الابرار، مهر و مشتری عصار، خمسه امیر خسرو دهلوی، انوار سهیلی واعظ کاشانی و ... باعث محدودتر شدن زمینه‌ی بررسی می‌شود، بخصوص که در میان این آثار تمایل نقّاشان بیشتر به مصوّر کردن صحنه‌هایی خاص بوده است. همه این عوامل موجب می‌شود که حاصل تحقیق به جمع‌بندی و ارائه تصویر کامل از نحوه‌ی زیست و زندگی زن ایرانی در ادوار گذشته دست نیابد اما حاصل چون مستند به تصویر است، ادراک نقّاش را از آثار مکتوب یا ابتکارات شخصی او را برای آراستن صحنه‌ها می‌نمایاند که در این حالت نقّاش چون گزارشگری دقیق از اوضاع و احوال آن زمانه، تصویری روشن ارائه می‌دهد.

بیشترین صحنه‌های نقّاشی شده در آثار ایرانی که زن در آن حضور دارد، عبارتند از: لیلی و مجنون (در مکتبخانه، ملاقات‌های محرمانه در بیابان، و در خیمه‌گاه لیلی) همای و همایون (دیدار در باغ، جنگ آن دو تن) خسرو و شیرین (دیدارهای مکرر خسرو از شیرین، شیرین در چشمه، دیدار آنها در شکارگاه و هنگام شکار، چوگان بازی آن دو تن)، زال و رودابه بر بالای بام (با حضور سایر زنان یا بدون حضور آنان)، بیژن و منیژه (گرفتار شدن بیژن در قصر منیژه، در خیمه، بزم آن دو تن)، تهمینه و رستم (در خوابگاه رستم)، اردشیر و گلنار (گلنار بر بالای کوشک)، اسکندر و روشنک (در حرم)، اسکندر و نوشابه (در جمع)، خواستگاری پسران فریدون از دختران سرو شاه، سلطان سنجر و پیرزن، بهرام گور و آزاده در شکارگاه (آزاده در زیر پای شتر یا پشت بهرام نشسته بر شتر)، بهرام گور در کنار زنان متعدد (در قصر سفید، سیاه، زرد، سبز، صندل رنگ و قصر هفت گنبد)، یوسف و زلیخا (در باغ،

یوسف در حال فرار از دست زلیخا، بریده شدن دست زنان مصر، نظاره‌ی زلیخا به یوسف در هنگام خریدن)، شیرین و فرهاد(دیدار این دو در کوه و شیرین بر بالای جسد فرهاد)، سلامان و ابسال و عاشق و معشوق‌های گمنام، شیخ صنعان و دختر ترسا و ...

بررسی تعدادی از آثار مربوط به آغاز رونق نقاشی ایرانی (قرن ششم و هفتم هجری) و پایان عصر رونق و تکامل این هنر (عصر صفوی) مثالی است بر یکی از دلایل عدم امکان بررسی چهره‌ی زن در نقّاشی ایرانی به نظم تاریخی: در آثار مکتب سلجوق، زنان همانند مردان، هاله‌ای به دور سر دارند (التریاق، ۵۸۵ هـ. ق) در ورقه و گلشاه عیوقی ابن هاله، دور سر ورقه و گلشاه و سایر جنگجویان وجود دارد: (اثر عبدالمومن بن محمدالخوی النقاش، قرن هفتم هجری، موجود در کتابخانه توپ قاپوسرای استانبول)[۱]. در اثر دیگری به نام «شاهزاده در میان خدمتکاران و سایر داستان‌های ضمنی»، نیز این هاله دور سر همه دیده می‌شود: (کتاب خطی جالینوس، نیمه اول قرن سیزدهم میلادی، استاتس بیبلیوتک، وین). از این دوره به بعد است که هاله از دو جنس گرفته شده و بعدها در تصویرهای مذهبی رخ می‌نمایاند. در صفحه‌ای از تاریخ طبری (مکتب ایلخانان، اواخر قرن سیزدهم میلادی، فریرگالری) زنها با حجاب کامل به نحوی که فقط چشمها و گوشه‌های ابروهایشان پیداست، نمایانند. در حالیکه در همین مکتب در اثری به نام «مشی و مشیانه با اهریمن» هر سه نفر، هاله دارند.

این آثار و آثار مشابه گویای وجود نظم در سبک و پای‌بند به روش‌های موجود در آن دوره است و تنها تغییراتی تدریجی در آنها مشاهده می‌شود حال آنکه در عهد صفوی این مسئله رعایت نشده و مسئله برخورد با فرهنگ غرب هنرمند نقّاش چه در انتخاب و چه در سبک اجرا، دچار تنوع‌طلبی یا آزمایش‌های سَبْکی شده است. در پرتره‌ای از آقا رضا (حدود ۹۶۶ هـ.ق) زن بلندبالایی می‌بینیم با قبایی سبز، پیراهن قرمزگلدار که آستین لباس حریر نازکی از زیر آستین‌های لباس قرمز او پیداست. زن بادبزن دسته بلندی به دست دارد و تزئینات سر و پیشانی او چشمگیر است. در پرتره‌ی تمام قد دیگری از همین نقّاش زنی با

---

۱. برای اطلاع از داستان ورقه و گلشاه که در قرن چهارم نگارش یافته و دیدن تصاویری از این دو به مجله پیام یونسکو، ش ۲۷۰، آبان ۱۳۵۰، ص ۲۷، نگاه کنید.

تسبیح و عمامه‌ای بزرگ، نقش زده شده است.

در پرتره‌ی پرنسس نشسته اثر صادق (حدود ۹۶۶ هـ. ق) بانویی با قامت کشیده می‌بینیم با جامی در دست. او ابروهایی پیوسته و سربندی سه‌گوش دارد. این زن بدون کفش و پاپوش تصویر شده است. دو اثر دیگر از همین نقّاش مربوط به سالهای ۵۶-۹۵۵ و ۹۷۶-۹۶۶ هجری قمری وجود دارد که مربوط به آمدن زال به جلوی قصر رودابه است، در اثر قدیمی‌تر رودابه با کلاه دمُدار زیبایی همراه با چند زن دیگر روی پشت‌بام با زال روبرو می‌شود ولی در اثر بعدی، رودابه به تنهایی با زال روبرو شده است.

در اثری که حضور پسران فریدون را به خدمت سرو شاه و دخترانش نشان می‌دهد (اثر صادق، ۹۷۶-۹۶۶ هـ.ق) دختران با حجاب کامل و آستین‌هایی دراز دیده می‌شوند. صادق این اثر را پرکار و با شکوه کشیده در حالیکه در همین زمان در تصویرهای انوار سهیلی (۹۷۲ هـ.ق) در تصویر مردی که بینی زن خود را می‌برد و «پیرزن نَخ‌ریس» شاهد نوع دیگری از تصویرسازی از او هستیم.

ملاحظه این نمونه‌ها که بخصوص تبعیت شدید نقّاشی ایرانی از ادبیات و تنوع‌طلبی و جستجوگری نقّاشان را می‌رساند، سیر تمایل به نمایش فرد به طور جداگانه و دست برداشتن از مینیاتوری که انسان جزئی از متن طبیعت بوده، نیز دیده می‌شود. در مینیاتورهای ناب ایرانی، تمام چهره‌ها یکسان هستند و طبق علائم شناخته می‌شوند و موقع و مرتبه آنهاست که باعث می‌شود وضع و حال آن شخص را دریابیم ولی در عصر صفوی، پرتره‌های انسانی، رنگ و بوی وضعیت زمان خود را نشان می‌دهند.

در مینیاتورهای ایرانی بخصوص پس از عهد سلجوق چهره‌ها جوان و به طور سه رخ دیده می‌شوند و بندرت از نیم‌رخ کسی نشان داده می‌شود مگر پیرزنان که در همه جا نیم‌رخ تصویر شده‌اند. «هنرمندان ایرانی علاقه‌ی زیادی به کشیدن پیکرهای انسانی ندارند اگرچه به جای ماندن پیکرهای بسیار واقعیتی انکارناپذیر است لکن علاقه‌مندی نگارگر ایرانی بیش از هر چیز به کشیدن جامه است و شک نیست جز نگارگر ایرانی هیچ هنرمند دیگری، پوشاک فاخرتری بر تن شخصیتهای اثر خود نکرده است. در مینیاتورهای ایرانی تفاوتی بین جامه‌های زن و مرد دیده نمی‌شود مگر در دستار سر آنها و البتّه تنوع

پوشش کمتر از تنوع طرح پارچه‌هاست. لباس زنان مینیاتور بلند و قبا مانند است. گاهی لباس‌های بلند آستین کوتاهی که در پایین قسمت جلو چاک بلندی تا زانو داشته نیز روی لباس بلند آستین بلند به تن دارند. در آثار بایسُنغُری، بخصوص زنان با آستین‌هایی بسیار بلند که حتّی انگشتان آنها را می‌پوشاند نیز تصویر شده‌اند. جلو گریبان آنان چاک دارد که تا پایین پستان‌ها باز بوده و در بالا با دکمه بسته می‌شود مثل چاک گریبان نوشابه و سایر زنان دربار او (نوشابه اسکندر را از روی عکسش باز می‌شناسد، اثر میرزاعلی) البتّه حجم اندام زنان مشخص نیست و این چاک تنها به صورت یک درز تصویر شده است. پوشش‌های سر زنان متفاوت است که نسبت به مقام و موقعیت، تزئینات آن فرق میکند. زنان برگزیده، گوشواره‌هایی بلندتر از سایر زنان و کلاه‌هایی متفاوت با دیگران دارند. لباس‌های آنها نیز طبیعتاً فاخرتر است. زنان مسن مینیاتور معمولاً چادر به سر دارند و نیم چکمه به پا (شکایت پیرزن نزد سلطان سنجر، منسوب به سلطان محمد). زنان بزرگ‌زاده معمولاً چکمه‌هایی بلند و پرآذین به پا دارند (شیرین در چشمه). زنان جوان مینیاتور اکثراً برهنه پا یا با کفش‌های رویه کوتاه تصویر شده‌اند. شلوار زنان گل‌دار، راه راه یا ساده است که در انتها (پاچه) تنگ است و چرخ‌کاری شده می‌نماید.

موهای زنان مینیاتور معمولاً با سربندی و دستاری پوشیده است و حداکثر، موهای جلو سرآنها نمایان است و یا طرّه‌ای از بغل گوش از سربند بیرون زده است (در بعضی پرتره‌های رضا عباسی و آثار این زمان به بعد حجاب کمتر دیده می‌شود) در آثار مردم‌گرا که زنان را در حال انجام کارهای منزل، آشپزی، روشن کردن آتش، دوشیدن شیر و ... نمایش می‌دهد، زنان دستمال تابیده‌ای (یا رشته‌ی تابیده‌ای) برای نگهداشتن مو به پیشانی خود دارند.

در حالیکه شرم و حیا و حجب زن مینیاتور قرن‌ها تصویر شده است حتّی شیرین در چشمه اثر سلطان محمد (شیرین لنگ آبی به تن دارد و گیسوان او و حرکت قلم نقّاش به نحوی است که برجستگی‌های بدن او نمایان نیست) اما در اثری به نام «بانوی لمیده» اثر افضل تونی (مکتب اصفهان، نیمه اول قرن یازدهم هجری قمری) شاهد پیدایش آثار اولیه برهنگی و لمیدن جنسی در مینیاتورمی‌شویم. یا در اثری به نام شیرین که منسوب به رضا عبّاسی است به یک برهنگی کامل که تنها پوشش (لُنگ) حریر حاجب است،

برمی‌خوریم این اثر در موزه‌ی Kunstgewerbem برلین موجود است (صفحه‌ی ۸۸ کتاب Miniaturmelerei im Islamischen Orient) به غیر از دو نمونه‌ی ذکر شده حتّی در تصویر نمودن پریان (نظاره اسکندر به پریان، ۸۰۳ هجری قمری گلچین اسکندر سلطان) آنها، علی رغم داشتن دامن کوتاه و بالاتنه فاقد پوشش به نحوی تصویر شده‌اند که گیسوان‌شان حجم بدن را پوشانده است و خالی از جاذبه‌های زنانه تصویر شده‌اند. تفکّر نقّاش که به دور از تفکّر جاری آن عهد نمی‌تواند باشد یا نمی‌تواند چندان از سلیقه و پذیرش هنر دوستان دور باشد و نحوه‌ی نگرش او به اندام زنان خالی از هوای نفس است نه اینکه از تصویرکردن اندام، ابایی داشته باشد چرا که در تمام صحنه‌هایی که زنی، بچه‌اش را شیر می‌دهد، پستان مادر کاملاً هویدا است، منظره‌ای که حتّی اکنون نیز در بین مادران روستایی و عشایر دیده می‌شود.

زنان مینیاتور، همانند مردان، سوار بر اسب، مکرر نشان داده شده‌اند. سوار بر شتر سفر می‌کرده‌اند؛ بزرگ‌زادگانی چون زلیخا در کجاوه می‌نشسته‌اند. و زنان تیموری سوار بر اسب راه می‌سپرده‌اند (استقبال تیمور از دامادش، ظفرنامه شرف‌الدّین علی یزدی، تبریز، ۹۳۸ هـ. ق، کتابخانه کاخ گلستان) در اثری به نام «شاهزاده در میان خدمتکاران و سایر داستان‌های ضمنی»، کاروانی در حال آماده شدن برای حرکت می‌بینیم که زنان مقنع با مقنعه‌های رنگی (صورتی، قرمز، نارنجی و آبی) به نحوی که تنها چشم و ابرویشان هویداست سوار شتر هستند. در میان این زنان، زنی که گردی صورتش کاملاً هویدا است، نیز دیده می‌شود که به نظر پیرزن نمی‌رسد ولی حاکی از تسأهل در این امر در آن دوره می‌تواند باشد.

در آثار وابسته به فرهنگ ایرانی، زنان مستقل‌تر، سفر می‌کنند و نمایش فرهنگ کشورهای همجوار با رعایت حال و هوای آنجاست. زلیخا در کجاوه است و اما زنان عهد سلجوق، سوار بر شترند و شیرین در خمسه نظامی (۱۰۵۸ هـ. ق، موجود در کتابخانه دولتی لنینگراد) تنها سوار بر اسب -چادر به سر- به دیدار شاپور می‌رود.

البتّه اعمال و حرکات بزرگ‌زادگان بسته به مقام و موقع با زنان عادی متفاوت بوده است. مهرورزی زن و مرد مینیاتور با دیدن تصویر آغاز می‌شود. نوشابه اسکندر را از روی

پرتره او باز می‌شناسد (اثر میرزاعلی). عکس خسرو را به شیرین نشان می‌دهند (گلچین اسکندر سلطان، شیراز، ۴-۸۱۳ هـ. ق، موزه بریتانیا) و همایون در مقابل تصویرهای همای بیهوش می‌شود (شیراز، ۸۳۳ هـ. ق، موزه‌ی استاتلیخ، برلین) زنان مینیاتور یا اسیر سرنوشت، منتظرند کسی آنها را نجات دهد (اسفندیار جاماسب را در قصر برازن می‌کشد، ۸۳۳ هـ. ق، کتابخانه کاخ گلستان) یا چون جنگ همای و همایون خود در راه آرزو لباس رزم می‌پوشند (اثر جنید، بغداد، ۷۹۹ هـ. ق) یا همچون گلشاه در جنگ با عدنان بن ربیع به نجات یار می‌شتابند. گویی عشق به زنان عاشق فرصت می‌دهد کارهایی را که دیگران نمی‌توانند و مجاز نیستند، انجام دهند.

به زنان مینیاتور مکرراً ابراز عشق می‌شود، بخصوص از طرف پیرمردان. در اثری به نام شیخ صنعان منسوب به شیخ‌زاده از مجموعه امیرعلیشیر نوایی، شیخ را با یاران در جلوی بالکن دختر ترسا می‌بینیم که زنی نیم‌رخ (پیرزن) دختر را از آمدن به لبه‌ی بالکن منع می‌کند و زنانی دیگر مشغول صحبت با شیخ هستند.

به غیر از آثار متعدّدی از این صحنه که متعلق به اواخر قرن دهم هجری است و در کتابخانه‌ی دولتی لنینگراد موجود است، به آثاری به نام «برخورد پیرمرد با زیباروی» نیز برخورد می‌کنیم آثار فراوان از دیدار زال و رودابه بر بالای بام یا دیدارهای نابهنگام خسرو از شیرین، خسرو بر در باغ و عمارت شیرین، ملاقات خسرو و شیرین در شکارگاه (گلچین فارسی، شیراز، ۸۲۳ هـ. ق، موزه‌ی استاتلیخ، برلین) حاکی از رواج دیدار عشاق بوده است. گویی در عالم عشق، دیدار را منکر نمی‌دانسته‌اند و مهرورزی زن و مرد به رسمیت شناخته شده و اجتماع بر آن صحّه گذاشته است. گردش‌های عشاق با وجود جمع امکان داشته و تماس زن و مرد (دست زن در دست مرد) و یا دست زن روی شانه مرد، همانند دو دلداده آقامیرک، حدود ۹۲۷ هـ. ق، چندان دیده نمی‌شود. هرچند نشستن در کنار هم مکرر مشاهده می‌شود و نشستی نیز حاکی از مشاوره دادن و گفتگوهای زن با مرد در دست است (حیرت‌الابرار هرات، ۸۹۰ هـ. ق، موجود در کتابخانه بودلیان، اکسفورد) اما در آثار عصر صفوی، تماس خصوصی بیشتری بین زن و مرد در آثار جان می‌گیرند (ساقی و شاه عباس اول، اثر قاسم علی، ۱۰۳۷ هـ. ق) پرتره‌ای است که دلدادگان را در حالتی شبیه به

رقص والس نشان می‌دهد. در این دوره مشاهده می‌شود که دلدادگان در فضایی بیکران و بدون حضور غیر در کنار یکدیگر قرار می‌گیرند و گویی مایل به تنهایی بیشتری هستند. و اگر روزی مهرورزی با حجب و حیا و غنج و دلال توأم بود حال با گستاخی بیشتری آمیخته است. هر چند در زمانی قبل از رضا عبّاسی، در سال ۹۸۲ هـ. ق، در مکتب بخارا در اثری به نام عاشق و معشوق (بوستان سعدی، منسوب به عبدالله (؟)) شاهد نشستن معشوقه بر زانوی عاشق نیز هستیم.

در آثار مربوط به قرون دوازدهم و سیزدهم هجری قمری ارتباط تصویری بی‌پرده‌تر و گستاخ‌تر می‌شود و دلدادگان با خصایص تصویری این عهد در حال نوشیدن، جام در دست، به چشم‌اندازی می‌نگرند. در این آثار، قیافه‌ها یک شکل بوده و تزئینات و زینت آلات بانو و رقاصه مشابه‌اند. گیسوان آنها کاملاً هویداست و حجم اندام فوقانی نمایان شده است. شاید بتوان زیباترین و لطیف‌ترین دلدادگان را اثری به نام «ایاز و عذرا» دانست که کار یکی از شاگردان صنیع‌الملک است.

همجواری زن و مرد (به غیر از عشاق و شاه و ملکه‌ها) بارها دیده می‌شود و در اثری به نام «بزم فریبرز و فرنگیس»، رقص زن و مرد با هم دیده می‌شود (شاهنامه فردوسی، ۹۲۱ هـ. ق، انستیتوی بررسی‌های خاورزمین، لنینگراد).

زن و مرد مینیاتور مکرراً همدیگر را در مجالس عاشقانه دیدار می‌کنند و حاضرین این مجالس نیز بیشتر زن هستند که در شادی شرکت می‌کنند: کف می‌زنند، ساز می‌نوازند (ضرب، قانون، کمانچه، چنگ‌های بزرگ و کوچک) و پذیرایی می‌کنند که البتّه تعداد معدودی مرد تماشاگر نیز حضور دارند (دیوان خواجوی کرمانی، تیموری، ۷۹۹ هـ. ق) اما در مجالسی که پادشاه و ملکه روی تخت (معمولاً یک تخت) جلوس کرده‌اند. (ظفرنامه شرف‌الدّین علی یزدی، ۹۳۵ هـ. ق، کتابخانه کاخ گلستان) تعداد کمتری زن به نسبت مردان حاضرند و پذیرایی نیز توسط مردان انجام می‌گیرد (جامع‌التواریخ رشیدالدّین، ۷۱۵ هـ. ق) و (خسرو و شیرین مکتب تبریز، ۵۰- ۹۴۶ هـ. ق). حال آن که در مجالس شادمانی زنانه، زنها بیشتر نوازنده هستند و مردها پذیرایی می‌کنند (شیراز، ۴- ۸۱۳ هـ. ق).

مختصر اینکه بندرت بزمی مینیاتوری برپاست که زن در آن حضور نداشته باشد، کلیه

آثاری که بهرام گور را در قصرهای مختلف نشان می‌دهد (که در واقع جشن‌های زنانه هستند.) یا آثاری به نام‌های بزم اسکندر در دامان طبیعت و خضرخان و دولرانی در کاخ (هر دو در کلیات امیر خسرو دهلوی، اواخر قرن دهم هجری، کتابخانه دولتی لینیگراد).

در خلوت‌های عاشقانه، زنها در بیرون حرم به نغمه‌سرایی و سرور مشغولند و مردان در فاصله‌ای دورتر به انتظارند (اسکندر و روشنک در حرم، اصفهان، معین مصور، اواسط قرن ۱۷ میلادی، کلکسیون چستربیتی.) هرچند، چنانکه گفته شد، در آثار فراوانی، زن و مرد در کنار هم دیده می‌شوند ولی در مجالس شراب‌خواری و خلوت‌های مردانه، زنان حضور ندارند (دیوان حافظ، سلطان محمد عراقی).

در آثار مردم‌گرا و در زندگی مردم عادی نیز هنگامی که مهمانی متشخص دعوت دارد زن‌ها در چادری دیگر می‌مانند و به نزد میهمان نمی‌آیند (اثری از میرسیدعلی، تبریز، ۹۴۷ هـ. ق، کلکسیون کارتیه.) و به طبخ و آماده‌سازی وسایل پذیرایی مشغول بوده و در همان حال به گفتگو با یکدیگر می‌پردازند.

در دربارها نیز، همه وقت زن‌ها حضور ندارند، در اثری از میرزاعلی در خمسه‌ی نظامی، به نام باربد در حضور خسرو، می‌بینیم که مجلس مردانه است و زنی در آن حاضر نیست ولی در ساختمانی دیگر، زنی که بچه‌اش را می‌خواباند و به نوای موسیقی گوش سپرده است. اما در بزم‌های خیلی مردانه(!) مکرراً زن‌های در حال رقص دیده می‌شوند که از فرم ارائه‌ی حرکات به نظر می‌رسد که رقص‌های گروهی ارائه نمی‌شوند بلکه هرکس طبق سلیقه با آهنگ در حرکت است.

در اثری که فردوسی را در دربار سلطان محمود غزنوی نشان می‌دهد. زن‌ها از بالای کوشک و از پنجره‌ها به این صحنه می‌نگرند. در این اثر زن‌ها چادر ندارند بلکه با لباس‌ها و قباهای رنگین و سربندهای سفید و زینت‌آلات، همراه بچه‌هایشان، دیده می‌شوند و با انار از خود پذیرایی می‌کنند. در مجالسی مثل جشن عید فطر (دیوان حافظ، سلطان محمد، تبریز، حدود ۹۴۲ هـ. ق، مجموعه‌ی کارتیه.) می‌بینیم که مجلس شاهی، مردانه است و فقط، زنی از پشت پرده به آهستگی مشغول تماشای بیرون است (احتمالاً به هلال اول ماه می‌نگرد).

در بارگاه حاکم (مهر و مشتری عصّار، اواخر قرن دهم هـ. ق، کتابخانه دولتی لنینگراد) نیز زنان از پشت‌بام به مجلس حاکم می‌نگرند.

به طور کلی در بسیاری از زمینه‌های اسطوره‌ای و تاریخی که احساس می‌شد لزوماً می‌بایست زنان نیز حضور داشته باشند، از وجود زن اثری نیست. مثل نبودن شهرنواز و ارنواز به‌طور کلی زن در هنگام زندانی کردن ضحاک (مرگ ضحاک، منسوب به سلطان محمد) حال آنکه فریدون با آنها ـ شهرنواز و ارنوازـ دیده می‌شود (شاهنامه فردوسی، میانه قرن نهم هـ. ق، کتابخانه دولتی لنینگراد.) یا در اثر دیگری که در انستیتوی بررسی‌های خاورزمین تاشکند موجود است. (مربوط به سال ۹۶۴ هـ.ق.) به هنگام گرفتار شدن ضحاک به دست فریدون این دو بانو تصویر شده‌اند.

در اوقات دیگری چون آمدن سفرا، دیدارها، مناظرات و مباحثات و حتّی آثاری به نام خواستگاری زنان در مجلس خواستگاری حضور ندارند. خواستگاری عیینه (از سلسله‌الذهب جامی، نیمه دوم قرن دهم هجری، موزه دولتی خاورزمین، مسکو.) یا خواستگاری از لیلی، البتّه در خواستگاری پسران فریدون از دختران سرو شاه، همه جا، دختران حاضرند.

در آثاری که نمایشگر چوگان‌بازی هستند به نمونه‌های اندکی از وجود زن برخورد می‌شود. یکی اثری است در خمسه نظامی، سال ۹۵۰ هـ. ق، انستیتوی بررسی‌های خاورزمین، لنینگراد که در افق میدان چوگان، دو بانو حضور دارند یا چوگان‌بازی شیرین و خسرو و چند زن دیگر. ممکن است آثار دیگری نیز وجود داشته باشد که مؤلف ندیده است ولی به نسبت تعداد آثار مربوط به چوگان‌بازی ـ که بسیار زیاد هستندـ تنها این نمونه‌ها پیدا شد. چوگان شیرین و خسرو را در صفحه‌ی ۲۸ کتاب Fruhe Persische Miniaturen می‌توانید ببینید.

در مراسم شکار و در شکارگاه نیز به غیر از اثری از مکتب سلجوق (شاهزاده در میان خدمتگزاران و سایر داستان‌های ضمنی) که در بالای این اثر سه قسمتی، زنان پا به پای مردان، سوار بر اسب، در حال شکار آهو هستند، در هیچ شکارگاهی زنی را در حال شکار نمی‌بینیم مگر شیرین که همراه سایر بانوان شکارچی در شکارگاه حضور دارند و صید هم می‌کنند، (خمسه نظامی، ۱۰۵۸ هـ. ق، کتابخانه دولتی لنینگراد.) حضور آزاده در کنار بهرام

گوردر شکارگاه‌ها(تصاویر متعدد) نیز ربطی به شکارکردن زنان ندارد.

ازآنجایی که این‌گونه صحنه‌ها و حضور زن در اجتماعات مینیاتوری وابسته به محتوای کتاب‌ها بوده است به طور مثال تصاویر شاهنامه فردوسی بیشتر رزمی و خمسه نظامی بیشتر بزمی است ولی درآنجاکه، حضور زن می‌توانست طبیعی باشد و جزئی از اجتماع، ازاین حضور خبری نیست، و تصاویر مردانه‌اند. صحنه‌هایی مثل مرگ ضحاک، بارگاه کیومرث، جشن تاج‌گذاری لهراسب، بازگشت کیخسرو از توران و خوشامدگویی کاوس شاه و ...

اما، علی رغم ممنوعیت حضور زن در مجالس و صحنه‌های مردانه، در صحنه‌های زایمان زنان می‌بینیم که مردان حاضرند هنگام تولد بچه‌ای (مجنون؟) مردی سیاه چرده در سمت زنانه تصویر شده است (امیر خسرو دهلوی، هرات، بغداد، ۸۹۰ هـ. ق،) یا در تصویر سیمرغ و رودابه در حال زایمان، زال (؟) حاضر است.

به غیر از مجالس دربار و کارِخانه بیشترین جایی که زنان درآن دیده می‌شوند، مجالس وعظ و سماع دراویش است. با حفظ جداسازی‌هایی که اکنون نیز متداول است. در مجلس سماع دراویش (داستان‌های سعدی) مردان در حیاط عمارت، به سماع مشغولند و بچه‌هایی نیز درکنار پدرانشان نشسته‌اند. زن‌ها با لباس‌های رنگی و چادرهای سفید بر پشت‌بام، درحالیکه تعداد زیادی بچه و مرد نیز در قسمت آنها دیده می‌شود که در حال نگریستن به این مجلس هستند. صورت‌های زنان بسته است و برخلاف مجلس تماشای زنان به فردوسی در بارگاه سلطان محمود، فقط چشم و ابرویشان، دیده می‌شود و البتّه زنان پیر به صورت نیم‌رخ.

در مجلس وعظی، پیرمردها و جوان‌ها در قسمت خاص خود و زن‌ها باکودکانشان در قسمتی دیگر نشسته‌اند که همانند تصویر پیشین، زنان روی بسته‌اند.

خواتین دنیای مینیاتور در سوگواری‌ها، برهنه سرند و موی بریده و روی خراشیده: (ظفرنامه شرف‌الدّین علی یزدی، ۹۲۵ هـ. ق، کتابخانه‌ی کاخ گلستان) و تصویری از سوگواری زنان و دوستان ابن سلام بغدادی و مرگ او منسوب به بهزاد در موزه لندن، مکتب هرات ۸۷۳ هجری قمری این اثر را درکتاب Musulman painting می‌توانید ببینید.

دیدیم که در مجالس مردانه و حتّی شاهنامه‌خوانی فردوسی، زن‌ها حضور ندارند

ولی در اثری از حدود سال ۹۴۵ هجری قمری به صحنه‌ای برمی‌خوریم که در آن نظامی برای شاهزاده (؟) کتاب می‌خواند. این مجمع در باغ تشکیل شده و تارزن و دف‌زن و مرد ساقی‌ای نیز حضور دارند. زنی ساقی نیز با سربند سه‌گوش تزئینی و روسری بزرگ تا پشت پا به این قرائت، نشسته، گوش می‌دهد.

در اثری به نام بهرام گور در قصر سیاه، یکی از زنان حاضر در مجلس مشغول کتاب خواندن است که می‌تواند حکایت از سواد زنان و اشتغال آنان به کارکتابخوانی در مجالس، داشته باشد.

در عرصه‌ی کار که زندگی و امرارمعاش چهره می‌نمایاند و از جشن و سرور و بی‌خبری، خبری نیست، زن‌ها بیشتر از هر جای دیگر، فعالانه تصویر شده‌اند. در این آثار مردم‌گرا، زن‌ها در صحرا (زندگی شبانی) در حال شیر دوشیدن، رخت شستن، و تعلیف چهارپایان دیده می‌شوند و بچه شیر می‌دهند (اثری از میرسیدعلی، تبریز، ۹۴۷ هـ. ق، مجموعه‌ی کارتیه). در اثری که مجنون زنجیر برگردن، توسط پیرزنی به خیمه لیلی می‌آید (میرسیدعلی، تبریز، ۹-۹۴۶ هـ. ق،) بازهم زن‌ها (زنان عرب) در حال آشپزی، نخ‌ریسی، شیردوشی و سایر کارهای منزل دیده می‌شوند. دیده می‌شود که در پذیرائی‌ها و جشن‌ها پختن غذا با زنان و کشیدن غذا با مردان بوده است.

در مینیاتورهای دیگری، متعلق به قرن دهم هجری قمری، زنان را با مقنعه در حال کوبیدن گندم و هم زدن دیگ و نخ‌ریسی می‌توان دید. در گلچینی از حماسه‌ها، (شیراز ۸۰۰ هـ. ق)، حتّی زنی را بچه به بغل در حال آشپزی نمایانده‌اند.

منابع:

کلیه آثار نام برده شده در متن را در منابع زیر نیز می‌توانید پیدا کنید. از ارجاع تک‌تک آنها که در مجله‌ی گلچرخ شماره‌های ۷ و ۱۱ شهریور ۱۳۷۲ و مرداد ـ شهریور ۱۳۷۴ درج شده است، خودداری شد.

1. Kuhnee, Ernst, Miniaturmalerei im Islamisch en orient, Brunocassir, Verlag Berlin, 1922.

2. Lewis, Bernard, The World of Islam, faith, people, culture, Thames and Hudson, London, 1976.

3. Pope,Arthur Upham, A Survey of Persian art from prehistoric times to the present, VolumeX, Soroushpress, Tehran, ?.

4. Welch, Antony, Artists of the Shah, late Sixteenth century Painting at the Imperial Court of Iran, Yale University Press, New heaven and London, 1976.

5. Welch, Stuart cary, Persian Painting, Five Royal safavid Manuscripts of the Sixteenth century, George Braeziller, New York, 1979.

6. Fruhe Persische Miniaturen, derkUniglichen Bibliothekin Munchen, inTehran, Einfuhrender Text von Basil Gray, R.Piper&Coverlag Munschen, Inubereinkun ftder UNESCO, 1963.

7. Musulman PaintingXll th-Xvll Century, E.Blochet, Hacker art Books INC, New York, 1975.

• سیری در تاریخچه نقّاشی ایرانی و بررسی حضور زن در آن (۱و۲) گلچرخ، ش. ۷، شهریور ۷۲، ش. ۱۱، مرداد ۱۳۷۴، و پیام هاجر، س. ۱۳، ش. ۲۰۵، دی ۱۳۷۱.

| تأملاتی درباره‌ی شعر زنانه |

سخن از شعر زنانه ممکن نیست مگر اینکه از تاریخ مردانه و اوضاع سیاسی و اجتماعی و فرهنگی ایران عبور کرده و بر تاریخ زن و سرگذشت زنان شاعر سرزمین خود مکث کنیم. تغییرات فرهنگی را مورد مداقه قرار دهیم تا دریابیم که شاعری زنان با عبور از چه تالاب‌ها و صحراها و کوره‌هایی به این‌جا رسیده است و این موضوعی است متفاوت با بررسی تاریخ ادبیاتی شعر مردان که بی‌واسطه به زیبایی شناسی و قدرت و صنعت شعری آنان می‌پردازد. بررسی شعر زنان مجالی وسیع می‌طلبد و در این‌جا من به چند عامل مهم اشاره می‌کنم، باشد به مضایق و تنگناهای زنان شاعر و ساخت شعر زنانه آن هم در محدوده‌ی «موضوع» دست یابیم و دریابیم که زنان چه اندیشه‌هایی را در قالب شعر برای تاریخ به یادگار

گذاشته‌اند و از دنیای خود، عقاید خود، احساس و عاطفه خود چه‌گونه شعری ساخته‌اند. درکنار این موضوع و در مسیر این سرایش باشد که دریابیم آیا از همان کلام مرسوم ادبی برای بیان مقصود سود جسته‌اند یا به زبان شعری خاص خود دست یافته‌اند؟ آیا موضوع مورد سرایش، واژه‌ها و کلمات دنیای زنان را به شعر آورده است و تفاوت دید آنان را نسبت به مردان به نمایش گذاشته است یا خیر؟ (بررسی تفاوت دید خود موضوع تحقیقی مستقل با ویژگی‌ها و امکانات خاص است.) و طرح این مسائل بدیهی است که پس از بررسی وضعیت زن در این سرزمین امکان‌پذیر است. درک کیستی و چیستی زن از مهمترین روشن کننده‌های وضعیت شاعری زنان در طول تاریخ ادبیات ایران است و در اینجا مرا با مقایسه زنان ایران با جهان کاری نیست که آن فرصتی دیگر می طلبد.

تأملات:

یکم

دلکش در ترانه‌ای قدیمی می‌خواند:

وصلت در نظرم خواب و خیالی بود　　　عشقت قصه‌ای از رنج و ملالی بود
هجرت می‌کشدم این چه وصالی بود　　　گفتی با ناز آیم، باز آیم، باز آیم...

تصور مردی که با ناز بیاید چه احساسی بر می‌انگیزد؟ در حال حاضر مضحک است ولی در زمان اجرای آن که شاید حدود چهل پنجاه سال پیش بوده قطعاً هیچ. چون مردمان با ذهن مردانه یا خوکرده به آرزوها و آمال مردانه به آن گوش می‌دادند (و هنوز می‌دهند) و از غرابت آن متعجب نشده و آن را نازیبا یا خنده‌دار نمی‌یافتند. گوش‌ها عادت کرده است که فقط به تمایلات مردانه سپرده شود. صدای زن خواننده شنیده نمی‌شود، خواست دل مردان که از حنجره خواننده بیرون می‌زند مورد نظر است.

درادبیات کلاسیک ایران هم هرچه هست خواست مردان است و عشق طلبی مردان و شاید تنها نمونه‌ی توجه به مطلوب زنان را عارف نامی، عطار آورده باشد در مصیبت نامه (ص ۲۷۳) که از عشق ـ البته عشق حقیقی نه مجازی ـ زن نیز سخن می‌گوید: زن زیبا رویی، همسایه سلطان محمود، عاشق ایاز بود.

از وصالش ذره‌ای بهره نداشت　　ور سخن می‌گفت ازین زهره نداشت
روز و شب از عشق او می‌سوختی　　گه فرو مردی وگاه افروختی

زن، روز و شب از روزنی بر دیوار انتظار دیدن ایاز می‌کشید.

زار می‌گفتی مرا تدبیر چیست　　وین چنین دیوانه را زنجیر چیست
هیچکس را نیست از عشقم خبر　　عشق پنهان چون کنم زین بیشتر
ای ایاز ماه‌رو در من نگر　　درد بین زاری شنو شیون نگر

روزی، در هنگام عبور سلطان و ایاز آهی از دل بر می‌کشد که به گوش سلطان می‌رسد. سلطان از او علت را جویا می‌شود زن شهامت یافته و شربتی از دست ایاز تقاضا می‌کند. شاه علت تقاضای مفرح را می‌پرسد و زن می‌گوید:

گفت من آنم ایازت را که شاه　　هر دو بر وی عاشقیم از دیرگاه
گفت من او را به زر بخریده‌ام　　گفت من او را به جان بگزیده‌ام
گفت اگر او را خریدی تو به جان　　پس تو بی‌جان زنده چونی در جهان
گفت جز از عشق او پاینده نیم　　زنده عشقم به جان زنده نیم
شاه گفتش ای سرافکنده به عشق　　چون تواند بود کس زنده به عشق
زن چو بشنود این سخن گفتا که آه　　عاشقت پنداشتم ای پادشاه...

پس از گفتگویی که از بحث ما بیرون است،

این بگفت و سر به روزن درکشید　　جان بداد و روی در چادر کشید.

در مسابقه‌ی سخن از عشق از قرن ششم چند قرن به عقب برمی‌گردیم (یکم-دوم هجری) وحالات رابعه عدویه را نشان می‌دهیم که چگونه در شعرش و نه در زندگی‌ای که از او سراغ داریم از عشق زمینی به عشق الهی می‌رسد:

تو را به دو نوع از محبت دوست می‌دارم
یکی حب الهوی، یعنی محبت شخصی که عاشق و دلباخته است
و دیگری آنچنان محبتی که تو شایسته آنی
اثر حب الهوای من آن است که یاد تو مرا از یاد هرکس دیگری باز می‌دارد
ولی اثر محبتی که تو شایسته آنی این است که تو

پرده‌ها را از برابرم کنار می‌زنی
تا رویت را ببینم...
(تاج الرجال؛ رابعه عدویه، ص۹۵)

نتیجه آن‌که تنها عشق مجاز برای زنان عشق الهی و عشق به ذات باریتعالی است نه عشق زمینی و حاصل این عقیده «شعرِ عاشقانهٔ بس» است در شعر زنان.

دوم

دلکش می‌خواند:

همچون پری آن زیبا، آن گوهر بی‌همتا   خنده بر لب، بر سر پیمان آمد
آن غنچه امیدم، بشکفته شده دیدم   در برمن چون گل خندان آمد

چنان‌که از کدهای شعر هویداست، شعری مرد سُراست.

در اوستا، پریان از دستیاران اهریمن به شمار می‌روند که برای گمراه کردن پیروان مزدیسنا در راه آنان دام می‌گسترند و در پی تباه کردن آتش و آب و گیاهان و ستوران پیوسته به کار و کوشش‌اند. توده‌های مردم از روزگاران کهن تا به امروز باور می‌داشتند که پریان، مادینه‌های گروه جن‌اند که گاهی در پیکر دوشیزگان فریبا با بال‌های زیبا پدیدار می‌شوند و در آب‌های روی زمین به آب تنی می‌پردازند و به ناگاه از دیده ناپدید می‌شوند. این پندار در داستان‌های هزار و یک شب خودنمایی می‌کند و در ویس و رامین و...

برای نمونه مثالی از شاهنامه فردوسی می‌آورم که پری در مورد مردان زیبارو نیز مورد استفاده قرارگرفته که نشان از تغییر کاربرد واژه در طی زمان دارد. البته در شاهنامه مبتنی بر خدای‌نامک‌ها که به پیش از اسلام بر می‌گردد مکرر شاهد اظهار عشق زنان به مردان هستیم همچون تهمینه به رستم، سودابه به سیاوش و...

منیژه چون بیژن را می‌بیند مهرش بر وی می‌جوشد و دایه خود را به سوی او روانه می‌کند:

فرستاد مر دایه را چون نوند   که رو زیر آن شاخ سرو بلند
نگه کن که آن ماه دیدار کیست   سیاوش مگر زنده شد یا پری است

مهستی گنجوی نیز در بین آثار خود اشعاری دارد که محبوب خود را از نسل حور (= پری)

خطاب کرده است:

ای باد که جان فدای پیغام تو باد　　　گر برگذری به کوی آن حورنژاد
گو بر سر راه مهستی را دیدم　　　کز آرزوی تو جان شیرین می داد

(مهستی نامه ،ص ۹۱)

اما این نمونه‌ها اندک است و اشاره به زیبایی‌های ظاهری یک مرد در طول تاریخ مناسبات این دو جنس کم سابقه و توجه به آن مبین وقاحت و بی‌پروایی زنان شاعر بوده است. پس این میدان نیز بر شعر رسمی زنان بسته بوده و گشایش آن به چند دهه‌ی قبل برمی‌گردد.

سوم

درمتونی که روابط عاطفی مردم عادی را ضبط کرده‌اند مکرر بیان احساسات جنسی زنان دیده می‌شود که اوج آن در اشعار عامیانه است، آوازهایی که زنان برای مردان می‌خوانند، یعنی به مفهومی سرایش شعر زنانه قدمتی بسیار بیشتر از آن دارد که به شاعران زن به خصوص نوپرداز نسبت می‌دهیم. شستن دستمال محبوب، آوردن چای برای او و زدودن گرد از وجودش از جمله کارهایی‌ست که زنان در آوازهای خود وعده‌ی آن را به معشوق می‌دهند. قربان صدقه رفتن معشوق توسط زنان در این اشعار با همه تحولات اجتماعی به ظاهر آزاد ساز در اشعار زنان امروز هنوز که هنوز است چندان مجاز نیست یا در واقع با ممنوعیت‌های مقطعی شدید یا خفیف رو به رو بوده و هست.

فدای حلقه ی چشمت شوم چه مشکین است
سرت به سینه گذارم که مطلبم این است

ای ایازمن
سروناز من
جانگداز من
شیرین سبزه
مکن تو غمزه
(۱۳۰۲ قمری)

پسرعمو گل راجونه‌ی من　　مگه گفتم نیایی خونه‌ی من
بکن کفش و بیا بر روی قالی　　بده دستمال دستت یادگاری
بده دستمال دستت تا بشورم　　به آب زمزم و صابون لاری
ول من در خیابون می‌کنه کار　　بلیزش آبی است و کت و شلوار
نشانت می‌دهم گر بشناسی　　همان بالا بلند سبزه‌ی نمکدار
بلندبالا ندیدم کامی از تو　　کشیدم سال‌ها بدنامی از تو
کشیدم سال‌ها درکنج خونه　　نیامد بی‌بفا پیغامی از تو

(۱۳۰۳قمری)

قبای چیت گل‌دار داری یارم　　دوازده بندی کاکل داری یارم
به سردست قبات شاهی بدوزم　　روشت پادشاهی داری یارم
عرقچین سرت زرد و طلایی　　امیدوارم در این حالت بیایی
درخت سیب و زردآلو و سنبل　　چرا دیر آمدی ای خرمن گل
چرا دیر آمدی بهرت بمیرم　　با دسمال کتون گردت بگیرم

(۱۳۰۳ ق)

اشعار عامیانه چنان ازرسوم و باورهای مردم دوره‌ی خود حکایت می‌کنند که باور آن در این زمانه مشکل است:

فرداکه مشم حرمسرای پدرت　　عرضش مکنم دلم ببرده پسرت

(زنان ترانه، فصل ترانه‌های زنان)

به دیگر سخن، ادب رسمی ونوشتاری برخلاف امور مرسوم اجتماعی از ثبت مهرورزی زنانه و آزادی بیان جنسی زنان سر باز می‌زده است.

ترانه‌ها که هنر و نبوغ ساده‌ترین طبقات مردم هستند و حاصل کاری که روح جمعی در آن جلوه‌گر است گویای آرزوها و تمناها و عشق ایرانیان است. درد هجران و اشک و طنز این مردمان را به نمایش می‌گذارد.

مردمان چون ازارتفاع ساده‌ی زندگی سخن می‌گویند سخنانشان با زبان خشک اخلاق

و خطابه‌های پراندرز متفاوت است. آنان زبانی ساده و طبیعی دارند که با احتیاجات هنری شان مطابقت دارد به این لحاظ است که با خواندن آنها در می‌یابیم که ایرانیان به زنانشان چگونه می‌نگرند و از آنها چگونه یاد می‌کنند یا زنان ایرانی از چه سخن می‌رانند. در واقع محتوای این ترانه‌ها هم بیانگر امیال غریزی و انتظارات جامعه ایرانی از زنان و برخورد با مسئله‌ی آنان است و هم مبین این نکته که در پاسخ به خواست‌ها و انتظارات اجتماعی، زنان ـ زنانی که در ترانه‌ها منعکس هستند ـ چه پاسخی داده‌اند. و به آسانی می‌توان دید که زنان ایرانی به هر آن چه از ایشان خواسته‌اند، پاسخ داده‌اند و اگر در این آزمون تاریخی، نمره و رتبه‌ای در این سطح دارند، سهم سؤال کنندگان و متصدیان آموزش و پرورش اجتماعی را نیز باید در نظر گرفت.

چهارم

شعر زنان شاعر معروف ایران مثال روشنی است از سیطره‌ی ممنوعیت‌ها و خط قرمزها برای زنان شاعر و شکل نگرفتن شعر زنانه. از اشعار رابعه بنت کعب قزداری که جایگاه ویژه‌ای در تاریخچه شاعری نه تنها زنان که در تاریخ ادبیات ایران دارد و به نظر من پهلو به پهلوی رودکی می‌زند و ابتکار ساخت ملمع را از او می‌دانند بوی زنانگی استشمام نمی‌شود مگر به زحمت سعی کنیم چیزی بیابیم چون بیت زیر:

کاشک تنم باز یافتی خبر دل   کاشک دلم باز یافتی خبر تن

او به عنوان اولین زن فارسی سرای مطرح تاریخ ایران شاید اولین کسی است که از تن حرف می‌زند و د رواقع از تنم (یعنی تن خودش). یعنی من را پیش می‌کشد ضمیری که در ما به تدریج حل می‌شود تا دوباره به وضوح در شعر فروغ چهره بنمایاند: این منم زنی...

البته در شعر شاعرانی چون اسدی:

یکی جامه زندگانی است تن   که جان داردش پوشش خویشتن

و خاقانی:

چون جان به خدمت است تن ار نیست گو مباش   دل مهره یافت مار تمنا چرا کند

و دیگران نمونه‌های زیادی از پند و نصیحت راجع به تن که «تن آدمی شریف است

به جان آدمیت» می‌توان ملاحظه کرد که با زاویه نگاه رابعه بنت کعب متفاوت هستند و تقریباً همه در رد تن و امتیاز دادن به جان هستند تا می‌رسیم به فاطمه سلطان فراهانی متخلص به شاهین (۱۲۸۲-۱۳۳۸ق) که در قصیده‌ای می‌گوید:

زنان مثابه روحند نوع مردان جسم　　ز جان روشن باشد همیشه تن خرسند

در شعر مهستی گنجوی و به دور از جنجال در رابطه با شهرآشوب‌هایش که شاعران متعددی به این نوع همت گماشته اند، اگر نام او را از روی اشعار برداریم و نام مردی برآن نهیم به زحمت ممکن است اخلالی در شعر ایجاد شود(در یکی دو مورد). چراکه شعر برای جنس نرینه سرودن و به قولی شاهد بازی رسمی رایج درادب هم بوده است. با اذعان به قدرت شاعری مهستی در نگاه او هم کمتر زنانگی می‌توان یافت مگر مواردی چون ابیات زیر:

شب‌ها که به ناز با تو خفتم همه رفت　　درها که به نوک مژه سفتم همه رفت
آرام دل و مونس جانم بودی　　رفتی و هرآنچه با تو گفتم همه رفت

یا:

از من طمع وصال داری　　الحق هوس محال داری
وصلم نتوان به خواب دیدن　　این چیست که در خیال داری

(نیمه‌های ناتمام، صص ۲۷ و ۳۹)

کمیت شاعران این سرزمین چه زن و چه مرد تابعی بوده است از امنیت و صلح و رفاه و تفکر مذهبی یا تشویق دربارهایی که صله پرداز و تامین کننده زندگی شاعران بوده‌اند. به گواهی تاریخ، زنان شاعر با تمام مضایق و سختی‌ها حتی اگر یک بیت از خود به جای گذاشته‌اند که البته مردان تک بیتی نیز زیاد هستند ولی زن بودن و باقی ماندن، اصل مردی(؟) است در این سرزمین.

با نام‌های مستعار و انتساب به نام پدر و برادر و شوهر؛ به خاطر اتصال با حلقه‌های قدرت؛ به خاطر خوش ذوقی تذکره نویسی منصف؛ به خاطر ایجاد کتابی که خبر از اسرار مگوی زنان دهد و جمعی را به عشرتی نهان ارضا، زنان ماندند. اما چگونه؟ همواره مرد صفت. درکمتر شعری سخن از موضوعی است که موضوع زنان باشد.

مقدار قابل توجهی از اشعار منتسب به زنان نیز قابل اعتماد نیست و مردانه است.

پنجم

به هر حال در اشعار رسمی همین مقدار ابراز زنانگی نیز به تدریج از خاطر می‌رود و زنانی که درباره‌ی آن سخن می‌گویند متهم به بی‌پروایی می‌شوند. به دیگر سخن هر آن جا که از دستبرد تربیت مجلسی خواص رسته است هیچ‌گاه این دوگانگی روح و تن و جان و نفس دیده نمی‌شود.

تبلیغ خاکستر مزاج بودن زن و آتشین مزاج بودن مرد، گناه دانستن نیاز جنسی زن آن چنان با ضرب المثل‌ها و اشعار و نصایح و سایر ابزار سرکوب ادبی چون متون، و جملات قصار و... همراه است که نیاز زن به همسرش و ایجاد یک رابطه‌ی کامل زناشویی را نیز زیر سوال می‌برد:

«امیر یادگار را دیدیم که طاقیه چرکین بر سر و فوطه‌ای پاره پاره به روی پیچیده... پیش رفتیم و حال پرسیدیم... بیگم قباحتی کرده که اگر خاکدان دهر را به غربال فنا بیزند علاج آن را نیابند. بیگم را به خاطر رسیده که تخم مهرگیا راکه در هاون محبت به دسته مودت کوفته شود به غربال شوق بیزد و زنان غر در حین جماع حرکتی کنند که معاشران از آن به غلبیره تعبیر نمایند. بیگم تقلید ایشان کرده...

گفتم الهی کمر بیگم بشکند این چه حرکت قبیح است که کرده.» (ضعیفه، ص ۱۵۱)

با حکایاتی نظیر این که تعامل عاطفی شرعی زنان را نیز سرکوب می‌کند بدیهی است که سخن از این نیاز هم جزو گناهان باشد چه برسد به نوشتن و اقرار کتبی به آن و سرانجام توصیف شاعرانه و به کارگیری واژگانی حق طلب.

ششم

اگر یکی از ویژگی‌های سبک عراقی و گرایش به عرفان نبود موجودی به نام زن البته قابل تاویل به یار ازلی-ابدی و یا حور و پری و زن اثیری از عرصه هنر و ادب ایران یکسر محو می‌شد و خصوصیات زنانه نیز با آن جزو دیگر تابوهای جامعه‌ی زن ستیز ایران می‌گردید و

جامعه از این لحاظ نیز زن زدایی می‌شد. نگاه کنید به تابلوی اروتیکی حافظ شیراز که صد البته جای حرف و حدیث زمینی ندارد.

زلف آشفته و خوی کرده وخندان لب و مست   پیرهن چاک و غزلخوان و صراحی در دست
نرگسی عربده جوی و لبش افسوس کنان   نیمه شب دوش به بالین من آمد بنشست
سر فراگوش من آورد و به آواز حزین   گفت عاشق شوریده من خوابت هست

برگردیم به توان اندک زنان در بیان زنانگی خود در فضای رسمی و اشعار جهان ملک خاتون با مطلع «به یاد آمدم آن جوانی و ناز». جهان ملک خانم هم‌عصر حافظ شیرازی و دختر مسعود شاه اینجو بوده است. توجه به مقدمه‌ی این بانو را بر دیوانش توصیه می‌کنم که دقیق و کامل، هراس و تردیدش نسبت به سرایش شعر را شرح می‌دهد و با وسواس، حجت بر مشروع بودن شاعری زنان می‌آورد تا خودش و مردمان را راضی کند تا شعر گفتنش را به دیده اغماض بنگرند.

"...و نزد ارباب علم و خداوندان عقل و ادب واضح و لایح است که اگر شعر فضیلتی خاص و منقبتی بر خواص نبودی صحابه‌ی کبار و علمای نامدار رضوان الله علیهم اجمعین در طلب آن مساعی مشکور و اجتهاد موفور به تقدیم نرسانیدندی، اما چون تا غایت بواسطه‌ی قلت و ندرت مخدرات و خواتین عجم کمتر درین مشهود شد این ضعیفه نیز به حسب تقلید شهرت این قسم نوع نقصی تصور می‌کرد و عظیم از آن مجتنب و محترز می‌بود اما به تواتر و توالی معلوم و مفهوم گشت که کبرای خواتین و مخدرات نسوان، هم در عرب و هم در عجم به این فن موسوم شده‌اند چه اگر منهی بودی جگرگوشه‌ی حضرت رسالت، ماه خورشید رایت و در درج عصمت، خاتون قیامت فاطمه‌ی زهرا رضی الله عنها تلفظ نفرمودی به اشعار...

...و دیگر خواتین عجم مثل پادشاه خاتون و غیرهن هر یک به حسب استعداد در این میدان اسب هوس را جولان داده‌اند. این ضعیفه نیز اقتدا به ایشان نموده ملتزم این جسارت گشت ..."

متن با پوزش از کاستی و معذرت خواهی پایان می‌پذیرد.

نمونه انتخاب شده زیر در بیان زنانگی و توصیف ویژگی‌های زنانه جزو نوادر این دیوان

است، دیوانی که در بخش غزلیاتش ۱۴۱۳ غزل دارد:

به پایم نهاده بسی سروران — سری کاو بدی در جهان سرفراز
اگر جان بدی التماس جهان — فدا بود پیشم به هنگام ناز
رخی داشتم چون گل اندرچمن — قدی داشتم راست چون سرو ناز
دو ابرو که بودی چو محراب دل — که جانها ببستند در وی نماز
دوچشمم به نوعی که نرگس به باغ — یقینش به دیدار بودی نیاز
دو گیسو که بودی به سان کمند — به دستان دو راهم بدی جمله ساز
صبا گر گذشتی به راهم دمی — به گوشم سخن نرم گفتی به راز
دو لب هم چو شکر دو رخ همچوگل — به درد دل عاشقان چاره ساز

(ص ۲۸۷)

تلاشم براین بود که بگویم شعرزنانه داشته‌ایم. زنان در بیان خواست‌های خود توان و آزادی ظاهری داشته‌اند ولی به تدریج با افزایش توقعات گروهی از مردان یا حتی فرقه‌هایی عرصه بر زنان تنگ گردیده است. هیچ‌گاه حجة الاسلام امام محمد غزالی را فراموش نکنید که البته امثال اوکم نبوده‌اند. خواجه نظام الملک در سیاست‌نامه و قبل از او عنصرالمعالی در قابوس‌نامه و حتی سعدی که همه یدک‌کش نام فقیه و شیخ بوده‌اند گفته‌شان چنان سندیتی یافته و شخصیت‌شان چنان بر سرنوشت زنان سایه افکن شده که حتی در برخی موارد برکتاب مادر ـ قرآن کریم ـ نیز در نزد عوام رجحان یافته است. اگر چه اندیشیدن به غزالی ملولم می‌کند ولی شاید برای برخی جالب باشد که او چگونه و با چه انتظاری از زنان، انتظارات جامعه از زن را نیز شکل داده و رهبری می‌کند.

غزالی درکیمیای سعادت می‌نویسد:

و بدان که چنانکه حدیث مباشرت به کنایت باید گفت تا فحش نبود، اندر هر چه زشت بود هم اشارت باید کرد و صریح نباید گفت و نام زنان صریح نباید گفت بلکه پردگیان باید گفت وکسی راکه علتی زشت بود چون بواسیر و برص و غیرآن، آن را بیماری باید گفت و ادب اندر چنین الفاظ باید داشت که این نیز نوعی از فحش است. (ج۲، ص۷۲)

غزالی با کافی ندانستن چادر برای زنان در واقع از معلمان اصلی گروه‌هایی چون

طالبان و مشابه آن است، می‌نویسد:

بدانکه زنان که چادر و نقاب دارند کفایت نبود که چون چادر سپید دارند و در بستن نقاب تکلف کنند، شهوت حرکت کند و باشد که نیکوتر نماید از آن که روی باز کند. پس حرام است بر زنان به چادر سپید و روی بند پاکیزه و به تکلف اندر بسته بیرون شدن و هر زن که چنین کند عاصی است و شوهر و متعلقان وی که بدان راضی باشند همه در آن بزه شریک باشند.

هفتم

انتساب صفات منفی به زنان همچنان بازتولید می‌شود و در این تولید و تکثیر مردان شاعر نیز جایی ویژه دارند.

در تاریخ هزار و چند صد ساله‌ی شعر فارسی پس از اسلام، شعر ایران شعری بوده است مردانه و زنان به عنوان یکی از موضوعات، حضوری حقیر در این ابزار وجود هنری داشته‌اند و در تصویرهای منفی نمایانده شده‌اند. یعنی زنان نه تنها مورد توهین و ظلم این شاعران عظیم‌الشان واقع شده‌اند که به علت جایگاه محترم و قدسی شعر در نزد مردم، ابیات چون مثل سائر مورد استناد کل جمعیت ایران واقع شده و توهین عمومیت یافته است. انتسابات ناروا به زنان سلسله‌وار و زنجیره‌ای با اولین حرکت ارسطویی شروع و به شاعران امروز - در شعر کلاسیک - کشیده شده است البته فضل تقدم این حرکت نصیب متون منثور است که بررسی دیگری را می‌طلبد. (چندکلمه از مادرشوهر؛ امثال و حکم مربوط به زنان در زبان فارسی، ص ۱۸)

تاختن به زنان آنچنان عادی و همگانی‌ست که زنان نیز گاهی خود از ادامه دهندگان همان انتسابات بوده و هستند.

گرو ه‌ها، گروه شاعران مرد - از درجه‌ی یک گرفته تا درجه‌ی چندم - که به همت تذکره‌نویسان و مورخان در زیور طبع به زمان ما رسیده‌اند، همگی به کار زشت‌نمایی و مخدوش ساختن چهره‌ی زنان پرداخته‌اند:

زن ار چه دلیرست و با زور دست   همان نیم‌مرد است هرچون‌که هست (اسدی)

یکی گفت کس را زن بد مباد دگر گفت زن در جهان خود مباد (سعدی)

نه هر کاو زن بود نامرد باشد زن آن مرد است کاو بی‌درد باشد (نظامی)

زن از پهلوی چپ شده آفریده تن از چپ راستی هرگز ندیده (جامی)

به خاطر حفظ ادب از افاضات بعضی از آن حضرات درگذشته و علاقه‌مندان را به دیوان‌های آنها ارجاع می‌دهم، بخصوص به هجویات که به قصد تخریب شخصیت مردان، شخصیت زنان را مثله و تکه تکه می‌کنند.

قبل از پرداختن به نمونه‌های شعری به ترتیب تاریخی ببینیم اساساً از دید شاعران مرد، زن چیست؟

اولین و آسان‌ترین پاسخ این است که زن موجودی است که "مرد" نیست و البته با این پاسخ، تمام سختی‌های و دشواری‌های زنان می‌شود آغاز:

زن ار چه دلیرست و با زور دست همان نیم‌مرد است هرچون که هست (اسدی)

به نظر نمی‌رسد که در زمان سرایش این اشعار "مردنمایی" و خود را مرد خواندن از سوی زنان اعلام شده باشد و زنان ادعای مردی کرده باشند ولی در اشعار شاعران مشهور و غیر مشهور با این مفهوم هنرنمایی‌ها شده است:

تقلید از ویژگی‌های مردان و الگو برداری از آنان در آن ایام گره‌ی از کار فرو بسته‌ی زنان نمی‌گشوده است:

پس مردان شدن مردی نباشد زن آن به کش جوانمردی نباشد (نظامی)

چه کنند زنان با این تضاد جامعه‌ی مرد سالار:

سمن نازک و خار محکم بود که مردانگی در زنان کم بود (نظامی)

علت این همه زن‌ستیزی برای ما روشن نیست:

ز بن با زنان در ستیزه بکوش وزیشان نهان خویشتن دارگوش (اسدی)

شاید ریشه‌ی زن ستیزی به این ابیات می‌رسد:

زن از پهلوی چپ گویند برخاست نیاید هرگز از چپ راستی راست (نظامی)

جامی نیز از نظامی گرته برداری می‌کند:

زن از پهلوی چپ شده آفریده تن از چپ راستی هرگز ندیده

شاخ و برگ این آفرینش "چپکی" به قدری است که نه تنها ارزش اعضا و اجزای بدن او و جایگاه خانواده‌اش را که خواب زن را هم رقم می‌زند.

سفری کنیم در تاریخ و برسیم به فردوسی و خدای‌نامک‌ها که حکایت را به قبل از اسلام می‌رساند و مباحث مطروحه در ویس و رامینِ فخرالدین اسعد گرگانی:

زنان در آفرینش ناتمامند   ازیرا خویش کام و زشت نامند

در شاهنامه فردوسی و مثنوی‌هایی چون مثنوی‌های نظامی عنایت به قالب داستانی لازم است چرا که گاه دیالوگ شخصیت‌ها ممکن است عقاید و اعتقادات شاعران تلقی شود، حال آن که مثلاً فردوسی خدای‌نامک‌ها را به نظم کشیده است و عقاید زمانه‌ی خود و قبل از خود را در قالب شعر به ما رسانده لذا تناقضات دیده شده ممکن است به شاعران مربوط نباشد و تعدادی از ابیات ضد زن در شاهنامه ابیات دخیل هستند ولی بحث بر سر گفتن حقیقت راجع به زنان بداندیش و بدگفتار و بدکردار نیست، بلکه بحث بر سر عمومیت نیافتن صفات و خصوصیات منفی به زنان است.

چند نمونه:

فردوسی (۳۲۹ - ۴۱۶ق)

از زبان رستم به کاووس درباره سودابه:

کسی کاو بود مهتر انجمن   کفن بهتر او را ز فرمان زن

سیاوش ز گفتار زن شد به باد   خجسته زنی کاو ز مادر نزاد

گفته شاه یمن در هنگام خواستگاری فریدون از دخترانش برای سلم و تور و ایرج:

بد از من که هرگز مبادم میان   که ماده شد از تخم نره کیان

به اختر کس آن دان که دخترش نیست   چو دختر بود روشن اخترش نیست

گفته مهراب شاه به وقت فهمیدن دلبستگی زال و رودابه:

مرا گفت چون دختر آمد پدید   ببایستش اندر زمان سر برید

نکشتم بگشتم ز راه نیا   کنون ساخت بر من چنین کیمیا

گفته افراسیاب به هنگام آشکار شدن عاشقی منیژه:

کرا دختر آید به جای پسر   به از گور داماد ناید به در

البته در شاهنامه ابیات مثبت راجع به زنان هم وجود دارد:

چو فرزند باشد به آیین و فر　　گرامی به دل بر چه ماده چه نر

یا:

هم از زن بود دین یزدان به پای　　یلان را به نیکی بود رهنمای

به هر حال، زنان اگر رام و مطیع و حاضر به خدمت و افزاینده‌ی قدرت خانواده و سودآور و ... باشند، گرامی هستند وگرنه "زن و اژدها هر دو در خاک به" (از ابیات دخیل) انعکاس و تکرار گفته‌ی شاهنامه را در شعر این شاعر پی می‌گیریم (خلاصه)

چه نکو گفت آن بزرگ استاد　　که وی افکند شعر را بنیاد
آنکه را دختر است جای پسر　　گرچه شاهست، هست بد اختر
چنین گفت داناکه دختر مباد　　چو بادش بجز خاک افسر مباد
زن و اژها هر دو در خاک به　　وزین هر دو روی زمین پاک به

سنایی (۴۷۳ - ۵۴۵ ق)

به گفتار زنان هرگز مکن کار　　زنان را تا توانی مرده انگار
زنان چون ناقصان عقل و دینند　　چرا مردان ره آنان گزینند
منه بر جان خود بار زر و زن　　قدم بر تارک این هر دو بر زن

ناصر خسرو (۳۹۴ - ۴۸۱ ق)

مرا چه نقصان کز جفت من نزاد اکنون　　به چشم زخم هزاران پسر یکی دختر
که دختری که از این‌سان برادران دارد　　عروس دهر خوانندش و بانوی کشور
اگر بمیرد باشد بهشت را بانو　　وگر بماند زیید مسیح را خواهر
اگرچه هست بدین‌سان خداش مرگ دهاد　　که گور بهتر داماد و مرگ به اختر
مرا ز زادن دختر چه خرمی باشد　　که کاش مادر من هم نزادی از مادر

خاقانی (۵۲۰ - ۵۹۵ ق)

در لیلی و مجنون، رسیدن خبر ازدواج لیلی به مجنون (خلاصه)

زن گرنه یکی هزار باشد　　در عهد کم استوار باشد
چون نقش وفا و عهد بستند　　بر نام زنان قلم شکستند

زن دوست بود ولی زمانی   تا جز تو نیافت مهربانی
چون در بر دیگری نشیند   خواهد که ترا دگر نبیند
زن میل ز مرد بیش دارد   لیکن سر کار خویش دارد
زن راست نبازد آنچه بازد   جز زرق نسازد آنچه سازد
بسیار جفای زن کشیدند   در هیچ زنی وفا ندیدند
مردی که کند زن‌آزمایی   زن بهتر از او به بی‌وفایی
زن چیست نشانه‌گاه نیرنگ   در ظاهر صلح و در نهان جنگ

نظامی (۵۳۰ - ۶۱۴ ق)

ناله‌های مجنون و گلایه‌های او از شوهرکردن لیلی برای عاشقی دلسوخته طبیعی است ولی در واقع این زنان‌اند که به جای لیلی یا قبیله‌ی او یا شاید ابن سلام ـ شوهر لیلی ـ پادافره می‌کشند:

در دشمنی آفت جهان است   چون دوست شود هلاک جان است
گویی که بکن برو ننوشد   گویی که مکن دو مرده کوشد
چون غم خوری او نشاط گیرد   چون شاد شوی زغم بمیرد
این کار زنان راست باز است   افسون زنان بد دراز است

شاعر در مثنوی خسرو و شیرین ـ شفاعت کردن خسرو پیش مریم از شیرین ـ از زبان مریم می‌گوید:

زنان مانند ریحان سفالند   درون سو خبث و بیرون سو جمالند
نشاید یافتن در هیچ برزن   وفا در اسب و در شمشیر و در زن

گویا صدور بیانیه‌های ضد زن از زبان مردان کافی نبوده که زنان را نیز به یاری طلبیده است و در این میان اسب و وفای او نیز مورد تردید واقع می‌شود.

این مثنوی، شاعرانه‌ترین مدرک اعمال خشونت بر زنان می‌تواند باشد. (خلاصه):

زن خوب فرمانبر پارسا   کند مرد درویش را پادشا
برو پنج نوبت بزن بر درت   چو یاری موافق بود در برت
چو مستور باشد زن و خوبروی   به دیدار او در بهشتست شوی

در خرمی بر سرایی ببند که بانگ زن از وی برآید بلند
چو زن راه بازارگیرد بزن وگرنه تو در خانه بنشین چو زن
اگر زن ندارد سوی مرد گوش سراویل کحلیش در مرد پوش
زبیگانگان چشم زن کور باد چو بیرون شد از خانه درگور باد
زن خوب خوش طبع رنجست و بار رهاکن زن زشت ناسازگار
چه نغز آمد این یک سخن زان دو تن که بودند سرگشته از دست زن
یکی گفت کس را زن بد مباد دگرگفت زن در جهان خود مباد
زن نوکن ای دوست هر نو بهار که تقویم پاری نیاید به کار

سعدی (۶۰۶-۶۹۰ق)

جلال الدین بلخی (۶۰۴ - ۶۷۳ ق) او "کانون تجلی الهی" را بدین گونه وصف می‌کند:

چند با آدم بلیس افسانه کرد چون حواگفتش بخور آنگاه خورد

در قرآن کریم آیاتی بر این معنا وجود ندارد.

اولین خون در جهان ظلم و داد ازکف قابیل بهر زن فتاد

گناه افزون خواهی مردان برای چه به زنان برمی‌گردد؟

در جای دیگر:

فضل مردان بر زن ای حالی پرست زان بود که مرد پایان بین تر است
مرد کاندر عاقبت بینی خمست او ز اهل عاقبت چون زن کمست

در هبوط آدم و حوا:

اول و آخر هبوط من ز زن چونک بودم روح و چون گشتم بدن

و نمونه‌های دیگر:

زنان چون ناقصات عقل و دینند چرا مردان ره ایشان گزینند

شیخ محمود شبستری (؟ - ۷۲۰ ق)

چاره نبود اهل شهوت را ز زن صحبت زن هست بیخ عمر کن
زن چه باشد ناقصی در عقل و دین هیچ ناقص نیست در عالم چنین

جامی (۸۱۷ - ۸۹۸ ق) در سلامان و ابسال

صائب (۱۰۱۶ - ۱۰۸۶ ق) ایـن شعر صائـب، نـه تنهـا زن و خانـواده که شریعت را نیـز مشـمول عنایـات خاصـه می‌کنـد:

قید عیال پست کند رای مرد را   گهواره تخته بند کند پای مرد را
پهلو ز زن بدزد که این رخنه فساد   در خون گرم غوطه دهد جای مرد را
بار شریعت است که چنبر کند چو چرخ   در یک دو هفته قامت رعنای مرد را
مهر زنان که رشته پای تجرد است   سوزن به زیر پا شکند رای مرد را
در عشق زن مپیچ که معجر کند به فرق   این کار زشت همت والای مرد را
چون بال مرغ خانه زمینگیر می‌کند   تعمیر خانه، بال فلک سای مرد را
فکر لباس و جامه به خون سرخ می‌کند   چون برگ لاله صفحه سیمای مرد را
اندیشه معاش گل زرد می‌کند   رخساره چو لاله حمرای مرد را
صائب جریده باش که اندیشه عیال   سازد عقیم طبع گهر زای مرد را

سعدی در گلستان، ص۸۰ همین مضمون را دارد:

ای گرفتار و پای بند عیال   دیگر آسودگی مبند خیال
غم فرزند و جامه و قوت   بازت آرد ز سیر در ملکوت

بابا افضل (اواخر قرن ۶ و اوایل قرن ۷)

گر عمر عزیز خوار خواهی، زن کن   در دیده اگر غبار خواهی زن کن
مانند اشتران بختی شب و روز   در بینی اگر مهار خواهی زن کن

و در دوره‌ی معاصر حبیب یغمایی این مفهوم را واضح‌تر بیان می‌کند:

ای که در دفع تجرد می‌کنی زن اختیار   فاش گویم دفع فاسد را به افسد می‌کنی

اگر چـه در تشـبیه کردن زنـان بـه حیوانـات هیـچ شـاعری بـه پـای امـام محمـد غزالـی نمی‌رسـد ولـی تشـبیه تفضیـل بابـا افضـل نیـز خوانـدنـی اسـت:

فرزند به سی سال هم آواز نشد   زن هم به چهل سال دمی ساز نشد
روزی به سگی گرسنه نانی دادم   آن سگ به دو صد سال ز من باز نشد

بـه هـر حـال ایـن ماجـرا آنقـدر مبسـوط اسـت کـه خـود می‌توانـد کتابـی مسـتقل و حجیـم را تشـکیل بدهـد:

نهان در زیر چادر قد زن به　　　که یعنی قامت زن در کفن به
اگر زن پاک بودی در جبلت　　　شدی زن هم سزاوار نبوت (عبدی بیک)

شاید به نظر برسد که در دوره‌ی تجدد ایران و بحث آزادی زنان و گرفتن حق رای و داشتن وزیر و وکیل و سناتور زن و ارتباط جامعه‌ی مردانه ایران با جهان و بالا رفتن میزان باسوادان مملکت باید دیگر از این گونه اشعار خبری نباشد و گفته‌هایی از این دست در حد مردمان جاهل و عوامان بی‌مسئولیت است ولی افسوس که در کتاب "اشک معشوق "دکتر مهدی حمیدی شیرازی به غزلی رسیدم به نام " اگر" سروده‌ی سال ۱۳۱۹ شمسی که به نوعی شعر هاتف است (گلشن مراد-ص ۴۵۷):

خار بدرودن به مژگان خاره بشکستن به دست　　　سنگ خاییدن به دندان کوه ببریدن به چنگ
صد ره آسانتر بود بر من که در بزم لئیم　　　باده نوشم سرخ و زرد و جامه پوشم رنگ رنگ

دکتر مهدی حمیدی شیرازی:

اگر چنگ در کام اژدر کنی　　　وگر چشم بر نوک خنجر کنی
بگیری اگر طعمه از پیش ببر　　　به شیر ژیان پنجه اندر کنی
بریزی زخوناب دل ساغری　　　لب خود زخوناب دل ترکنی
همه روزه در عشق چون آتشی　　　بسوزی و کار سمندر کنی
به افسون سیم و زر ناکسان　　　خیانت به خلق و به کشور کنی
به سیلی کنی چهر خواهر کبود　　　گذر بر مزار برادر کنی
چو شیرویه پهلو دری از پدر　　　و یا تف به رخسار مادر کنی
کنی هر چه گفتیم دشوار و سخت　　　وز اینها اگر هست بدتر کنی
از آن به که نامی ز دختر بری　　　و یا عشق از این دیو باور کنی (خلاصه)

و در پایان به شعر "خلقت زن" از رهی معیری سروده‌ی سال ۱۳۲۷ شمسی، در کتاب "سایه عمر" که بسیار مورد توجه آقای علی دشتی نیز واقع شده -به اختصار- اشاره می‌کنم:

کیم من، دردمندی، ناتوانی　　　اسیری، خسته‌ای، افسرده جانی
درین محفل چو من حسرت کشی نیست　　　به سوز سینه من، آتشی نیست
الهی در کمند زن نیفتی　　　وگر افتی، به روز من نیفتی

میان بر بسته چون خونخواره دشمن　　دلازاری به آزار دل من
دلم از خوی او دمساز درد است　　زن بدخو بلای جان مرد است
زنان چون آتشند از تند خویی　　زن و آتش، زیک جنسند گویی
نه تنها نامراد آن دل شکن باد　　که نفرین خدا بر هر چه زن باد
نباشد در مقام حیله و فن　　کم از ناپارسا زن، پارسا زن
زنان در مکر و حیلت گونه گونند　　زیانند و فریبند و فسونند
چو زن یار کسان شد مار از و به　　چو تر دامن بود گل خار از او به
وفاداری مجوی از زن که بیجاست　　کزین بربط نخیزد نغمه راست

پس از ابیاتی که زن را به همه چیز تشبیه می‌کند، ادامه می‌دهد:

چه بودی، گر سراپا گوش بودی　　چو گل با صد زبان خاموش بودی
چنین خواندم زمانی در کتابی　　زگفتار حکیم نکته یابی:
دو نوبت مرد عشرت ساز گردد　　در دولت به رویش باز گردد
یکی آن شب که با گوهر فشانی　　رباید مهر از گنجی که دانی
دگر روزی که گنجور هوس کیش　　به خاک اندر نهد گنجینه خویش

در میان این انهدام‌های تاریخی، تخریب شخصیت شاعران زن از رابعه بنت کعب قزداری گرفته تا شاعران امروز از امهات جنایات است چراکه گویی هنر و ادب که موهبتی است الهی فقط و فقط ویژه مردان است و زنان شاعر به خاطر این جسارت باید مجازات شوند. زنان شاعر گاه با الفاظی ویژه‌ی محیط طرب و زیبا ساز محفل‌های مردانه، جمیله‌ی شهر و سر خیل لولیان و... نامیده شده و گاه با عناوینی چون شهره‌ی شهر، ظریفه، ملیحه، لوند و... خوانده شده و گاه سلیطه و حرافه، و سرانجام فاحشه.

فشارهای اجتماعی و فرهنگی بر زنان تا به آن حد بوده که از جمعیت اندک زنان شاعری که جسارت ورزیده، سر از تاریخ در آورده‌اند نام‌هایی بماند چون حجابی و نهانی و مخفی یا دختر و بی بی یا عصمتی و عفتی تا این نام‌ها چون حرز، بلاگردان انتساب‌هایی باشد که گفته آمد.

هشتم

شاید به دلیل رسوخ این همه اشعار و افکار تلقین کننده صفات بد به زنان و بی‌هویت کردن آنان است که جمعی از زنان شاعر در راه احقاق حقوق انسانی و اجتماعی خود نسبت به طرد ویژگی‌های زنانه افراط می‌کنند.

از بعد از مشروطیت و دوره‌ی پهلوی ما به دو گرایش آشکار زن بودن و زن‌نما بودن برمی‌خوریم. یعنی زنان برای حضور در عرصه‌ی عمومی که کاملاً مردانه بوده است و بقای در آن به نفی ویژگی‌های زنانه اقدام کرده یا به شدت زنان را مورد نقادی قرار داده‌اند و با اقدامات افراطی خود بخشی را در پای فشردن بر عروسک بودن جری کرده‌اند و در این میان تعدادی کارگر و افزارمند تحت سیطره‌ی اقتدار ماشین نصیب جامعه‌ی مردسالار سرمایه‌دار و تعدادی عروسک نرم و نازک جهت رفع کسالت و ملالت آنان آفریده‌اند گویی که برای ملعبه نبودن باید مرد شد؛ یا جمع بین جمال و کمال امکان ندارد.

البته منظور اشعاری انتقادی نظیر شعر زیر از فخر عظمی ارغون نیست:

جمال زن نه همین زلف پرشکن باشد — نه عارض چو گل و غنچه دهن باشد
نه ژوپ اطلس و نه جامه کرپ ژرژت — نه کفش برقی و نه چین پیرهن باشد
جمال زن به حقیقت کمال و عفت اوست — چنین زنی همه جا شمع انجمن باشد

(نیمه‌های ناتمام، ص ۱۷۲)

نهم

تاکیدم بر یک بخش از نیاز انسانی زنان زیاد شد و سایر نیازها به فراموشی رفت نیازی چون دخالت در سرنوشت جمعی، دخالت در تصمیم‌گیری‌ها، مشارکت در تمام جنبه‌های زندگی اجتماعی. ولی چون این خواست‌ها در تاریخ ایران محلی از اعراب نداشت به این دلیل مصداق مطالبه نمی‌یافت و حتی در آرزو و خیال زنان نیز نمی‌گنجید. پادشاه خاتون، حاکم کرمان به خاطر فرمانروایی و حکومت می‌توانست با صلابت سخن بگوید و بسراید که بین زن و مرد تفاوتی نیست مگر در لیاقت حتی بین زنان و بین مردان با یکدیگر:

من آن زنم که همه کار من نکوکاری است — به زیر مقنعه من بسی کله داری است

نه هر زنی به دو گز مقنعه است کدبانوی   نه هر سری به کلاهی سزای سرداری است

که می‌دانیم او با نام حسن شاه، کودکی و نوجوانی را به خاطر حفظ در مقابل تصاحب قدرتمداران مغول به طریقه پسران گذراند.

در زمینه‌ی مسائل قابل طرح در مبحث گرایش‌های دینی و مذهبی به علت مضایق خاص هر دوره که نگرش حاکم تهدیدات خاص خود را بر زن و مرد به طور یکسان اعمال می‌کرده در این زمینه هم چیز خاصی از زنان در دست نیست. اشعار دیگراندیشان مرد البته درحجم زیاد در فرق و شاخه‌های مذهبی از مراثی و مناقب و تعلیم وجود دارد که در مورد زنان این دیده نشده یا بنده ندیده‌ام اما طاهره قره العین نمونه تقریباً یگانه‌ای است که افکار او را نیز چهره شعری «اشعار منسوب» بدو پوشانده است. اشعاری راکه بنا برتحقیق آقای نصرت‌الله محمد حسینی از این افراد دانسته شده.

گر به تو افتدم نظر چهره به چهره رو به رو   شرح دهم غم تو را نکته به نکته مو به مو

این شعر به رغم ده‌ها سال خوانده شدن در جمع احباب یا ذکر اقبال لاهوری از او در زمره‌ی آثار طاهره و سایر محققان غیر بهایی در سلک کارهای طاهره به احتمال قوی از او نیست و مربوط به طاهرکاشانی است. (طاهر نقاش) یا همان شاه طاهر دکنی شاعر عصر صفوی که به هندوستان مهاجرت کرد و به این نام شهرت یافت.

در ره عشقت ای صنم شیفته بلا منم   چند مغایرت کنی با غمت آشنا منم

از طائره، عصمت دختر میرزا اسمعیل مستوفی آشیانی است متولد ۱۲۸۲ق و متوفای ۱۳۲۹ ق که با مهر علی خان زنجانی نسقچی‌باشی ناصرالدین شاه ازدواج کرد و شوهرش ازدشمنان ایمانی او بود که سرانجام هم ایمان این زن مبارزگردید.

یا:

خال به‌کنج لب یکی طره مشکفام دو   وای به حال مرغ دل دانه یکی و دام دو

که از ام هانی دانسته شده است.

کوتاه سخن، بحث بر این است که اصرار بر انتساب این اشعار شاید از تساهل، علاقه یا به قصد اخفای سایر اندیشه‌هایی است که او داشته است. تنها منبع مورد استفاده‌ی همین کتاب حضرت طاهره است و اگر محققان خلاف این نظر داشته باشند متواضعانه

پوزش خواسته و گفته‌ی خویش پس می‌گیرم. اشعاری که قاطعانه‌تر به او نسبت داده شده مشحون از مژده ظهور، رفع القناع و قدکشف ظلم اللیال، تابش خورشید از مغرب، تموج بحر وجود و... است.

آزاد شود دهر ز اوهام و خرافات　　　آسوده شود خلق ز تخییل و توسوس

مرفوع شود ظلم به بازوی مساوات　　　تبدیل شود اصل تباین به تجانس

اصرار بر پوشاندن سایر اشعار او قابل درک است ولی بحث این است که در تمام جهان زنان را درحاشیه بی‌ضررترین، بی‌خطرترین و به معنای دیگر در حد لطافت و زنانگی مألوف نگه می‌دارند.

در مورد شعر شاعران زن ایران (تا مرحله شعر معاصر ایران) می‌توان گفت این است که از ورای آثار بیشتر این افراد چیز خاص و ممتازی دیده نمی‌شود. خواسته‌ها، آرزوها، مطالبات اجتماعی و سیاسی بجز در کلمات و تصاویر و مضامین معدودی که در واقع شاعران مشروطیت‌اند دیده نمی‌شود. اشعار دوره قاجار که تعداد زیادی زنان شاهزاده و درباری و وابسته به دربار را شامل می‌شود همچنان درگیر مفاهیم قدیمی، تکراری، و البته چون اندیشه‌ی مردان شاعر این عصر است. انتساب اشعار فصل بهار خانم «جنت» به میرزا علی اکبر شیدا (یا برعکس) نشان دهنده‌ی مردانه‌سرایی زنان است و نداشتن تشخص شعری آنان.

عشق، حرمان، اندوه، گله‌های نمادین، آرزوهای سرکوفته، آزار طلبی، تمایلات صوفیانه ضد اجتماعی، توصیفات عارفانه‌ی مردانه با استفاده از مختصات فیزیکی زنان و... با شاعرانگی بسیار کمتری نسبت به شاعران زن سده‌های پیشین دیده می‌شود.

فقدان نوآوری و استقلال در زبان، ترکیب واژه‌ها و بافت کلام، تصویرسازی خلاق و حتی بیان صادقانه عواطف و احساسات زنانه از ویژگی‌های بارز شعر تعداد قابل توجهی از شاعران زن این دوران است و اگر جسارت و صداقت بانوانی چون عالمتاج قائم مقامی و شمس کسمایی نبود در واقع دیگر چندان چیزی وجود نمی‌داشت.

اما نفوذ افکار آزادی‌خواهانه و آشنایی مردمان با دنیای معاصر اندک اندک از شعر زنان نیز سر درآورد و آنان نیز شروع به شناخت خود و توانایی‌های خویشتن نمودند، حتی مهدعلیا مادر ناصرالدین شاه (۱۲۲۰-۱۲۹۰ق) که معرف حضور همه هست:

از مرد و زن آن که هوشمند است — اندر همه حال سربلند است
بی‌دانش اگر زن است اگر مرد — باشد به مثل چو خار بی ورد

فاطمه سلطان فراهانی (۱۲۸۲-۱۳۲۸ ق) نوه قائم مقام فراهانی به دفاع از زنان از راه دین می‌پردازد:

اگر به تانیث از قدر مردمان می‌کاست — خدا به شمس نمی‌خورد در نبی سوگند

رسوخ تدریجی و سپس شتاب یابنده‌ی افکار حق‌طلبانه و مطالبات اجتماعی و فرهنگی زنان را از مشروطه شاهد هستیم که از نصیحت به مردان و زنان شروع شده (اشعار فخر اعظمی ارغون) و به اعتراض و افشاگری آنان از وضعیت خانوادگی خود و تاختن به طرز سلوک شوهران می‌رسد. (اشعار عالمتاج قائم مقامی) اگر چه این شاعران در اشعارشان از پیشروان اعتراض به وضعیت اسفبار زن ایرانی هستند ولی انگشت اتهامی را به مناسبات جامعه‌ی مردسالار نشانه نمی‌روند و نهایت آمال و آرزویشان مرد شدن است.

حتی عالمتاج قائم مقامی که اشعار افشاگر بسیاری دارد:

راستی راکه زن بیوه چه بدبخت‌کسی است — خاصه آن زن که بری دارد و رویی دارد
همه‌کس ترسد از او گر چه بود خواهر او — کین بود بیوه و آن مزبله شویی دارد

اما این ابیات اوست که گواه سخن من است:

من نه مردم لیک در اثبات این شایستگی — شور و غوغا می‌کند افکار مرد آسای من
ای برادر گر به صورت زن همال مرد نیست — نقش مردی را به معنی بنگر از سیمای من

در شعر شاعران زیادی می‌توان به این گونه افکار رسید که اگر چه «مترقی هستند و راه دهنده‌ی مسائل اجتماعی و انتقادی و مضامین سیاسی به قلمرو شعر «ولی به‌گواه شعر زیر از افکار سنتی و تحقیرکننده‌ی زنان فارغ نبوده و باورهایشان تغییر نیافته است.

نیمتاج سلماسی که واقعه سلماس وکشتار آن‌جا را به رشته‌ی شعرکشیده، می‌سراید:

کیست که پیغام ما به شهر تهران برد — زگله در به در خبر به چوپان برد
کلاه‌داران ما پرده نشین گشته‌اند — معجر ما را صبا به فرق ایشان برد

و بدین‌سان باز هم پوشش زنان، به خواری بر سر راه می‌افتد.

(نک به تذکره اندرونی؛ شرح احوال و شعر شاعران زن در عصر قاجار تا پهلوی اول.)

مطالبات اجتماعی زنان برای زنان همان مطالبات مردان آزادی‌خواه و متجدد است.
اعتراض به ظلمت جهل و عقب افتادگی از قافله‌ی علم و کیسه بودن هیئت ظاهری زنان.
در واقع همه چیزروی حق مسلم دینی که طلب علم را فریضه بر زن و مرد مسلمان می‌داند
دور می‌زند:

قصیده‌ای از پروین:

زن در ایران پیش از این گویی که ایرانی نبود	پیشه‌اش جز تیره روزی و پریشانی نبود
زندگی و مرگش اندر کنج عزلت می‌گذشت	زن چه بود آن روزها گر زان که زندانی نبود
شور دانش را ز چشم زن نهان می‌داشتند	این ندانستن ز پستی و گران جانی نبود
میوه‌های دکه دانش فروزان بود لیک	بهر زن هرگز نصیبی زین فراوانی نبود

وطنیه‌ها از دیگر زمینه‌های موضوعی اشعار زنان هستند (مثل اشعار مهرتاج رخشان و
نیمتاج سلماسی و بدری تندری و...)

دهم

لازم است به این نکته هم توجه دهم که در این بررسی نظر با آن گونه شعری است که بتوان
بدان نام شعر داد وگرنه مثلاً ابیاتی چون این کلمات شاهدخت ملایری نیز وجود دارد:

من دخترکی فاضله و شاعره‌ام	در دوره خود چو مهستی نادره‌ام
این فخرم بس که ترک دنیا گفتم	سی می‌گذرد ز عمر و من باکره‌ام

(از رابعه تا پروین، ص ۱۵۹)

حضور زنان در اشعار مدحیه و حسن مخلص ها هم به شعر زنانه کاری ندارد. اگر چه
فخریه‌ها به ویژگی‌های مورد قبول فرهنگ روز اشاره دارد ولی به دلیل همگامی و پذیرش
مفاد مورد تقاضای جامعه‌ی مرد سالار در واقع مردانه هستند:

من آن زنم که به ملک عفاف صدرگزینم	ز خیل پردگیان نیست در زمانه قرینم
به زیر مقنعه ما را سری است لایق افسر	ولی چه سود که دوران نموده خوار چنینم
مرا ز ملک سلیمان بسی است ننگ همیدون	که هست کشور عفت همه به زیر نگینم

(دیوان مستوره کردستانی، ص ۷۴)

این شعر که باز هم با مفاهیم تکراری ادامه می‌باید از ماه شرف خانم مستوره کردستانی است که با حسن جهان خانم والیه دختر فتحعلی شاه، هر دو از همسران خسرو نام، والی کردستان بودند و بیت دوم چنان که هویداست تحت تأثیر پادشاه خاتون است. البته این فخر و نازش‌ها در مقابل تازش‌های اجتماعی و ادبی به زنان که نمونه‌ای از آن به اختصار ذکر می‌شود به زنان غرور و اعتماد به نفس اندکی می‌بخشد. چون این شعر پروین اعتصامی:

در آن سرای که زن نیست انس و شفقت نیست   در آن وجود که دل مرده، مرده است روان
به هیچ مبحث و دیباچه‌ای قضا ننوشت   برای مرد کمال و برای زن نقصان
زن از نخست بود رکن خانه هستی   که ساخت خانه بی‌پای بست و بی‌بنیان

(دیوان پروین، ص ۱۵۳)

یازدهم

شعر زنانه سرانجام با اشعار نمایانگر خواهش وجسم زن، جسم زنی که در ادب و عرفان اسیر بود، عصیان کرد و به زندگی این جهانی رسید (هرگز از زمین جدا نبوده‌ام). کسی بر آمدن زلف آشفته‌ای در نیم شبان بر بستر شاعر شیراز ایرادی ندارد ولی شاعری چون فروغ در نوک حمله‌ی تاریخ مردانه‌ی معاصر که بی‌توجه به عبور ویژگی‌های زنانه از ورای کلمات و واژه‌های تحت سیطره‌ی صوفیان و عارفان در خلوت‌هایشان به تجسم در می‌آید فروغ را مجازات می‌کند. اگر چه در راه عصیان زنانه و گفتن از ناکامی‌ها هم‌عقیده با پوران فرخزاد، ژاله را چاووشی خوان راهی می‌دانم که به فروغ ختم می‌شود (نیمه‌های ناتمام، ص ۲۰۹) اما ژاله در حیاتش، اشعارش را پنهان داشت و انتشار نداد و با کسی سخن نگفت و اگر اشعارش به همت پسرش چاپ نمی‌شد اکنون ما از این افکار بی‌نصیب بودیم:

مر زنان را بهر عشرتهای مرد   هیچ حقی نیست الا زیستن
سگ صفت با زشت و زیبا ساختن   گربه‌وش با پیر و برنا زیستن
ای ذخیره کامرانی‌های مرد   چند باید برده آسا زیستن
تن‌فروشی باشد این یا ازدواج   جان سپاری باشد این یا زیستن

(دیوان بانو عالمتاج قائم مقامی، ص ۱۵)

البته نباید فراموش کرد که این مطالبات اگر با آگاهی و رشد همه جانبه‌ی زنان همراه نباشد بازهم به سود مردان می‌انجامد چراکه زنان را به مسابقه‌ای در برآوردن این تمایل و اثبات حقانیت آن می‌کشاند که از پیش، بهره‌وران واقعی مشخص‌اند. مخالفانِ زنِ این روش را نیزوارد وادی گمراه کننده‌ی دیگری می‌کند و مبارزه با این حس انسانی و شریف آنان را به انکار طبیعت می‌رساند که حتی جنس خود را انکار کنند؛ از جنس خود متنفر باشند و آرزوی مردانگی نمایند یا پای برجای پای مردان نهند و به مردانی البته خنثی تبدیل شوند. به‌کار گیری واژه‌ی گناه در شعر معروف فروغ در دوره‌ی جوانی اوحاکی از درونی نشدن باور حقانیت تشفی این نیاز فیزیولوژیک و طبیعی است. در میان شاعران هم‌عصر فروغ تعدادی از زنان برای کسب علم و دانش و اثبات انسان بودن زنان درکنار مطالبات حقوقی کاملاً بر حق نسبت به نفی ویژگی‌های زنانه‌ای اقدام کردند که به عدم رضایت از خود، باز پرداخت بیشتر به جامعه‌ی مردسالار، برتر دانستن مردان و فروکاستن زنان انجامید.

دوازدهم

فروغ با سه مجموعه اولش: اسیر و دیوار و عصیان در این دوره‌ی جدید پیشرو و آوانگارد تلقی می‌شود درحالی که مضامین او بخشی از مطالبات قدیمی زنان است و نه تمام مطالبات.

هنوزکه هنوز است اگر زنی از عشق به مردی بنویسد آن را زمینی می‌دانند و به یار ازلی نسبت نمی‌دهند مگر شهرت آن شاعر مشخصاً در محدوده‌ی عرفان یا تصوف قابل توجیه باشد. حال آن‌که هر مرد شاعری می‌تواند در تفسیر شعر خود به تأویل عرفانی نیز امیدوار باشد. به سایر سخنان و مطالبات زنان که با زبانی متفاوت از زبان مردانه و کلمات غیر مرسوم گفته می‌شود نیز وقعی نهاده نشده و کار تحقیقی جدی‌ای روی آن انجام نشده است البته راجع به تفاوت نگاه زنان و مردان در ادبیات کلی گویی‌هایی می‌شود.

سیزدهم

ویژگی‌های شعر زنانه چیست؟ این سوالی بود که باید در ابتدا بدان جواب می‌دادم ولی بنا را برآن گذاشتم که می‌دانیم این اصطلاح بر چه حکایت دارد. شعر پروین اعتصامی

مثال خوبی است از ندانستن معنای شعر زنانه. همگان بر این باوریم که او حتماً زن بوده است چراکه به تاریخ معاصر تعلق دارد و در مورد او زیاده از حد اطلاعات در دست است. اما در بررسی شعر او به شهادت بررسانی چون دکتر زرین کوب «پروین، زنی مردانه در قلمرو شعر و عرفان» است. این تمجید به نظر نگارنده شمشیر دو دم است. مردانه سرودن به او جواز شاعری برجسته بودن می‌دهد ولی برخلاف طبیعت و سرشت نوشتن او را وارد وادیی می‌کند که مبین حالت مردی زن‌نماست. این تعریف ما را به اینجا می‌رساند ولی در مورد او می‌توان افزود که با عدم تقابل با ویژگی‌های مرسوم و جا افتاده‌ی شاعری، محافظه‌کارانه و پرده پوشانه عقاید متوسط مورد پذیرش جامعه‌ی مردسالار را با امضای زنانه مجدداً به دست تاریخ ادبیات سپرده است و برای اشعارش، جدال و شایعه سرایش توسط پدرش، دهخدا و ملک الشعرای بهار را نیز خریده است. این شایعات دلیل واضحی بر این معناست که شعر از شاعر دور است هر چند با شعر او می‌توان با این ادعا ستیزه کرد: «این افکار فقط از مغزهای مردانه تراوش می‌شود و زنان توان سترگ اندیشیدن ندارند و این حیطه‌ای است در اختیار مردانِ مرد.»

نکته قابل ذکر و حساس در این مورد این است که تا آنجاکه به این بحث مربوط می‌شود سخنان عام مربوط به انسان و انسانیت ملک طلق هیچ یک از این دو جنس نیست. اما به علت تملک این حوزه در ید اقتدار شاعران مرد، زنان اندکی توان همسری و برابری داشته‌اند که همانا یکی از اینان پروین اعتصامی است. روانش شاد. اما ایراد بر او این بیان نکردن عوالم زنانه است باوجود توان بی‌نظیر شاعریش.

به هر حال شعر او به رغم تقلیدی که از شاعران بزرگی چون ناصرخسرو و عطار و مولوی و گاهی نظامی و وحشی بافقی می‌کند حاصل صنعت خود پروین است ولی از غریزه‌ی زنانه و عسرت زنانه و اشک زنانه و خون زنانه و انتخاب و آرایش زنانه واژگان به دور است. از زمان خویشتن نیز به دور است و این جمله را به غیر از دریافت کلی و دانستن چند و چون نصیحت‌های تکراری او و از این جستجوی دکتر احسان یار شاطر می‌توان دریافت که در سال ۱۳۳۵ می‌گوید: «در فقر و رکودی که در بیست سی سال اخیر در شعر فارسی پیش آمده دیوان پروین حکایت از غنای قدیم می‌کند.» این ذکر نیز برای شاعر چیزی ندارد جز

این که واگوی چیزی است قدیمی که متناسب با سنت تاریخی ـ ادبی ادبیات مردانه و البته کلاسیک ایران است و به باشگاه مردان اختصاص دارد.

چهاردهم

باز هم به سؤال شعر زنانه چیست پاسخ داده نشد. بپردازیم به شاعری که مشخصاً همه او را زن‌ترین زن شاعر دانسته‌اند یعنی فروغ فرخزاد تا ببینیم از راه او و شعر او به این معنا دست می‌یابیم یا خیر؟ البته به خاطر بسپاریم که شاعری او مربوط به زمانی است که بسیاری از پارامترهای مرسوم شاعری و شعر سرایی عوض شده‌اند. نیما آمده است و شاملو و...که هر یک درگذار اندیشه‌های نوین در قالب‌های نوین و متناسب با زندگی نوین آزمایش‌ها کرده‌اند. دنیا در حال عبور از ساحت مألوف آسمانی به سوی گودال زمین است. هرکس سرکار خویشتن دارد و می‌خواهد به دنیای خود واقعیتی عینی ببخشد و خدایگان بی‌شماری مدعی آفرینش بهشت‌هایی آرمانی‌اند نه تنها برای خود که برای جای دادن بشر در آپارتمان‌های پیش‌ساخته‌ی آن. دیگر کسی از مداین فاضله و آرمان‌شهرهای قدیم استقبالی ندارد. جزئی نگری و بی‌مکانی می‌رود که حکومت مطلق خود را آغاز کند. دیگر شاعر این عصر جزو گروه کر موسیقی آسمانی نیست؛ خود تک خوان است و حالات خود را زمزمه می‌کند. فروغ در میان این گروه عظیم با صدای سوپرانویش که چون صدای پروین فالش نیست؛ با جسارتی کم نظیر آواز من هستم سر می‌دهد. تماشاچیان و شنوندگان این آواز که از تاریخ گذار زن از گدار تاریخ و از اقتدار آشکار و پنهان زن حتی از احتیال زن برای دست یافتن به هر آنچه حق طبیعی ادا نشده‌اش است بی‌اطلاعند، یکسر شگفت‌زده روی به سوی او می‌آورند و چون آن را پرده دری می‌دانند، سر درگم می‌شوند. جسارتش را می‌ستایند و آثارش را دست به دست می‌دهند ولی شهامت تأیید او را ندارند. چراکه او از خواست‌هایی سخن می‌گوید که خواست آشکار یا انکارشده‌ی نیمی از جامعه است که به نوعی درکنار آن یا درگیر با آن می‌زیند و از اینجاست که جسارت بیان یک خواست انسانی برای فروغ پل پیروزی می‌شود. در زیر شلیک خمپاره‌های تاریخ نجابت و انکار و ریا و دروغ، ساختن این پل و عبور از آن کاری است کارستان. اعتراض به جنس محوری که

توسط برخی از شاعران منتقد از جمله خانم پگاه احمدی مورد می‌یابد از این زاویه است. او می‌گوید: «زن بودن این شاعر به عنوان یک ممیزه در شاعری او منظور می‌شود و این جنسیت محوری، جایگاه واقعی شاعر و اثر او را مخدوش می‌کند و پیامد آن هم افراط و تفریطی از نوع اعتصامی و فرخزاد است. در یک برهه زمانی، نقاب مردانه پروین، متضمن تثبیت و پذیرش شعر او می‌شود و در برهه‌ای دیگر، زن ـ ابزاری شعر فروغ. این هر دو گرایش با استقلال اندیشه‌ی زن شاعر در تباین است. (شعر زن از آغاز تا امروز، ص ۲۴)

مطمئنم که خانم احمدی بر سایر پارامترهای شعر فروغ اعتراضی ندارد ولی این سؤال به ذهن می‌آید که در طول تاریخ ادبیات ایران تا چه حد مرد محوری، اساس ماندگاری بوده است؟ جهان و هر چه در او هست مردانه است و ابزار زنان همان است که آنها به زنان می‌دهند و حال زنی پیدا می‌شود و سعی می‌کند که ابزار زنانه را به کارگیرد. من بر این عیبی نمی‌بینم به خصوص که فروغ در بیان آن هم کاملاً مستقل است مگر این که نیاز مردان را به زنان عین حق و نیاز زنان را به مردان وابستگی معنا کنیم. مسئله تثبیت و پذیرش، امری تاریخی است اگر شعر این دوماندگار می‌شود اقبال و پذیرش شعر دوستان است از آثار آنان و سپس تغییر ذائقه‌ی ادبی جامعه در فاصله‌ی زمانی ظهور و محوشان. اشعار یک شاعر و خلاقیت او اگر پیوندی با اقبال عامه و تحت تأثیر قرار ندادن سایر شاعران نداشته باشد به سبک تبدیل نمی‌شود. بر عکس ایشان بر این عقیده‌ام که تقلید دیگران از شعر فروغ برای او کسر شأن که نیست هیچ که راه او را از یک زمزمه کوچک به همسرایی تاریخی تبدیل می‌کند و در زیر گنبد شعر مردانه به پژواکی می‌رسد که زنان بشنوند و جای خود را باز کنند اگر چه فروغ همواره تک خوا ن این اجرا باقی خواهد ماند.

فرامرز سلیمانی می‌گوید: «تأثیرگذاری فروغ از اجتماع پیرامون و زبان سهل و ممتنع او در شعر، موجب آن می‌شود که بر شعر مردان هم تأثیر بگذارد و همین دوباره به ما نشان می‌دهد که شعر زنان و شعر مردان دو وجه مقوله‌ای به نام شعر است و تأثیرگذاری ممکن است از هر یک از دو جنس باشد و پس زدن شعر زنان و محکم کردن جای شعر مردانه نوعی تحمیل بر کلیّت شعر است. (بارورتر از بهار، ص ۲۳)

اما این پایان کار نیست. چرا که تاریخ جاری است و مطالبات تاریخی هم در تغییرند.

فروغ نقش و رسالت خود را بازی کرد و رفت. اگر زنان امروز مطالباتی دیگر دارند باید فتیله چراغ خود را بالا بکشند و بر زمانه خود نور بیندازند. فرخزاد شعر زنان را تا بدینجا آورده است، حالا اگر نیازی و اندیشه‌ای دیگر حقانیت دارد و به دنبال حاکمیت می‌گردد حتماً شاعران متعدد مستعد امروز شعله خود را بر خواهند افروخت و آنچنان با جهان برخورد خواهند کرد که از میزان آسیب بر خود بکاهند و دچار ترس و یأس نیز نشوند. در برآورد توانایی خود و حقانیت خود نیز دچار اشتباه نشوند تا در جدال با جامعه کم نیاورند. اهل هنر همه در حال آزمایش دنیاهای خیالی یا آرمانی خویش‌اند و برای نمایش آن به تماشاچیان نیاز دارند و میزان نیاز به این بینندگان و وابستگی هنرمند بدانان است که هنر مستقل و هنر وابسته را می‌آفریند. «هنر، پاسخ دادن به یوسف گم‌گشته‌ی کنعان طلب روح آدمی است او را به فرعونیت مصر چکار؟»

پانزدهم

در این جا شعر زنان به سیمین بهبهانی می‌رسد. شعر سیمین که «از دهه ۱۳۶۰ به دلیل نوآوری‌های معنوی و صوری مورد توجه ویژه‌ای قرار گرفته است.» (ترنم غزل، ص ۲۸) به نظر من همیشه بر تارک شعر این سرزمین از زن و مرد خواهد درخشید. سیمین جمع بین تن و جان، روح و جسم، و اندیشه و عمل است؛ نه به انکار زنانگی‌اش نشسته است و نه مغزش را با مسائل سرگرم کننده و مسخ‌ساز مؤنثان پر کرده است؛ نه لاف عصمت می‌زند و نه اندیشه رهبری گله گم شده را دارد. اقتدار زنانه او از نوع اقتدار کهن - رب‌ه النوع‌هایی آریایی است همراه با خرد مدرن. شاید که او جواب سؤال پگاه باشد چرا که مبتکر در طبع آزمایی در اوزان دشوار عروضی و خلاقیت در استفاده از اوزان جدید و به کارگیری موم‌وار هر موضوع چه در ارتباط با زنانگی و چه در ارتباط با اندیشه سیاسی و اجتماعی است.

شبی همرهت گذر به سوی چمن کنم　　ز تن جامه برکنم ز گل پیرهن کنم
به دست ستیز تو سپارم زمام دل　　به پای گریز تو زگیسو رسن کنم
به قهرم گذاشتی مرا با تو آشتی　　به تقدیم جان نشد، به تسلیم تن کنم
برو و دوش و سینه را به لب‌هایت بسپرم　　سپید شکوفه را کبود سمن کنم

به اعجاز یک نگه دلت رام اگر نشد　　سرانجام چاره را به سحر سخن کنم
غرور بنفشه را به چشم تو بشکنم　　سر زلف خویش را شکن در شکن کنم...
(کولی و نامه و عشق، ص ۹۲)

یک متر و هفتاد صدم افراشت قامت سخنم
یک متر و هفتاد صدم از شعر این خانه منم
زشت است اگر سیرت من خود را در او می‌نگری
هی هاکه سنگم نزنی! آیینه‌ام می‌شکنم
یک مغز و صد بیم عسس فکر است در چارقدم
یک قلب و صد شور هوس شعر است در پیرهنم
ای جملگی دشمن من جز حق چه گفتم به سخن
پاداش دشنام شما آهی به نفرین نزنم
انگار من زادمتان، کژتاب و بدخوی و رمان
دست از شما گر بکشم، مهر از شما برنکنم
انگار من زادمتان، ماری که نیشم بزند
من جز مدارا چه کنم با پاره‌ی جان و تنم؟
هفتاد سال این گله جا ماندم که از کف نرود
یک متر و هفتاد صدم گوری به خاک وطنم (؟)

آیا می‌توان به این نتیجه رسید که توقع ما از شعر زنانه باید این چنین قله‌ای داشته باشد؟ به نظرم که این تا حدودی پایان کار است. حال با این معیار می‌توانیم وارد بررسی مضمونی و سبکی و هنری شعر هر شاعر زنی بشویم و با تعیین میزان این دو زمینه او را شاعری به وحدت رسیده بدانیم یا متعلق به یکی از دو قطب. اگر چه شعر آنچنان یکپارچه در تجلی است که گاه به هیچ یک از معیارهای تدوین شده سواری نمی‌دهد. تذکر این نکته نیز ضروری است که غرض از شعر اجتماعی یا سیاسی نه ازگونه شعار است که در

اشعار برخی از زنان شاعر مبارز نیز دیده می‌شود.

مقایسه اشعار مرضیه احمدی اسکویی و غزال آیتی که هر دو درگیر مبارزه‌ی مسلحانه با رژیم پهلوی بودند یکی از این وجه افتراق‌هاست که در مجلد ششم بررسی جایگاه زن ایرانی به آن پرداخته‌ام. در زمینه شعر متعهد بحث بسیار است و در این مقال نمی‌گنجد به ویژه که در مورد مردان شاعر مبارز نیز صدق می‌کند.

«افتخار» از مرضیه احمدی اسکویی:

من مادرم/من خواهرم/من همسری صادقم/من یک زنم/زنی از ده کوره‌های مرده جنوب/زنی که از آغاز/با پای برهنه/دویده است سرتاسر خاک تف کرده دشت‌ها را.

من از روستاهای کوچک شمالم/زنی که از آغاز/در شالیزار و مزارع چای/تا نهایت توان گام زده است.

من از ویرانه‌های دور شرقم/زنی که از آغاز/با پای برهنه/عطش تند زمین را/در پی قطره‌ای آب در نور دیده است.

زنی که از آغاز/با پای برهنه/همراه با گاو لاغرش در خرمنگاه/از طلوع تا غروب/از شام تا بام/سنگینی رنج را لمس کرده است.

من یک زنم/از ایلات آواره دشت‌ها و کوه‌ها/زنی که کودکش را در کوه به دنیا می‌آورد/و بزش را در پهنه دشت از دست می‌دهد/و به عزا می‌نشیند.

من یک زنم/کارگری که دست‌هایش/ماشین عظیم کارخانه را به حرکت در می‌آورد/و هر روز/توانائیش را دندانه‌های چرخ/ریز ریز می‌کنند پیش چشمانش/زنی که از عصاره جانش/پروارتر می‌شود لاشه خون‌خوار/و از تباهی خونش/افزون‌تر می‌شود سود سرمایه‌دار/ زنی که مرادف مفهومش/در هیچ جای فرهنگ ننگ‌آلود شما / وجود ندارد.

که دست‌هایش سپید/قامتش ظریف/که پوستش لطیف/و گیسوانش عطرآگین باشد.

من یک زنم/با دست‌هایی که از تیغ برنده رنج‌ها/زخم‌ها دارد./زنی که قامتش از نهایت بی‌شرمی شما/در زیر کار توان‌فرسای / آسان شکسته است./زنی که پوستش آئینه آفتاب کویراست/و گیسوانش بوی دود می‌دهد.

من زنی آزاده‌ام/زنی که از آغاز/پا به پای رفیق و برادر خود/دشت‌ها در نور دیده

است./زنی که پرورده است/بازوی نیرومند کارگر / و دست‌های پر قدرت دهقان را/من خود کارگرم/من خود دهقانم/تمامی قامت من نقش رنج/و پیکرم تجسم کینه است.

چه بیشرمانه است که به من می‌گویید/رنج گرسنگی‌ام خیال/و عریانی تنم رویا است.

من یک زنم/زنی که مرادف مفهومش/در هیچ جای فرهنگ ننگ‌آلود شما/وجود ندارد.

زنی که در سینه‌اش دلی/آکنده از زخم‌های چرکین/خشم است.

زن که در چشمانش/انعکاس گلرنگ گلوله‌های آزادی/موج می‌زند/زنی که دستانش را کار/برای گرفتن سلاح پرورده است.

(مختصری از زندگی انقلابی فدائی شهید مرضیه احمدی اسکویی، ص ۱۶۶)

"ازگذشته ها"

دست‌هایت آیا
و یا چشمانت
شاید که راستین گفتارت؟
نمی‌دانم
ولیک
خوب می‌دانم
تو به من
استقامت سروهای پیر پایدار را بخشیدی
و من
در عرصه‌ی نبرد خواهم ماند.

۴۸/۱۱/۲۲ تهران (دستخط غزال آیتی)

منابع:

۱. از رابعه تا پروین، کشاورز صدر، تهران، ناشر: مولف، ۱۳۳۴.

۲. بارورتر از بهار؛ نقد و بررسی و نمونه‌هایی از شعر زنان ایران، فرامرز سلیمانی، تهران، دنیای مادر، ۱۳۷۰.

۳. به زیر مقنعه؛ بررسی جایگاه زن ایرانی از قرن اول هجری تا عصر صفوی، بنفشه حجازی، تهران، نشر علم، ۱۳۷۶.

۴. تاج الرجال؛ رابعه عدویه، بنفشه حجازی، تهران، شالیزار، ۱۳۸۲.

۵. تذکره اندرونی؛ شرح احوال و شعر شاعران زن در عصر قاجار تا پهلوی اول، بنفشه حجازی، تهران، قصیده‌سرا (و) روشنگران، ۱۳۸۲.

۶. ترنم غزل؛ بررسی زندگی و آثار سیمین بهبهانی، کامیار عابدی، تهران، آذر، ۱۳۷۹.

۷. چند کلمه از مادر شوهر؛ امثال و حکم مربوط به زنان در زبان فارسی، بنفشه حجازی، تهران، فرزان روز،۱۳۸۵.

۸. حضرت طاهره، نصرت‌الله محمد حسینی، کانادا، موسسه معارف بهائی، ۲۰۰۰.

۹. دیوان بانو عالم‌تاج قائم مقامی (ژاله)، به کوشش پژمان بختیاری، تهران، ابن سینا، (۱۳۴۵؟).

۱۰. دیوان حافظ

۱۱. دیوان کامل جهان ملک خاتون، به کوشش پوراندخت کاشانی راد (و) کامل احمد نژاد، تهران، زوار،۱۳۷۴.

۱۲. دیوان مستوره کردستانی (ماه شرف خانم)، به کوشش احمد کرمی، بی جا بی‌نا، ۱۳۶۲.

۱۳. زنان ترانه؛ بررسی حضور زن در ترانه‌ها و اشعار عامیانه ایران، بنفشه حجازی، تهران، قصیده سرا، ۱۳۸۴.

۱۴. شاهنامه فردوسی

۱۵. شعر زن از آغاز تا امروز، پگاه احمدی، تهران، نشر چشمه، ۱۳۸۳.

۱۶. ضعیفه؛ بررسی جایگاه زن ایرانی در عصر صفوی، بنفشه حجازی، تهران، قصیده‌سرا، ۱۳۸۱.

۱۷. کیمیای سعادت، ابوحامد محمد غزالی طوسی، به کوشش حسین خدیو جم، تهران، شرکت انتشارات علمی و فرهنگی،۱۳۶۴.

۱۸. لغت نامه دهخدا

۱۹. مصیبت‌نامه، شیخ فریدالدین عطار نیشابوری، به اهتمام و تصحیح نورانی وصال، تهران، زوار، ۱۳۷۳.

۲۰. مهستی‌نامه، فریدون نوزاد، تهران، دنیای نو، ۱۳۷۷.

۲۱. نپرس چرا سکوت می‌کنم، بنفشه حجازی، تهران، گیل، ۱۳۷۶.

۲۲. نیمه‌های ناتمام؛ نگرشی نو در شعر زنان از رابعه تا فرو، پوران فرخزاد، تهران، تندیس، ۱۳۸۰.

• متن سخنرانی در مراسم اولین جایزه‌ی شعر خورشید، دانشکده علوم اجتماعی دانشگاه تهران، ۲ دی ماه ، و منتشر در سایت جایزه‌ی شعر خورشید و...

| نقش ترانه‌های عامیانه در انتقال میراث تاریخی، |
فرهنگی و اجتماعی با تاکید بر مسائل زنان

بدون آن که قصد ورود تخصصی به حیطه‌ی شعر متعهد و اقسام آن را داشته باشم یا تفاوت با شعر غیر متعهد در نظرم باشد به طور خلاصه می‌گویم که شعر بدون تعهد وجود ندارد. هر گوینده و سراینده‌ای منطبق با تربیت و آموزش و زمان و آرمان خود به چیزی تعهد آشکار یا پنهان دارد.

یا به سیاست متعهد است: که در شعر کلاسیک ایران به گونه‌ای به ریای حاکم، ظاهر فریبی، زهد ریایی، خوردن مال اوقاف و فساد محتسب و شیخ و که و که می‌پردازد یا چون دوره‌ی مشروطه با وضوح تمایلات سیاسی و وابستگی به روس و انگلیس و... و جهت‌گیری‌های سیاسی را هدف قرار می‌دهد. در دوره‌ای با وضوح کامل و در دوره‌ای با

استعاره‌ها و پیچش‌ها و تصویرسازی‌های خاص.

یا متعهد به اخلاق است: که به پند و نصیحت و موعظه می‌پردازد و از مردمان می‌خواهد که از شرور دوری گزینند چون اکثر اشعار حکیمانه‌ی شعرای مرد و زن ایرانی از فردوسی تا پروین اعتصامی.

یا به ادبیات، بیشتر متعهد است: با نمونه‌های فراوانی در اشعار طبیعت‌گرای سبک خراسانی و سایر سبک‌ها. و البته در دیوان اکثر شاعران به ترکیبی از این انواع برمی‌خوریم. و این‌ها همه در شعر کلاسیک رسمی قابل ردیابی است.

شعر رسمی به علت مشخص بودن نام شاعر و گوینده، همواره مورد حمله، نقد و جریمه و سانسور بوده است. همچون توبه و استغفار سوزنی سمرقندی از هجا، به زندان افتادن مسعود سعد سلمان و در دوره معاصر نیز که خود بهتر می‌دانید.

اما شعر غیر رسمی ایران یعنی اشعار عامیانه با وجود ماهیت ستم ستیز، ضد استبداد، و کوبنده و هوکننده و تحقیرکننده‌ی ظالم غیر قابل تعقیب است. شعر در جنگل نهضت‌های مردمی پنهان می‌شود و به نبرد می‌پردازد. به عنوان نمونه:

کسانی تصنیفی در هجو مظفرالدین شاه سروده و به سرپرست سازنده‌ها و نوازنده‌های ناصرالدین شاه -زنی به نام حاجی قدم شاه -داده بودند که درمجالس عیش و طرب بخواند:

برگ چغندر اومده   آبجی مظفر اومده
چادر و چاقچورش کنید   از شهر بیرونش کنید[1]

این خانم به سختی مجازات شد ولی شعر بر سر هر کوی و برزن خوانده می‌شد. البته این شعر بار تحقیر زنان را دارد که خود موضوع بحثی دیگر است.

یکی از مؤثرترین راه‌های تحقیر مردان و سرکوب آنان توهین به نوامیس و شخصیت زنان آنان است. یکی از افرادی که با توهین به دخترش، با او مبارزه کرده و او را حقیر می‌شماردند کنت دومونته فورته ایتالیایی الاصل و تبعه‌ی دولت اتریش بود که سنگ اولیه نظمیه (شهربانی) تهران و بالنتیجه سراسر ایران راگذاشت. ناصرالدین شاه در سال ۱۸۷۹/۱۲۹۶ پس از مراجعت از سفر دوم اروپا از روی نمونه‌ی اروپایی، اداره‌ی پلیس را تأسیس کرد و کنت

---

۱. بررسی حضور زن در ترانه‌ها و اشعار عامیانه، بنفشه حجازی، قصیده سرا، ۱۳۸۴.

دو مونته فورته را در رأس آن قرار داد. رئیس پلیس علاوه بر مراقبت در نظم و ترتیب آراستگی پایتخت با تدابیر جدی، بستن فاحشه خانه‌ها یا تمرکز دادن آنان در بعضی محله‌های شهر مانند چال سیلابی یا "گودی سیلابی" می‌کوشید تا به فسق و فجور پنهانی سرو سامانی بدهد. البته کنت مذکور خالی از معایب فراوان نبود و بسیار چاپلوس و فرصت طلب و پول دوست و مداخل پرست بود. مردم به او واداره‌ی پلیس وی زیاد طعنه می‌زدند... و در جواب اقدامات کنت، تصنیفی برای دخترش که نام او را لیلا گذاشته بود ساختند که از تهران گذشت و در شهرهای مختلفی چون اصفهان و شیراز در کوچه و بازار می‌خواندند.

لیلا را بردند چال سیلابی	بخشش آوردند نان و سیرابی
لیلا را بردند دروازه دولاب	براش خریدند ارسی و جوراب
لیلا را بردند حمام گلشن	کنت بی‌غیرت چشم تو روشن
فلفل تند است لیلا	دختر کنت است لیلا
لیلا ملوس است	ننه‌اش عروس است...[۲]

(اصفهان ۱۳۰۲ ق)

یکی دیگر از تصنیف‌ها، هجو حاجی کاظم ملک التجار از طریق توهین به دخترش، خانم منور است. حاجی در اواخر عصر ناصری در لباس تجارت به فتنه‌گری در سیاست می‌پرداخت و بعد از مشروطیت هم به عنوان تأسیس شرکتی برای ساختن راه تهران ـ آستارا مبالغ هنگفتی مردم را سرکیسه کرد و پول افرادی را که به او اعتماد کرده بودند خورد:

قافله ی شیراز بادوم بارشه

خانم منور جلو دارشه

رفتم به بازار پولم کم شده

خانم منور عاشقم شده

حالا بیا تا می خوریم

شراب از مال غیر خوریم

---

۲. اشعار عامیانه ایران (در عصر قاجاری)، گردآورنده والنتین ژوکوفسکی، به اهتمام و تصحیح توضیح عبدالحسین نوایی، تهران، اساطیر، ۱۳۸۲، ص۷۰.

عزیز دلم دِ بیا

....

خیلی خوشگلم دِ بیا[۳]

(تهران ۱۳۱۷/۱۳۱۶ ق)

شعر غیر رسمی (عامیانه) یا طی زمان توسط افراد بیشماری ساخته شده و صیقل خورده و سراینده‌ی واحد و مشخصی ندارد که یا به زبان فارسی است یا به زبان‌های غیر رسمی یا لهجه‌های محلی، یا اینکه افراد با ذوقی به طور ناشناس آن را سروده و رواج داده‌اند. شاید زمانی هم مردم سراینده را می شناخته و به علت عدم ثبت، فراموش شده‌اند. مثل این شعر:

در سال هزار و سیصد و بیست — رفتم به خونه دیدم زنم نیست

گفتم همسایه زنمو ندیدی — گفت هیچی نگو شوهر منم نیست[۴]

اما شعر عامیانه تاریخ مردمی را در خود حفظ و کمبود توجه شاعران رسمی را به مسائل اجتماعی و مردمی تا حدودی جبران می‌کند. شعر عامیانه راستگو، طبیعی و بدون پیشداوری و ستیزه با روان انسان است.

در شعر رسمی صنعتی است به نام عرایس الشعر و آن آوردن نام محبوب و معشوق شاعر است که بعضی حالت تلمیح دارد یعنی اشارتی است به مثلاً داستان شیرین و فرهاد و لیلی و مجنون... و کسب قدرت برای بیان احساس شاعرانه نسبت به محبوبه:

شیرین:

حکایت لب شیرین کلام فرهاد است — شکنج طره‌ی لیلی مقام مجنون است

لیلی:

بار دل مجنون و خم طره‌ی لیلی — رخساره محمود و کف پای ایاز است

سلمی:

سبت سلمی به صدقیها فوادی — و روحی کل یوم لی ینادی

نگارا بر من بیدل ببخشای — و واصلنی علی رغم الاعادی

---

۳. همان، ص ۵۹.

۴. کهنه‌های همیشه نو (ترانه‌های تخت حوضی)، گردآورنده مرتضی احمدی، تهران، ققنوس، ۱۳۸۰، ص ۳۲.

شعر عامیانه مشحون از نام دلبران است:

خیرالنساء:

شبی که منزلم پول فسا بود	دو دستم گردن خیرالنساء بود
دو دست کردم لبونش را ببوسم	کلیدش نقره و قلفش طلا بود[۵]

زبیده:

می دس دس نزن، دستبند طلایی
می دس دس نزن مال ریکایی
زبیده حالا لا بنداز ما رو خو بیته
زبیده یارو بیته
وی چشمی روبرو بیته
همین ماه تو بیته
زبیده تی چشمه قربون، ما رو خو بیته[۶]

هما:

هما تومنو دیوونه نکن	اسیر هر در میخونه نکن
هما به نگاه من نگاهی	اشکم به تو می‌دهد گواهی
تور عروسی به سرداری و من بی‌خبر	دامن چینی تو کرده منو با خبر

(شیراز ۱۳۰۳ق)

شعر شاعران زن در طول تاریخ ادبیات ایران فاقد نام محبوب است مگر تا حدودی تلمیح نام مردانی چون یوسف، ایاز، خسرو، فرهاد.

از رابعه بنت کعب قزداری که داستان عشقش به غلامش بکتاش مشهور است و جان بر سر این عشق می‌گذارد تا مهستی که شهرآشوب هایش برای او جز دردسر ادبی چیزی نیاورده

۵. اشعار عامیانه ایران (در عصر قاجاری)، گردآورنده والنتین ژوکوفسکی، به اهتمام و تصحیح توضیح عبدالحسین نوایی، تهران، اساطیر، ۱۳۸۲، ص ۱۵۵.

۶. فرهنگ عامیانه مردم ایران، صادق هدایت، گردآورنده جهانگیر هدایت، تهران، نشر چشمه، ۱۳۷۸ هدایت، ص ۲۱۵، (ترانه‌ای از کجور).

(او عاشق امیر احمد پسر خطیب گنجه بوده است.) تا حتی فروغ که به عنوان تنها زن زنانه
سرای معاصر اشعارش از نام محبوب خالی است و تا آنجا که من می‌دانم دیگر بانوان نیز.
اما در شعر شاعران مرد معاصر ما شاهد عرایس الشعر هستیم. شاملو از رکسانا نام
می‌برد، محمد حقوقی از مانا، سید علی صالحی از ری را و مسعود احمدی از ثریا و...
و اما در شعر عامیانه بدون توجه به جنبه‌های زیبایی شناختی کلمات مثل تقلید از لیلا
و سلما و ساختن مانا و ری را و ثریا نام‌های محبوب و عروس شعر شاعران متنوع است و
حضور نام مردان در اشعار زنانه چنین است:

محمد علی ـ مهدی:

نسائی و نسائی و نسائی	شدی پیر و نبستی یک حنائی
الهی ممدعلی جونت بمیره	خود مهدی بگردی آشنائی

رضاقلی:

سر دست هما ترمه‌ی گلیه	رفیق هما رضا قلیه
سردست هما حنای خبیصه	شلوار هما پارچه قمیصه
اروسی هما پاشنه نخوابه	شلوار هما شیر در قرابه
چشمون هما بی‌سرمه مسته	ورگوکه هما می‌خونه بسته
سوارت می‌کنم به اسب سرکش	واست می‌خرم یه طاقه مفرش
دل من دست هما تنگ اومده	دال و کاف و نون و میم و جیم
بر پیش تو جنگ اومده	امروز سه روزه هما گروخته
پنج من قر خوب سلف فروخته[۷]	

(شیراز ۱۳۰۳ ق)

شعر عامیانه بیانگر روابط خانوادگی زمان است:

تضاد زنان و شوهران:

یک زنی دارم که گلین باجیه	صبح تا شب مشغول وراجیه
هیچی بلد نیست بجز اشکنه	هر چی به دستش برسه می‌شکنه

---

۷. اشعار عامیانه ایران (در عصر قاجاری)، ص ۱۷۵.

وای از اون روزی که مهمون داریم   مرغ و مسما و بادمجون داریم
تا که می‌گم راه برو شل می‌شه   زود کف دستش پر تاول می‌شه
تا که می‌گم کار بکن شل می‌شه   خودشو به اون راه می‌زنه خل می‌شه
حرف به گوشش می‌زنم کر می‌شه   یا که دور از جون کَمَکی خر می‌شه
کی می‌شه این خانم پر فیس و باد   با من بی‌چاره کمی راه بیاد[8]

مادرشوهر و عروس:

مادر شوور غرغری   تا کی می‌کنی چغلی؟
سماورو وردار با قری   گوشه‌ی حیاط نشسته باش
مقاش به دست داشته باش   مژه‌ت و بکن یواش یواش
کار به عروس نداشته باش[9]

زن بابا:

زن بابا خرم کرده   توبره به سرم کرده
از خونه درم کرده   این ور اون ورم کرده
این گور اون گورم کرده   غرغرش منو کشته
خورخورش منو کشته ...[10]

هوو:

هوو دارک خداکم   دل بی‌قرارک خداکم
یه دستی داشتم این قدر   حالا هوو کرده این قدر
یه پایی داشتم این قدر   حالا هوو کرده این قدر
یه دهانی داشتم این قدر   حالا هوو کرده این قدر
یه زبونی داشتم این قدر   حالا هوو کرده این قدر

این شعر ادامه می‌یابد با چشم و بینی و ابرو و گوش تا بند آخر:

---

۸. کهنه‌های همیشه نو (ترانه‌های تخت حوضی)، ص ۳۹.

۹. فرهنگ عامیانه مردم ایران، ص ۱۹۰.

۱۰. کهنه‌های همیشه نو (ترانه‌های تخت حوضی)، ص ۲۰.

هوو دارک خداکم　　　دل بی‌قرارک خداکم

سنگ مزارک خداکم[۱۱]

(تهران ۱۳۱۶ ق)

جالب آن که در شعر عامیانه و رسمی تساوی جمال‌پرستی وجود دارد و اشعار از توجه به دختر تا زن و سپس زن مسن نوسان توصیفی دارند ولی در شعر عامیانه زن چهره‌ی زمینی دارد و لمس شدنی است و فاقد تأویل عرفانی و امکان اشاره به عشق الهی است:

از اون بالا می‌آد یک گله دختر　　　همه چادر به سر مثل کبوتر

از اون بالا می‌آد یک دسته حوری　　　همه چادر به سر سینه بلوری[۱۲]

محبوبه‌ی شعر عامیانه لامکان نبوده و درکوی غاتفر درسمرقند پنهان نیست و نام شهر و دیار اومشخص است:

خداوندا من ازکشتی می‌آیم　　　امشب یا فردا شب

برای دختر رشتی می‌آیم　　　نصف شب یا سر شب

الهی بشکنه لنگر کشتی　　　نصیب من شود دختر رشتی

(اصفهان ۱۳۰۲ و تهران ۱۳۱۶ ق)

دو تا یاری گرفتم ناگهونی　　　یکی رشتی یکی مازندرونی

به قربون سر رشتی بگردوم　　　دل از دست می‌بره مازندرونی[۱۳]

(تهران ۱۳۱۶ ق)

در شعر عامیانه زنان با صفا و سادگی و از روی حقیقت از احساس خود حرف می‌زنند. اعتراف‌های ساده‌ی عشاق و راستگویی آنان خون پاکی دررگ این اشعارمی‌دواندکه انسان کلیشه شده‌ی کلیشه پرست با خواندن آن‌ها باز هم می‌تواند گرمای زندگی را بر تن خود احساس کند:

اگر یار منی ترک سفرکن　　　مکن چارو داری کار دگر کن

---

۱۱. اشعار عامیانه ایران (در عصر قاجاری)، ص ۱۶۳.

۱۲. فرهنگ عامیانه مردم ایران، ص ۱۷۹.

۱۳. اشعار عامیانه ایران (در عصر قاجاری)، ص ۱۷۲،۳۵.

اگر خواهی کنی چارواداری   مرا ول کن برو فکر دگر کن[۱۴]

اشعار عامیانه فقط به دلجویی و عشق‌بازی و نازدادن محبوب و محبوبه اکتفا نمی‌کند که انتقاد از زنان را نیز شامل می‌شود چنان که بدگویی از مردان را...

شعر زیر که دلبر من نام دارد یکی از جالبترین اشعار در انتقاد از زنان است ولی تضاد مردان را هم نمایش می‌دهد. (قرار دادن این شعر به عنوان عامیانه با توسع انجام یافته است):

دلبری دارم به ظاهر شیک و پیک و نونوار   لیک اندر زشت‌خویی همچو برج زهر مار
او ز دست من پکر من از جفای او شکار   می‌کنم همچون کلاغ از هجر روی آن نگار
قار و قار و قار و قار
قار و قار و قار و قار

از شکم همچون تغار و از دهن همچون تنور   شکل او در روز همچون گربه و در شب سمور
ناخن تیزش ز تیزی همچو چنگال طیور   می‌کنم چون قورباغه در وصالش با غرور
قور و قور و قور و قور
قور و قور و قور و قور

خویشتن را نوجوان داند ولی گردیده پیر   از چروک و چین رخش گشته است مانند حصیر
نی غلط گفتم رخ دارد چو نان سر خمیر   می‌کنم چون سوسک اندر هجر آن ماه منیر
جیر و جیر و جیر و جیر
جیر و جیر و جیر و جیر

روی او بسیار زشت و خوی او بسیار نیک   در غم من بی‌طرف با پول و مال من شریک
چهره‌اش مانند خوک و پیکرش مانند خیک   می‌کنم گنجشک‌وار از شوق آن اندام شیک
جیک و جیک و جیک و جیک
جیک و جیک و جیک و جیک

من ز روی عجز چسبیدم بدو همچون سریش   تاب دادم بر سبیل و شانه افکندم به ریش
تا مگر یک دم مرا آن نازنین خواند به پیش   گربه‌ام انگارو او سویم کشد با دست خویش
پیش و پیش و پیش و پیش

---

۱۴. ترانه‌های محلی به انضمام بازی‌های محلی، گردآورنده ابوالقاسم فقیری، شیراز، محمدی، ۱۳۴۲، ص ۳۲.

پیش و پیش و پیش و پیش

گفتم ای زیبا صنم تاکی بمانم در فراق　　بس که دنبالت دویدم هر دو پایم شد چلاق

رحم کن بر من که آخر طاقتم گردیده طاق　　زین سخن بنمود چون سگ آن نگار قلچماق

واق و واق و واق و واق

واق و واق و واق و واق

گفت شو دور از برم ای عاشق لات دبنگ　　دیگر از دست تو من والله خلقم گشته تنگ

گر بگویی بار دیگر سخن‌های جفنگ　　می‌خوری چک تاکه از دردش نمایی بی‌درنگ

ونگ ونگ ونگ ونگ

ونگ ونگ ونگ ونگ[۱۵]

سایر کلمات خوارکننده:

به غیر از فحش ناموسی «قحبه، زنان را با کلمات و واژه‌های دیگری نیز سرکوب و تحقیر می‌کرده‌اند. رایج‌ترین آن‌ها واژهای زیر هستند:

پتیاره، شلخته، عفریته، زنیکه، وراج و...

سایر اطلاق‌هایی که از دل اشعار بیرون کشیده شده‌اند عبارت‌اند از:

منگ، خنک، خل، خوک، خیک، لوس، بی‌نمک، همیشه خواب، پر فیس و باد، نادون، ناقلا، بی‌حیا، کوتوله ،سیا سوخته (طرز ادای دو صفت آخری در معنای مورد نظر گوینده دخالت می‌کند.)

برخی از انتساب‌های زشت به نظر می‌رسد متناسب با رفتار زنان ساخته شده است مثل: لات قلدر، بزن بهادر، آتیش گرگر، برج زهر مار، قلچماق. اما فحش‌هایی که زن‌ها در دعوا و اختلاف به یکدیگر می‌داده‌اند بیشتر حالت نفرین داشته است:

وربپری، ورپریده، جونمرگ شده، جلمبر شده، مرده‌شور برده، الهی بمیری، به قربونم بشی، خیر نبینی، آتیش پاره، خرمگس، کور، شل.

۱۵. کهنه‌های همیشه نو (ترانه‌های تخت حوضی)، ص ۱۰۵.

بد و بیراه زنان به مردان:

کلماتی که زنان برای تخلیه روانی خود خطاب به مردان می‌گفته اند عبارت‌اند از:

شمرِ ستمگر، ببر، کرم خاکی، پدر سگ (سگ پدر)، عنتر، تریاکی، بی‌نمک، بی‌حیا، بی‌غیرت، بی‌حمیت، دیوث، لات، دبنگ، مرتیکه، دهان گاله، ریش به ان، خیک پاره.

مسائل دیگری چون ازدواج، اختلاف سن عروس و داماد، جهیزیه، توقعات زوجین از یکدیگر، روابط عاطفی، موانع ازدواج، صیغه و زن بیوه نیز از دیگر مباحث مطروحه در اشعار و ترانه‌های عامیانه است.

کار زنان و ترانه‌های کار از دیگر موضوعاتی هستند که بخش مهمی را به خود اختصاص داده‌اند. کارهایی چون قالیبافی، ریسندگی، پختن نان، دوشیدن شیر و تهیه‌ی لبنیات، و کار در مزرعه، بچه‌داری و نگهداری از اطفال و پخت و پز.

از نظر مناسبات و ارتباطات دوجنس نیز اشعار قابل بررسی هستند که بخش مهمی از این بررسی در بررسی‌های کتاب «زنان ترانه» قابل پیگیری هستند.

منبع:

- سخنرانی درخانه میرزا کوچک خان جنگلی، رشت، ۲۰ آبان ۱۳۸۴.

| زندگی و افکار عالمتاج قائم مقامی (ژاله) |

اشعار بانو عالمتاج قائم مقامی را پسرش ـ پژمان بختیاری ـ انتشار داد. شاید عمل او سعی برگرفتن انتقام مادری باشد که در دوران کودکی و نوجوانی او را از دیدارش محروم کرده بودند بعد از تردیدهایی که نسبت به صحت چاپ کتاب پروین اعتصامی توسط برادرش انتشار یافته، چندان اطمینانی به کامل بودن دیوان و خلوص اشعار ژاله نیست ولی به هر حال شک آن اندازه نیست که مانع کار شود و البته پژمان بختیاری نیز در مقدمه‌ی دیوان به دستکاری‌های واژگانی اشاره کرده است ولی در مورد حذف اشعار بینه‌ای موجود نیست. در راه عصیان زنانه و گفتن از ناکامی‌های زنان، ژاله آغازگر است و اگر اشعارش به همت پژمان چاپ نمی‌شد اکنون ما از همین میزان از افکار او نیز بی‌نصیب بودیم.

به هر رو همه‌ی جوانی عالمتاج نتیجه قائم مقام ثانی به گفته‌ی خودش در آرزوی عشق گم شد و نصیب او جز خیال‌پردازی نشد. زیبایی‌اش برایش عاقبتی نداشت و خواست او که بهره رساندن به همسر از راه سجایای اخلاقی یک زن اصیل بود نیز برای شوهر بهایی به اندازه زیبایی‌اش نداشت. «وصلت سیاسی» بین دو خانواده برای ژاله، همسری پیر و عبوس و گریزان از خواست‌های یک زن حساس تدارک دید که زندگی را برای او تلخ ترکرد:

وصلت ما وصلت یغماگر و یغما شده‌ست　　　اوست مردی زن گرفته من زنی شوهر زده

و پس از داشتن یک فرزند و مرگ یک فرزند دیگر و هفت سال زندگی توأم با حسرت تفاهم این وصلت به طلاق انجامید. پس از مرگ همسر باز هم سرپرستی تنها فرزندش را به او ندادند و تا توانستند آزارش کردند.

زندگی‌نامه او به قلم فرزندش در ابتدای دیوان سعی جمیلی است برای حفظ حرمت مادر و احترام پدر و در واقع حفظ روان نویسنده یعنی پسری که در نه سالگی نیز پدر از دست داد و تحت سرپرستی پسر عمه‌اش قرار گرفت. اما دو موضوع درباره‌ی زندگی ژاله در ابهام است. یکی از بین رفتن غزل‌هایش آن طور که پسرش نیز مدعی از بین بردنشان توسط ژاله است:

دیوان خویشتن را به آتش دهم بعمداً　　　زان پیشتر که افتد آتش به دفتر از من

در زیرنویس همین صفحه از نسخه بدلی یاد می‌شود که ژاله گفته است:

«تا خود بجا نماند نامی به دفتر من»

این نسخه بدل آیا تلاشی برای القای فکر «شکسته نفسی و خفض جناح» بر ژاله نیست؟ یا ترس ژاله است از آشکار شدن افکار پیشرو و رادیکالش:

تن‌فروشی باشد این یا ازدواج　　　جان سپاری باشد این یا زیستن

یا

عفتی کز ترس برخیزد سرافرازی ندارد　　　بی‌بی از بی‌چادری البته در منزل نشیند

یا

زن هم آخر چون تو ای زانصاف دور　　　خواهشی دارد که گاهش رهزن است

یا

تا ما ضعیف و نان خورمردیم وگوشه جوی　　　راهی بجزاطاعت مرد قدیرنیست

کسی که در مذمت گوشه جویی شعری چنین می‌سراید که رقصی چنان میانِ میدانِ طلبِ آزادی زن است می‌شود که بنشیند و کاری نکند؟ یا تنها خواب تعبیر کند و به کتاب‌های کف بینی و قیافه شناسی دل ببندد؟ (خودش در بیتی به این نوع مطالعه اشاره کرده است) البته این امور در جای خود ایرادی ندارد بلکه برجسته کردن این بخش از زندگی ژاله توسط پسرش و پنهان‌کاری او ایراد دارد که احتمالاً به خاطر شرایط خودش (پژمان) مایل نبوده که اشعار و گفته‌هایی از ژاله انتشار یابد.

پژمان می‌نویسد که در سال ۱۳۱۲ رباعیاتی از مادرش چاپ کرده که مورد اعتراض مادر واقع شده. خب باید که عالمتاج اعتراض کند بر چاپ رباعیات! زنی که می‌سراید:

اجتماعی هست و نیروئی زنان را در فرنگ　　　در دیار ما هم ار زن جمع گردد فرد نیست

خود تو گوئی رخت بخت و دامن اقبال ما　　　جز به دست کولی رمال صحرا گرد نیست

شاعری که چنین می‌گوید:

مرد اگر مجنون شود از شور عشق زن رواست　　　زان که او مرداست وکارش برتراز چون و چراست

لیک اگر اندک هوائی در سر زن راه یافت　　　قتل او شرعا هم ار جایز نشد عرفا رواست

بر برادر بر پدر بر شوست رجم او از آنک　　　عشق دختر عشق زن بر مرد نامحرم خطاست

البته که راضی نخواهد بود از انتشار رباعی در باره‌ی دوری فرزند و اثر آه و...

و دومین موضوع مبهم در زندگی عالمتاج قائم مقامی ارتباط اجتماعی اوست. اشعار خطابی و اعتراضی و افشاگرانه باید مخاطب داشته باشند و «سخنرانیِ کاغذی» دور از ذهن است! شعر عاشقانه و غزل خلوت می‌خواهد اما اشعار دیگری که خطاب به زنان و دختران و پیشگویی آینده‌ی زنان و آرزوی آزادی زن است نمی‌توانسته بدون مخاطب باشد. ارتباط اجتماعی موضوعی است که آقای پژمان بختیاری اجازه می‌دهد در دیباچه‌ی بدون امضای کتاب مادرش طرح شود اما خودش در مقدمه‌اش در این باره حرفی نمی‌زند. این که در آن زمان «جماعتی از بانوان روشنفکر انجمنی ترتیب نموده با سخنرانی‌ها و قرائت مقالات و اشعاری از قبیل شعرهای (عالمتاج قائم مقامی) در صدد جستجو و به دست آوردن راهی بوده‌اند که مقداری از بار سنگین حکومت مرد بر زن را بکاهند و یا شاید واسطه

العقد آن اجتماع نیز همین بانوی سخن پرداز بوده باشد.» (ص چهار دیوان)

تولد عالمتاج را سال ۱۲۶۲ شمسی (۱۳۰۱ قمری) نوشته‌اند و تاریخ ازدواجش را ۱۲۷۷ یا ۱۲۷۸ در پانزده شانزده سالگی. اگر هفت سال زندگی مشترک او را هم اضافه کنیم باید بعد از طلاق میزان فعالیت ادبی او بیشتر هم شده باشد که اشعار قابل توجهی از مجموع ۹۱۷ بیت او و این را بیان می‌کند. این حساب سرانگشتی ما را می‌رساند به سال ۱۲۸۵ شمسی (۱۳۲۴ قمری) زنی بیست و دو بیست و سه ساله و نهضت مشروطه.

نگاه به روز شمار این دوره روشنگر این است که افکار ژاله نه تنها در صندوق خانه و لای کتاب‌هایش آن طور که پژمان می‌نویسد خاک نمی‌خورده که اصولاً شرایط تاریخی، راهنما و محرک ژاله برای سرایش اشعاری است که در حال حاضر زنان مبارز در ایران نیز به احتیاط از آن سخن می‌گویند.

از حضور زنان در به پیروزی رساندن مشروطه در می‌گذرم و برخی از اقدامات اجتماعی زنان را پس از صدور فرمان مشروطه در تهران یادآور می‌شوم:

• در ۱۴ جمادی الثانی ۱۳۲۴ با فرمان مشروطه روزنامه مجلس از درخواست یکی از زن‌ها مبنی بر این که دولت جدید باید در رابطه با حقوق زنان مسئولانه رفتار کند، می‌نویسد که مجلس در جواب می‌گوید: در امور خاصه رجال از قبیل علوم پلتیکی و امور سیاسی فعلاً مداخله ایشان اقتضا ندارد. (سالنمای زنان، ۱۳۷۸)

• در ۱۰ شوال ۱۳۲۴ روزنامه مجلس نوشت: بیوه زنان کشور ما گوشواره‌ها و دستبندهای خود را برای ادای قرض دولت و تأسیس بانک داخله حاضر کرده و هریک می‌خواهند در این باب بر دیگری سبقت بگیرند.

«روزی در پای منبر سید جمال واعظ در مسجد میرزا موسی، زنی به پا خاسته چنین گفت: دولت ایران چرا از خارجه قرض می‌کند. مگر ما مرده‌ایم؟ من یک زن رختشوی هستم. به سهم خود یک تومان می‌دهم دیگر زن‌ها همه حاضرند.» (تاریخ مشروطه ایران، ص ۱۹۴)

• در ذیحجه ۱۳۲۴ (۳۰ دی ۱۲۸۶) میتینگی از زنان تهران تشکیل شد که در آن ۱۰ ماده از خواسته‌های زنان به تصویب رسید. از جمله این خواسته‌ها تأسیس مدارس دخترانه،

تعدیل و تخفیف در میزان صداق و نیز حذف جهیزیه‌ی سنگین برای دختران با این استدلال که به جای پول صرف شده برای جهیزیه بهتر است آن را در راه آموزش دختران هزینه کنند .(سالنمای زنان، ۱۳۷۸)

• در ۲ ربیع الثانی ۱۳۲۵ عده‌ای از زن‌ها در بهارستان گرد آمده و خواستار تدوین قانون اساسی شدند و البته با کمال تعجب از برخی از نمایندگان مجلس شورا در ازای این حرکت... جواب «محرک دارید»، شنیدند. (هدفها و مبارزه زن ایرانی، ص ۵۶)

تاریخ مشروطه‌ی ایران (ص ۳۳۰) در این باره می‌نویسد: روز چهارشنبه بیست و چهارم اردیبهشت در اینجا (تهران) نیز تکانی پدیدار شد بدین‌سان که گروهی از زنان دسته‌ای بستند و برای طلبیدن قانون اساسی به مجلس رفتند.

• در ۱۶ ربیع الثانی ۱۳۲۵ روزنامه‌ی حبل‌المتین نوشت: «پانصد تن از زنان در جلو خان بهارستان گرد آمده و فریاد عامه زنده باد مشروطه، پاینده باد قانون، و نیست و نابود باد استبداد، معدوم باد مستبدان، بلند بود.»

• در ۲۲ رجب ۱۳۲۵ روزنامه‌ی حبل‌المتین، لایحه‌ی یکی از خواتین را در جواب کسانی که اعلامیه داده بودند و مدارس دخترانه را خلاف اسلام می‌دانستند چاپ کرد: «خدا جل جلاله در کجای کلام‌الله و احادیث این مطلب را فرموده‌اند ... خیلی فرق است ما بین خدای ما که طلب علم را بر نسوان واجب نموده و خدای شما که علم را بر زنان حرام کرده...» گویا این مقاله توسط بی‌بی خانم استرآبادی نوشته شده بود. (سالنمای زنان، ۱۳۷۸)

• در ۲۳ شعبان ۱۳۲۵، «اتحادیه‌ی نسوان همتی به خرج داد و اندیشه بدیعی آورد دایر بر این که: اگر رهبری سیاست به آن تفویض شود با اجرای سریع نقشه‌ی چهل روزه‌ی خود از عهده‌ی اصلاح امور این ملک بی سر و سامان برخواهد آمد. مخدرات نوشتند که اکابر دولت ما مردمان بیکاره‌ای هستند و مجلسیان هم زیاده ور می‌زنند. ما با شاه و وزرا کاری نداریم زیرا آنها همه وقت بوده‌اند. از وکلا می‌خواهیم که استعفا بدهند و به مدت چهل روز اداره‌ی امور را به دست ما بسپارند به شرط آنکه عار نداشته باشند. در این مدت ما وکلا انتخاب می‌کنیم، وزرا انتخاب می‌کنیم، قانون را صحیح می‌کنیم، نظمیه را صحیح می‌کنیم، حکام را تعیین می‌کنیم، ریشه ظلم و استبداد را از بیخ می‌کنیم، ظالمین را قتل می‌کنیم،

انبارهای جو و گندم متمولین را می‌شکنیم، کمپانی برای نان قرار می‌دهیم، خزانه‌های وزرا را که از خون خلق جمع و در سرداب‌ها گرد آورده‌اند بیرون می‌آوریم، بانک ملی بر پا می‌کنیم، عثمانی را عقب می‌نشانیم،... قنوات شهری را صحیح می‌کنیم و آب سالم به مردم می‌خورانیم، کمپانی برای اداره‌ی شهر معین می‌کنیم. بعد از این اصلاحات از خدمت استعفا کرده تا بقیه را دیگران اصلاح کنند... زن‌ها می‌توانند آنچه را که می‌خواهند.» (ایدئولوژی نهضت مشروطیت ایران، ج۲، ص ۱۳۵)

• در بهار ۱۳۲۶ قمری انجمن نسوان لایحه‌ای به یکی از وکلای مجلس تقدیم می‌کند که در آن تقاضا می‌شود که تجمعات زنان به رسمیت شناخته شود. مجلس حق تجمع آنان را می‌پذیرد اما از آنها به طور علنی حمایت نمی‌کند. (سالنمای زنان، ۱۳۷۸)

• در ۱۳ ذیقعده ۱۳۲۸ «انجمن مخدرات وطن» نامه‌ای به مجلس می‌فرستد و در مورد به تعویق افتادن تصویب قانون اساسی می‌گوید: ملت تمام شد. ملت نفسش به آخر رسید. اگر فی‌الحقیقه از عهده خدمت به ملت بر نمی‌آیید کناره بگیرید تا ملت فکری به حال روز سیاه خودش بکند. (سالنمای زنان، ۱۳۷۸)

فعالیت زنان در تب و تاب مشروطه خواهی همگامی با مردان مشروطه خواه در مقابله با استبدادطلبان و سنت‌گرایان بود و در عین حال خواست‌های مشخص جامعه‌ی زنان و بهبود شرایط زندگی زن ایرانی را نیز در بر داشت. آنها پس از جنبش مشروطیت با همان شیوه‌ای که مردان اتخاذ کرده بودند سعی بر تحقق خواست‌های خود از طریق انتشار روزنامه‌ها و مجله‌ها، ایجاد انجمن‌ها و تأسیس مدارس داشتند.

در سال ۱۲۹۹ با تشکیل حزب کمونیست ایران و رشد جنبش‌های ملی، سازمان‌های سیاسی زنان نیز در شهرهای مختلف ایران شکل گرفت که با تلاش خواستار رفع موانع از سر راه فعالیت سیاسی زنان بود.

زنان گیلان در سال ۱۳۰۶ خورشیدی جمعیتی به نام «پیک سعادت» را در رشت به وجود آوردند. همزمان با تشکیل این سازمان جمعیتی به نام «نسوان وطنخواه» در تهران تشکیل شد. در اصفهان نیز جمعیتی به شکل اتحادیه صنفی از زنان تشکیل شد. در شیراز «مجمع انقلابی نسوان» با همت زند دخت شیرازی کار خود را با جسارت تبلیغ می‌کرد. در اواخر سال

۱۳۰۵ در تهران جمعیت «بیداری نسوان» تشکیل شد. مقارن همین ایام در قزوین جمعیت دیگری با مرام‌نامه‌ی مشابه جمعیت بیداری نسوان به نام «انجمن نسوان» تأسیس شد.

در سال ۱۳۲۸ در تهران «سازمان دموکراتیک زنان ایران» تشکیل و در بیشتر شهرهای ایران شعباتی از آن دایر گردید. انجمن‌هایی مانند «اتحادیه غیبی نسوان»، «انجمن مخدرات وطن»، «انجمن همت خواتین»، «انجمن حریت نسوان»، از دیگر انجمن‌هایی بودند که تشکیل شدند.

حال آیا توجه زنی مانند او را به این وقایع باید تحت‌الشعاع داشتن شوهری با بیش از ۲۵ سال اختلاف سن و اختلاف فرهنگی قرار داد و دوری از فرزند را برای او علم کرد و یا تنهایی و بی‌عشقی‌اش را به سوگ نشست؟

پژمان می‌نویسد: «من از بعضی جهات به مادرم حق می‌دهم که از همسری با پدرم ناراضی باشد اما به صورت مطلق او را ذی‌حق نمی‌دانم چرا که در آن روزگار قسمت اعظم نسوان ایران با او همانند بوده‌اند. بسیاری از آنان با هووهای متعدد در یک خانه می‌زیسته‌اند و از زندگی شکایت نمی‌کردند و برای خود حقی بیش از آن قایل نبودند.»

این داوریِ فرزند آن بانوست که در تبرئه‌ی پدر یا شرایط آن روزگار تسلیم است و ظلم‌پذیر و معتقد به این که ظلم بالسویه عدل است.

مرد سیما ناجوانمردی که ما را شوهرست

مر زنان را از هزاران مرد نامحرم‌ترست

آن که زن را بی‌رضای او به زور و زر خرید

هست نامحرم به معنی ور به صورت شوهرست

گر چه در ظاهر رضای ماست سامان بخش کار

لیک لبهای «بلی گو» بر دهان مادرست

شرط تزویج ار بود نه سالگی در دین ما

هم بلوغ جسمی و عقلی دو شرط دیگرست

در دگر جا دختر نه ساله گر بالغ شود

جان خواهر جای آن سودا نه در این کشورست

دختر نه ساله شوهر را چه می‌داند که چیست
کی عروسک باز را جامه عروسی در خورست
فطرت حیوان از ین منکر گریزانست لیک
مرد ما مردی نما در عرصه این منکر است
مردی‌ای خواهر به روی و جامه و اندام نیست
این عوارض جملگی فرعست و اصلش جوهرست
جوهر مردی نه در نیروی جسم است ای حبیب
ورنه گرگ و فیل هم پر زور و سنگین پیکرست
مردی و نام آوری در جنگ و در بیداد نیست
هر خروسی را هم ای جان تاج مردی بر سرست
تا نگوئی صید و نخجیرست جاه افزای مرد
کرکس اندر کوهساران سخت صید افکن ترست
تا نپنداری که باگردن کشی مردست مرد
شاخ تبریزی هم این سان است اما بی برست
دعوی مردی نه در اعمال حیوانی‌ست نیز
ورنه گنجشک است کش عنوان مردی زیورست
نقش مردی را علاماتی است پیدا و نهان
و آن که را اینها نباشد هرکه باشد بی‌فرست
روح روشن خوی خوش دست قوی طبع کریم
هرکه دارد گرچه مملوکست بر زن سرورست
پر فتوت با محبت پاکدامان پاک دل
خوش روش با دوستان صافی درون با همسرست
عزت نفسش عیان و ریزش جودش نهان
با شهامت با شرف خوشنام و والاگوهرست
آن که زن را نیز موجودی چو خود داند ازآنک

در اجم شیرست شیر، ار ماده باشد ور نرست

زن هم آخر همچو او خونست و ستخوانست و گوشت

ور به تن باشد زبون از جان و دل نیرو ورست

اینچنین مرد ار زر و سیمش نباشد گو مباش

زان‌که او را خوش خویی سیم‌ست و خوشنامی زرست

ور بجز نانی جوین در کف ندارد گو مدار

کان خورش در کام زن خوشتر ز شیر و شکرست

مجملی گر بایدت از این مفصل گوش دار

آن که با همسر بود صافی درون او شوهرست

وین چنین شوی ار نصیب تست شادا عالمت

ورنه آن نامحرمی کت گفتم آنک بر درست

اگرچه خواندن اعتراضات و گفته‌های عالمتاج در قالب شعر زیباتر است ولی در این صورت مجبور به درج مجدد دیوان شعرش می‌شویم لذا به طور خلاصه به اعتراضات او در اشعار اشاره می‌کنیم:

- اعتراض به خشونت زناشویی (Marital Rape)
- اعتراض به زن آزاری
- اعتراض به حرمسرا ـ محبسِ خانه
- اعتراض به رفتارهای غیر شرعی(ازدواج‌های بدون رضایت دختران)
- اعتراض به بازیچه بودن و ملعبه بودن زن در دست مرد
- اعتراض به حقیر دانستن زن
- اعتراض به دوری از فرزند
- اعتراض به فرزند ناخواسته
- اعتراض به بی‌پناهی زنان
- اعتراض به شرایط طلاق
- اعتراض به تعدد زوجات ـ مردان شهوت‌ران

- اعتراض به وضعیت بیوه‌گی
- اعتراض به قیود مختلف برای زنان و آزادی در همان زمینه‌ها برای مردان
- اعتراض به نبودن چراغ علم
- اعتراض به وضعیت مسکینان و نقد اغنیا و اقویا
- تشویق زنان به جنبش: همتی، شوری، قیامی، کوششی
- اندرز به زنان برای ایجاد همبستگی و اتحاد

نازش او به زن بودن از جنبه‌های قوی افکار این زن شاعر است:

نام مردی برتوای ننگ آزما فرخنده باد　　من زنم وینک به نام نیک زن ساغر زنم
گر ترا شمشیر در دست است و بازو آهنین　　من به نوک خامه پهلو با پرندآور (شمشیر) زنم
مرد گشتن کار سهل و زن شدن کاری شگرف　　کیست منکر تاش ره با عقل برهان‌گر زنم

به هر رو اگر انتشار اشعار او را به بعد از مرگ او در سال ۱۳۲۵ محدود کنیم با عنایت به شرایط سیاسی و اجتماعی این زمان از تأثیرگذاری این اشعار تا حدود زیادی کاسته‌ایم و چاپ رباعی‌های ایشان در سال ۱۳۱۲ نیز راهی به دهی نیست و فخری نه برای پژمان بختیاری دارد و نه عالمتاج و نه زنان چراکه در ردیف این اشعار تا آن تاریخ بسیار سروده شده بوده است. اشعار او صرف نظر از قدرت شاعری و استواری و انسجام کلام و فصاحت چشم‌گیرش در سبک خراسانی بهایش را از دلپسندی و بکارت مضمونی و جسارت و صراحت و افشاگری می‌گیرد.

اگرچه هنوز در این سنه (۱۳۹۹) حرف‌هایی از لون حرف‌های عالمتاج زدن شیردلی می‌خواهد ولی منظور این است که پیشگامی اندیشه‌های او درگرو قدمت آن نیز هست.

ارتباط شعری‌اش را با دختر عموی مفتری (منیر)، تبریک به دوستی (اختر) برای ازدواج مناسبش، دادن پاسخ دندان‌شکن به خواستگار سمج همسایه، نمایانگر ارتباط او با جامعه است. گیرم که از سر تنهایی و بی‌همدمی و ترس از افترا به خاطر بیوه‌گی و زیبایی خانه نشین باشد و طرف صحبتش شانه و سماور و لباس و آینه که آن هم نه از سر خودشیفتگی است که چون «ننه مومی» از داستان‌های مشدی گلین خانم، برای دق نکردن از تنهایی و نترسیدن شبانه و روزانه است:

بسکه می‌ترسم ز غمازان و بدگو جاهلان		با تو می‌گویم حدیثی در خفا ای آینه

تهور عالمتاج در ستایش از عشق زنانه که سلف‌اش رابعه جان در راه آن گذاشت با روشی که نتوانند در او به دیده‌ی خلاف‌کار بنگرند جسارت بانویی است در زمانی که هنوز خواندن سوره‌ی یوسف بر زنان منع بود.

عشق و زن در زمانه همزادند		من زنم ای عزیز و عشق فنم

عاشقم گو بکوبد از سر جهل		غیرت مرد مشت بر دهنم

عاشقم وزکسیم پروا نیست		دیده بگشاکه پرده برفکنم

به هر رو عالمتاج با کلام خویش پیِ اخذِ حقِ رفته، دستی از آستین به درآورد و با پیشگویی خود در دل زنان ایرانی امید کاشت. اگر چه حتی فرزندش این افکار مادر را ناشی از خودستائی و غرور می‌دانست.

پیشگویی او دلیلی است بر آگاهی او از اجتماع و در جریان شرایط اجتماعی ایران و جهان بودن و «مافوق عصر بودن فکرش» چنانکه خود سروده است:

دختر فردای ایران دختر امروز نیست		گر بخواهی ورنه برگیرند بند از پای من

آخر این بازیچه زن برمسند مردان زند		تکیه وز صهبای عشرت پر شود مینای من

من نخواهم دید آن ایام دولت ریز را		لیک خواهد دیدنش آنکو بود همتای من

می‌وزد آخر نسیمی از دیار زندگان		سوی این اقلیم و جان یابد ازو اعضای من

کودکی نوخاسته‌ست آزادی فردا ولی		خفته خوش در دامن امروز من فردای من

فکر من این بود و رویا دیدن روزی چنین		ای خوشا روز شمایان فرخا رویای من

نور چشما دخترا آینده اندر دست تست		قدر نعمت را بدان ای گوهر یکتای من

منبع:

۱- زندگی و افکار عالمتاج قائم مقامی(ژاله)، مدرسه فمینیستی، ۵ مهر ۱۳۸۹.

افکار سیاسی ـ اجتماعی پروین اعتصامی

سبب پرداختن به اشعار خانم پروین اعتصامی، به غیر از انس زمان تحصیلات رسمی، توجه خاص و متفاوت او به واژه‌ی «قفس»[1] است و این‌که چرا اقبال عمومی از اشعار او تا

۱.

گفت با صید قفس، مرغ چمن / که گل و میوه، خوش و تازه رس است
بگشای این قفس و بیرون آی / که نه در باغ و نه در سبزه، کس است
گفت با شبرو گیتی چه کنم / که سحر دزد و شبانگه عسس است
ای بسا گوشه که میدان بلاست / ای بسا دام که در پیش و پس است
در گلستان جهان یک گل نیست / هرکجا می‌نگرم خار و خس است

به این حد زیاد است.

اگر با شیوه‌ی نقد ادبی مبتنی بر بررسی همه جانبه‌ی تاریخی ـ اجتماعی به اشعار او نزدیک شویم پاسخ پرسش فوق در دسترس خواهد بود. مطابق این نوع بررسی که مشخصاً شکل‌ها، سبک‌ها و مفاهیم را محصول شرایط تاریخی می‌داند، آثاری واجد ارزش هستند که این شرایط را به نحو هر چه عمیق‌تر و گسترده‌تری در خود منعکس کنند چه در شرایط تاریخی ـ اجتماعی مشابه، چه در شرایط متفاوت.

با این متر و معیار به سراغ اشعار پروین اعتصامی می‌رویم تا ببینیم این اشعار تا چه حد محصول شرایط خاص تاریخی خود است ـ با این توجه که این بررسی محدود بوده و تنها در حدِ تذکراتی روشن‌گر خواهد بود. برای ورود به چنین مبحثی از آن‌جا که می‌توان احوال شخصی، خانوادگی و تحصیلاتی را هم به صورتی پارامترهایی اجتماعی تلقی کرد به شرح حال او اندک اشاره‌یی می‌کنیم. پروین از پدری آشتیانی و مادری تبریزی ـ در خانواده‌یی اهل ادب و کتاب در ۲۵ اسفند ۱۲۸۵ هجری شمسی در تبریز به دنیا آمد. در پنج سالگی، به تهران آمد. در سال ۱۳۰۳ مدرسه‌ای آمریکایی را تمام کرد. مدتی کوتاه به کارکتاب‌داری پرداخت ولی آن را رها کرد. در سال ۱۳۱۳ با پسر عموی پدرش که رئیس نظمیه‌ی کرمانشاه بود ازدواج کرد. دو ماه و نیم بعد به منزل پدری برگشت. نه ماه بعد

هم‌چو من غافل و سرمست مپر　　قفس آخر نه همین یک قفس است

در جایی دیگر:

چو گل و لاله نخواهد ماندن　　سیرگاهی ز قفس خوش‌تر نیست
چمن ار نیست قفس خود چمن است　　به خیال است به دیدن گر نیست

در جایی دیگر:

کنج قفس چو نیک بیندیشی　　چون گلشن است مرغ شکیبا را

و در قطعه‌ی سرنوشت:

قفس نه جز قفس است ار چه سیم و زر باشد　　که صحن تنگ همانست و بام تنگ همان
درآشیانه‌ی ویران خویش خرسندیم　　چه خوش دمی‌ست درآباد دیدن زندان

طلاق گرفت و سرانجام در شب ۱۶ فروردین ۱۳۲۰ بر اثر بیماری (سل یا حصبه) درگذشت.[۲]
عصر پروین، عصر تغییرات سریع سیاسی و اجتماعی است و به تبع آن تغییرات فرهنگی نه تنها در ایران که در تمام جهان. عصر او عصر کنار گذاشتن کهنه‌ها و قرارگرفتن بر سر چند راهی پذیرش نوهاست.

در مردادماه همان سالی که پروین متولد می‌شود مظفرالدین شاه فرمان حکومت مشروطه را امضا می‌کند. پس از صدور این حکم و درگذشت مظفرالدین شاه، محمدعلی شاه روی کار می‌آید.

این دوره، دوره‌ی تأسیس روزنامه‌ها و بسته شدن آن‌ها، حمله‌ی عثمانی، فرار یا تحصن علما و نویسندگان و شاعران، تمرین‌های مجلس و مجلس‌داری و جنگ‌های بین طرفداران مشروطه و استبداد است. دوره‌ی کرّو فرّلیاخوف و به توپ بستن مجلس است و دستگیری‌ها و تبعید و اعدام روزنامه‌نگاران و در این میان درخشش دو اسم ستارخان و باقرخان، و مسائل آذربایجان و گیلان و خلع محمدعلی شاه و سه سالگی پروین.

زمان آمدن احمدشاه است و حمله‌ی روس‌ها و کشتار مردم تبریز و پنج سالگی پروین. وقوع جنگ جهانی اول است و حدوداً هفت هشت سالگی پروین که می‌نویسند سنی است که او شعرگفتن را آغاز کرد.

زمان حمله‌های عثمانی و آلمان و روسیه است و درگیری‌های حزبی، شیوع بیماری‌های همه‌گیر، قحطی، کشتار و چپاول و نزاع‌های قومی و مذهبی. زمان خیانت‌ها، اعدام‌ها، ترورها و خودفروشی و وطن‌فروشی و وطن‌پرستی. پایان جنگ جهانی اول است و دوازده سالگی پروین.

همان مسائل ادامه دارد تا آمدن رضاخان و چهارده سالگی پروین. زمان استقرار حکومت نظامی است و قیام‌ها و توقیف‌ها و فرارها و خلاصه جنگِ خیر و شر، استقلال و وابستگی و مبارزه‌ی قلم با گلوله و این حدود سال ۱۳۰۰ است که پس از آن حدود بیست سالِ دیگر پروین در زمان پهلوی اول زندگی می‌کند. اشاره به وقایع آن روزگاران را با فرض

---

۲. روز شمار تاریخ ایران از مشروطه تا انقلاب اسلامی فوت او را بر اثر بیماری سل دانسته است و لغت‌نامه دهخدا بیماری او را حصبه.

اطلاع خوانندگان، تیتروار ذکر می‌کنیم: ادامه‌ی نزاع‌های مذهبی، اعتصاب‌ها، استعفاها، زد و خوردهای خونین بین قوای روس و چریک‌ها، دار زدن یاغی‌ها، درگیری‌های مجلس با رضاخان، نزاع بین طرفداران و مخالفان رضاخان، تظاهرات به منظور تغییر رژیم جمهوری به سلطنتی، ۱۳۰۳ و قتل عشقی، خلع سلاح عشایر، تظاهرات خلع قاجاریه و مخالفت‌های مجلس و سرانجام اردیبهشت ۱۳۰۵ و تاج‌گذاری رضاخان و بیست سالگی پروین.[۳]

از این تاریخ تا زمان مرگ پروین خبری نیست جز قدرت‌نمایی‌های رضاشاه و فعالیت تیغ دو دم اصلاحات و تجدد و ارتباط با جهان برای تغییر کلاه ملت تا نهم شهریور ۱۳۱۸ و دستور حمله‌ی آلمان به لهستان توسط هیتلر و حدوداً سی و سه سالگی پروین و قتل‌های بی‌صدای مبارزان و روشنفکران در زندان‌ها و سرانجام شب شانزده فروردین ۱۳۲۰ و مرگ پروین و ندیدن بیست و پنج شهریور ۱۳۲۰.

کی این روز سیه گردد دگرگون　　　چه تدبیرم برد زین حبس، بیرون[۴]

چنان که دیدیم، دوران پروین، دوران «هجوم فتنه‌های آسمانی» است و جامعه‌ی زمان او «سفینه‌یی که در آن فتنه بود کشتی‌بان»

صاعقه در عصر پروین، «ستم اغنیا» بود و «قسمت مردم درد و غم و ابتلاء» و روزی ملت «در دهان اژدها».

در عوض رنج و سزای عمل　　　آن‌چه رعیت شنود، ناسزاست

---

۳. با وجود مختصاتی که برای عصر پروین برشمردیم، بیهوده است که آرزو کنیم ای کاش اشعار، تاریخ سرایش می‌داشتند ولی اگر مصادیق این سخنان یافته شود به اهمیت گفته‌های این بانوی فکور و مبارز خاموش پی خواهیم برد:

ترا پاسبان است چشم تو و من　　　همی خفته می‌بینم این پاسبان را

یا:

سمند تو زی پرتگاه از چه پوید　　　ببین تا به دست که دادی عنان را

یا:

پیرو دیوانه شدن ز ابلهی‌ست　　　موعظت دیو شنیدن خطاست

۴. از مثنوی صید پریشان، ص ۲۲۳، دیوان پروین اعتصامی به کوشش محمد تقی بابایی.

چند شود بارکش این و آن   زارع بدبخت مگر چارپاست
کار ضعیفان زچه بی‌رونق است   خون فقیران زچه رو بی‌بهاست
عدل چه افتاد که منسوخ شد   رحمت و انصاف چراکیمیاست

پروین در قالب مناظره‌ی «برزگر و پسرش» به بیان مختصات جامعه‌ی عصر خود می‌پردازد:

پیر جهان دیده بخندید کاین   قصه‌ی زور است نه کار قضاست
مردمی و عدل و مساوات نیست   زان، ستم و جور و تعدّی رواست

پروین با آگاهی از مسائل عصر خود با حساسیت نسبت به آشتی‌جویی دشمنانِ دوست‌نما واکنش نشان می‌دهد و در قالب گفت‌وگوی موش و گربه و آشتی‌جویی گربه می‌گوید:

خلاف معرفت و عقل، ره چرا سپریم   به روی دشمن خود در چگونه بازکنیم
حدیث روشن ظلم شما و ذلّت ما   حقیقت است چرا صحبت از مجازکنیم

پروین، روشن‌بین و صریح، سهم قصور برخورد ملت را با جهان بیان می‌دارد:

به کار خویش نپرداختیم نوبت کار   تمام عمر نشستیم و گفتگو کردیم
به وقت همت و سعی و عمل، هوس راندیم   به روز کوشش و تدبیر، آرزو کردیم
بسی مجاهده کردیم در طریق نفاق   ببین چه بیهده تفسیر جاهد واکردیم
چو نان ز سفره ببردند، سفره گستردیم   چو آب خشک شد اندیشه‌ی سبو کردیم
چه عهدنامه نوشتیم، اهرمن خندید   که اتحاد نبود این‌که با عدو کردیم

پروین در آن زمان که «گرگ نزدیک چراگاه و شبان رفته به خواب»، به زیبایی شرح وقایع می‌کند:

سموم فتنه کرد آهنگ تاراج   ز تن‌ها سر، ز سرها دور شد تاج
قبای سرخ گل دادند برباد   ز مرغان چمن برخاست فریاد
ز بُن برکند گردون بس درختان   سیه گشت اختر بس نیک‌بختان
ز نرگس دل، ز نسرین سر شکستند   ز قمری پا زبلبل پر شکستند

میزان حساسیت و آگاهی این خردمند زن شاعر را از آن‌جا می‌توان دریافت که در مناظره‌ی «بط و ماهی» می‌گوید:

چنان نهفته و آهسته می‌نهند این دام   که هیچ فرصت ترسیدن و رمیدن نیست

او در بیان بی‌یاور بودن ملت می‌سراید:

به بزم فرومایگان ایستادن　　نشستن به دریوزه در رهگذاری
ز بیم هژبران پناهنده گشتن　　به گرگی سیه‌دل به تاریک غاری

و در گفت‌وگوی جغد و طوطی است که فریاد برمی‌آورد: «چه سود صحبت شاهان، چو نیست آزادی» در عصر پروین اعتصامی، راهِ خدا گم، مقصد ناپیدا، فکرت راهروان یکسره آز و هوا، لقمه‌ها لقمه‌ی سالوس، ملت کاهل، بازار روی و ریا داغ، پاها در راه کج و شحنه‌ها دزد.

بیگانه دزد را به کمین می‌توان گرفت　　نتوان رهید ز آفت دزدی که آشناست
بشناس فرق دوست ز دشمن به چشم عقل　　مفتون مشو که در پس چهره چهره‌هاست

روزگار پروین روزگار موج و طوفان و سیل و ورطه است.[5]

در خانه شحنه خفته و دزدان به کوی و بام　　ره دیولاخ و قافله بی‌مقصد و مرام
در خانه گر که هیچ نداری شگفت نیست　　کالات می‌برند و تو خوابیده‌ای مدام

او در مناظره‌ی «فریاد حسرت» پیش‌گویی می‌کند که:

گرفتم آن‌که به پایان رسید فرصت ما　　برای فرصت صیاد نیز پایانی است

پروین تنها به بیان مصیبت‌ها نپرداخته که راه نجات کشتی بی‌لنگر ایران را گریز از فریبندگی نفس و خودبینی می‌داند و علم‌گرایی و روی به کمال و هنر داشتن: «مغفر از دانش و جوشن از صبر». حلقه‌ی صدق و صفا بر در دین زدن و:

گر که آبادی این دهکده می‌خواهی　　باید آبادکنی خانه‌ی دهقانش
کار را کارگر نیک دهد رونق　　چه کند کاهلِ نادان تن آسانش

و قبول سختی‌ها و همت و کارشناسی، حقیقت‌جویی و تحقیق:

---

۵. در ۸ شهریور ۱۳۱۱، دکتر کورت لیند بنلات، مدیر کل آلمانی بانک ملی ایران به علت اختلاس و تنظیم بیلان جعلی از کار برکنار شد و تحت تعقیب قرار گرفت. در آن زمان از این نمونه‌ها بسیار است از خودی و خارجی که احتمالاً پروین به این مسائل نظر داشته است که می‌سراید:

همه یغماگر و دزدند در این معبر　　کیست آنکو نگرفتند گریبانش

به غیر از گلشن تحقیق پروین چه باغی از خزان بوده است ایمن

او بر این باور بود که:

دانش چو گوهریست که عمرش بود بها باید گران خرید که ارزان نمی‌شود

و پروین آرزومند آن‌که:

دیبه معرفت و علم چنان باید بافت که توانیم فرستاد به بازاری چند

او معتقد بود که «در آسمان علم، عمل برترین پر است» و:

چه در کار و چه در کار آزمودن نباید جز به خود محتاج بودن

او در جوانی درگذشت و ندید آبادی زندان

در آشیانه ویران خویش خرسندیم چه خوش دمی‌ست در آباد دیدن زندان

روانش شاد!

منابع:

۱. افکار سیاسی-اجتماعی پروین اعتصامی، نگاه زنان (مجموعه مقالات)، تهران، نشر توسعه، ۱۳۷۷.

• متن سخنرانی در یازدهمین نمایشگاه بین المللی کتاب- سالن "ایران سرزمین من"، ۵ خرداد ۱۳۷۷.

• سخنرانی در مراسم افتتاح سالن پروین اعتصامی، فرهنگسرای اشراق، ۱۵ اردیبهشت ۱۳۷۷.

| دو نگاه به مسئله‌ی ازدواج دختربچه‌ها |

(در ضمن نقد دو داستان کوتاه از
منیرو روانی‌پور و علی‌اشرف درویشیان)

به رغم حضور عوامل مختلف جنسیت‌ساز در کشورهایی نظیر ایران که عامل اساسی و اصلی محدودسازی کار و اندیشه‌ی زنان است، امروز پرداختن به مسائل زنان در مسیر توسعه، شتاب و عمق بیشتری یافته است ولی ستم بر زنان از دیرباز مورد توجه اندیشمندان جامعه‌ی ایران بوده که آغاز آن شاید به مشروطیت می‌رسد. اما طرح مسائل و مشکلات زنان همواره در کنار سایر مسائل و در واقع حاشیه‌ای بوده است.

طرح مباحث فمینیستی در غرب، سلیقه‌ی دو سه قرنی دارد و اگر شروع کار را، توسط زنان در ۱۶۳۰ میلادی در نظر بگیریم، اختلاف تلاش‌ها بهتر نمایان می‌شود، به‌خصوص که از سال ۱۹۶۰ به بعد دیگر زنان خواستار فقط برابری با مردان نیستند (فمینیست‌های

لیبرال) بلکه خواهان انقلابی اساسی تا برابری کامل در تمامی زمینه‌ها هستند .

به طورکلی مسائل زنان همیشه به صورت امری اجتناب‌ناپذیر و حتمی و فطری و آسمانی و تاریخی نادیده گرفته شده است که سرانجام منجر به تحکیم پایه‌های پذیرش فرودستی زنان ـ حتی توسط زنان شده است .

برای مبارزه با اسطوره‌ی جهالت و غفلت از زنان و مبارزه با عقب‌ماندگی فرهنگی ، اجتماعی ، سیاسی و حقوقی زنان راه‌های مختلفی وجود دارد که به نظر من ، ادبیات یکی از اثرگذارترین این راه‌هاست و با وجود سابقه‌ی اندک قصه‌نویسی جدید در ایران ، حضور زنان در عرصه‌ی قصه‌نویسی ، غیر قابل چشم‌پوشی است .

در این مجال ، سر پرداختن به چگونگی مبارزه‌ی نویسندگان زن و مرد با حماقت‌های تاریخی و جهل و جهالت فرهنگی را ندارم و کوتاه سخن می‌پردازم به تلاش نویسندگان زن و مرد در پرداختن به مسائل زنان و تفاوت نگاه آنان از طریق شیوه‌ی ادبی داستان کوتاه در ضمن مقایسه‌ی دو قصه‌ی کوتاه خانم منیرو روانی‌پور به نام شب بلند و اثر آقای علی‌اشرف درویشیان به نام هتاو از مجموعه‌ی «اسیر و عصیان» به انتخاب خانم خاطره حجازی...

این دو داستان ضمن نشان دادن علاقه‌مندی مشترک نویسندگان ایرانی در طرح مسائل ستمدیدگی زنان ، تفاوت‌های سبکی و هنری آنها را نیز نشان می‌دهد و از طریق مقایسه می‌توان دریافت که فاصله‌ی نزدیک و درک عمیق جنسی و جنسیتی و اعتراض به شرایط توسط کدامیک بهتر و شفاف‌تر و کوبنده‌تر در این قالب هنری چهره نمایانده است و در واقع چه میزان آگاهی و مسئولیت و صداقت بین موضوع و نویسنده دیده می‌شود .

در بررسی تفاوت نگرش بین زنان و مردان نویسنده و نویسندگان به طورکلی ، ملاحظاتی چون جغرافیا یعنی محل تولد ، پرورش و زندگی ، سن ، تحصیلات ، مسائل خانوادگی ، اشتغال ، جهان‌بینی غالب و فلسفه حیات و... حتماً مؤثر هستند که در یک بررسی جامع ، با برخورد با حوادث فردی و اجتماعی ، تغییرات و انقلابات زمانه و زمان نوشتن داستان و سایر عوامل غیر قابل اندازه‌گیری که در خلاقیت مؤثرند ، می‌توان تفسیرهای مفصلی کرد که در اینجا من تنها به تشابه مضمون بین دو نویسنده بسنده کرده‌ام .

چکیده‌ی هر دو قصه این است : شوهر دادن دختربچه‌ها به علت فقر ، و مرگ ناشی

از تجاوز زناشویی.

محل اتفاق قصه‌ی «هتاو» در غرب ایران و «شب بلند» در جنوب ایران است.

هتاو از علی اشرف درویشیان:

«صبح زود، خروسخوان که هنوز آب رودخانه آلوده نشده بود، هتاو با کوزه‌ای که از خودش کمی کوچکتر بود از میان کوچه‌های ده پیدا می‌شد، کوچه‌ها پر از عطر یونجه و بوی گوسفند بودند. لب چشمه می‌نشست، کوزه را پر می‌کرد. با دست‌های کوچکش چند مشت آب به کوزه می‌پاشید. تا خانه چند بار کوزه را زمین می‌گذاشت. نفس نفس می‌زد. پاهای چرکش را روی تیزی سنگها به سرعت می‌غلتاند. دامنش خیس می‌شد و کوزه گوشه‌ی اتاق می‌نشست.»

داستان با یک آغاز آرام و طبیعت‌گرا شروع می‌شود: صبح زود، عطر یونجه، چشمه، آب رودخانه، در یک استمرار زمانی.

دختری که کمی از کوزه خودش بزرگ‌تر است با دست‌های کوچک به کار همیشگی آوردن آب برای خانواده مشغول است.

«برا خاص، پدر هتاو صبح خیلی زود می‌رفت. داس و کِلکوانه‌اش [دستکش انگشتان برای کار درو] را بر می‌داشت. نان پیچه‌اش را نوک چوبدستش می‌آویخت و می‌رفت. در دامنه‌ی کوه‌های دور، درو می‌کرد. روزمزد بود. شب که می‌آمد خسته بود. با خودش بوی گندم تازه می‌آورد. کلاش [گیوه] زیر قیری را در می‌آورد.

بوی عرق پا و بوی کاه تازه را در اتاق می‌پراکند و یک ریز تعریف می‌کرد.»

حضور بلافاصله پدری زحمتکش که زودتر از دختر سر کار می‌رود، چهره‌ی مشقت و سختی کار دختر را کمرنگ می‌کند و صحنه را تاریخی و ملموس و مألوف می‌سازد.

حضور یک خط در میان زشتی و زیبایی، همچنان به کار عادی‌سازی و کمرنگ کردن سختی‌ها مشغول است، که اگر چه تا حدودی منصفانه است ولی در خدمت اهداف نویسنده در قصه نیست:

خسته‌ی خسته بودن با یک‌ریز حرف زدن، با خود آوردن بوی عرق پای ناشی ازگیوه

زیره قیری و بوی گندم و کاه تازه.

«برا خاص تندتند حرف می‌زد مثل کسی که آش داغ میان دهانش باشد. با چشم‌های خواب‌آلود، چرت می‌زد ولی نمی‌خواست از حرف زدن خودداری کند. از ترکیدن تایر کمباین ناصرخان که بادش دو گوسفند را کشته بود و صدایش در سرتاسر آبادی پیچیده بود، از دعوای آب، از بی‌انصافی صاحب مزرعه، از آمریکایی‌ها که داشتند زمین‌های اطراف دهکده را برای نفت سوراخ سوراخ می‌کردند.»

حرف زدن یک‌ریز برا خاص، تمهید نویسنده است برای آوردن اطلاعات اجتماعی که به سرعت تریبون او را مشخص می‌کند و پس از آن به نوعی قصه در ذهن خواننده لو می‌رود.

قصه پس از آن مختصری راجع به نفت حرف می‌زند که در پیشبرد داستان اهمیتی ندارد. نویسنده حرف را می‌کشاند به «ویس مراد» مستخدم مدرسه‌ی آسمان آباد که می‌خواهد برای پسرش «خداداد» زن بگیرد. از اینجا حرف داماد زده می‌شود ولی حالا حالاها نویسنده با آن کاری ندارد. به مادربزرگ هتاو می‌پردازد و غذا ـ که نان ساجی با دوغ و پونه‌ی خشک است ـ خوابیدن آنها و ذکر قبل از خواب مادربزرگ، تعریف مُردن مادر هتاو، سوگواری هتاو، کارگیوه‌چینی زنان، ذکرهایی برای وزیدن باد، توصیف کتی که بوی عرق و آفتاب و یونجه می‌دهد و خنده. باز هم یک زندگی مألوف روستایی با همه‌ی غم‌ها و شادی‌هایش. ماجرای بدهکاری به ویس مراد و دوباره، تصمیم خداداد برای ازدواج و شرح وضعیت مالی خوب ویس مراد و خواستگاری هتاو برای پسرش و به رخ کشیدن قرض برا خاص توسط ویس مراد.

«برا خاص بارها به ویس مراد گفته بود که هتاو کوچک است و چند سالی باید صبر کند. از طرفی مادربزرگ راضی نمی‌شد. اما ویس مراد پافشاری می‌کرد. می‌خواست زودتر خداداد را سر و سامان بدهد. برا خاص از ته دل راضی نبود ولی فکر که می‌کرد می‌دید باید قبول کند. یک نان‌خور کم می‌شد و قرضش را هم می‌داد و سروکارش با ژاندارم‌ها نمی‌افتاد. برا خاص مادربزرگ را راضی کرد. مادربزرگ مرتب اشک می‌ریخت و با خودش زمزمه می‌کرد: «عزیزکم، عصای دستم، چه کسی خارها را از دستم بیرون بیاره؟»

دلایلی منطقی: کم شدن نان‌خور و پرداخت قروض و آسودگی خیال. کسی که مطرح

نیست هتاو کوچک است. دختری که سقای خانه است و خارکش مادربزرگ که در عین حال کلاش هم می‌چینند. پدر با این خیالات راضی می‌شود و مادربزرگ (که نویسنده نمی‌گوید چگونه راضی می‌شود) مجالی که جای خوبی برای زدن حرف‌هایی از نوع استدلال مورد علاقه‌ی نویسنده می‌تواند باشد بخصوص که نویسنده به عنوان یک مرد باید بتواند استدلال‌های مردانه در زمینه‌ی آسودگی خیال داشته باشد. ولی این فرصت را از دست می‌دهد.

برگزاری مجلس عقد و گرفتن قول و تحکیم آن به قرآن برای دست نزدن به دختر تا بزرگ شدن او ـ مفهومی که اندیشمندان و قانون بر سر آن توافقی ندارند

گریه و زاری دختر و جا ماندن عروسکش... گزارش‌گونه و سطحی با توصیف‌های مردم شناختی، دلتنگی‌های کودک شوهردار و گذشت چند ماه و سپس ترغیب داماد توسط پدرش برای تمام کردن کار!!

-«تف به غیرتت، مردم پشت سرمان حرف می‌زنن، لابد مرد نیستی!»

خداداد آتشی شد، خون چشم‌هایش راگرفت. با حرکتی عصبی بلند شد، دست هتاو را گرفت که به اتاق آن طرف حیاط ببرد. ویس مراد غرید: «بیرون سروصدا می‌کنه. برو تو پستو!»

کمک طلبیدن دختربچه، فرار و پناه بردنش به پدرشوهر و تحریک مجدد داماد توسط او.

«خداداد پرید و هتاو راگرفت و همانجا بردش. جیغ‌های هتاو شدیدتر شد. بعد مثل اینکه او را سوزانده باشند فریادی از بند دل کشید و دیگر صدایی نیامد.»

خونریزی شدید، پشیمانی ویس مراد، مشکلات انتقال هتاو به شهر، مرگ هتاو و مویه.

«هر سه سرشان را روی سینه هتاو گذاشتند و گریستند. چیز آشنایی آنها را به هم پیوسته بود.»

دیوانه شدن داماد و پایان قصه یک بیت شعر(!):

شدی فدای یک لقمه نان　　　شدی قربان یک لقمه نان

همان دلیل موجه تاریخی که بلاگردان تمام جهالت‌ها، بی‌توجهی‌ها، عادت و سنت‌ها و انسان ندانستن زنان است.

«باد می‌وزید و دهکده به سروروی خودش خاک می‌ریخت. دیوارهای ده که وصله‌های تازه‌ای از کاهگل داشتند، ساکت زیر آفتاب ایستاده بودند.»

پایان قصه بازهم تلفیق متعادل‌کننده‌ی زشتی و زیبایی. و نویسنده ما با خیالی راحت از اعتراض به فقر و نمایش صحنه‌ای از مردمان بیچاره‌ای که چاره‌ای ندارند والا جگرگوشه‌شان را به جلاد نمی‌سپردند خاک بر سر دهکده می‌پاشد و در می‌گذرد بی‌توجه به محیطی که بدون نیاز مادی هم بر این باور است که دختر باید در خانه‌ی شوهر قاعده شود.

چه چاره دارد نویسنده‌ی ما!!

مردها و کار و سیاست و فقر و زندگی در ریتمی مشابه و در فضایی یکنواخت. اجتناب‌ناپذیر مثل خود زندگی و در کنار همه‌ی مسائل یا در واقع به عنوان جزیی از آن به ازدواج در آوردن دختران کم سن و سال و تجاوز زناشویی.

نویسنده با فاصله، مطمئن از اعتراض نکردن به مختصات مردسالاری با روایتی بروزن یکی بود یکی نبود، از تریبون فقر ستیز ضد استثمار با شعاری کمرنگ بر ضد امپریالیسم (ماجرای سوراخ کردن زمین و نفت) تجاوز جنسی و مرگ هتاو را به خیال خود اوج داستانش قرار می‌دهد، داستانی که در واقع یک لقمه نان مسئله‌ی اساسی و شعار آن است.

و حالا همین جنایت در قصه‌ی شب بلند.

شب بلند از منیرو روانی پور:

«جفره زیر فریادهای گلپر جان می‌داد. باد پاییزی سینه‌کشان از دریا می‌آمد. لابه لای نخل‌ها می‌پیچید و خاک و خاشاک و کاغذهای مچاله شده را با خود می‌برد. شب از نیمه گذشته بود.

مریم در جای خود غلتی زد:

مادر، درو ببند

ـ همه درا بسته‌س، بگیر بخواب

می‌زندش مادر؟ عمو ابراهیم می‌زندش؟

نه مریمی داره نازش می‌کنه، حالا بگیر بخواب

فردا صبح می‌آد بازی؟ می‌آد دریا؟

آره، خودم می‌رم دنبالش، اگه بخوابی می‌رم دنبالش.

ضجه‌ی دلخراشی سیاهی را درید و به سر مریم کوبیده شد. مریم هراسان نشست.»

داستان با حرکت و تشنج و ضرب آهنگی پرشتاب شروع می‌شود. فریادهای گلپر، جان دادن جفره، باد پاییزی، پیچیدن باد لابه لای نخل‌ها، سپیدخوانی برگ‌ها، خاک و خاشاک، نیمه شب.

انگارکه این جفره نیست که جان می‌بازد، گلپر است. باد پاییزی، عمو ابراهیم است و پیچیدن او لابه لای گیسوان گلپر در شب سیاه.

نفس‌گیر و دردناک. قصه به جای راوی و روایت با گفتگوی دو زن ـ مادر و دختر ـ پیش می رود. و در همان ابتدا تضاد بین زدن و نوازش کردن با طنزی گروتسکی، خود را می‌نمایاند. ضجه‌ی دلخراش، آرزوی صبح و بازی و دریا بر سر مریم و بر سر خواننده هم زمان می‌کوبد.

روانی‌پور با قرار دادن پایان در آغاز، خواننده را آماده‌ی تاثیرپذیری می‌کند تا درونمایه‌ی او را بهتر درک کند.

ـ"می‌میره مادر، به خدا می‌میره

ـ صدای خنده‌ی ریز مادر را شنید و صدای آرام پدرکه درگوشی با مادر حرف می‌زد:

ـ بچه ترسیده

ـ تمام درا رو بسته‌ام، بازم صداش نمی‌ذاره

ـ حالا یه کفتر افتاده تو چنگش، مگه ول می‌کنه.»

پت پت فانوس، صدای باد و درها که برهم می‌خورند و صدای مسخ شده و دردآلود گلپر که ازکپرشان می‌آید و لحظه به لحظه ناآشناتر می‌شود.

اصل قصه در یک صفحه است. سپس ادامه:

«یک هفته بود که بعد از خروسخوان، صدای گلپر در جفره نمی‌پیچید. صدای صاف و بلندی که بچه‌ها را از خانه‌هایشان بیرون می‌کشید و مرغان دریایی را در خور[ایستگاه قایق‌های ماهیگیری در دریا] جمع می‌کرد.»

مختصری بازی بچه‌ها و دوباره اضطراب مریم ـ همبازی گلپر ـ اضطرابی که ناشی از نگرانی دختربچه از ناشناخته‌ها یا تکرار سرنوشت برای خود اوست. سپس، هجوم باد و توهم التماس کسی با موهای ژولیده و دست‌های خونی، شنیدن جیغ‌هایی که مثل توفان دریاست.

مادر از ترس مریم کلافه می‌شود:

«دیگه بگیر بخواب، حالا همه خوابن، هیچکیم پشت در نیست. باده و صدای دریا، «بچه برو» هم تو کوچه‌ها می‌گرده، دنبال بچه‌هایی بو می‌کشه که هنوز بیدارن، اگه بفهمه می‌آد می‌بردت، زورش هم زیاده، هیچکی نمی‌تونه جلوش واسه.

چطور بچه برو صدای گلپر را نمی‌شنود؟»

مختصری راجع به ویژگی بچه برو و ادامه‌ی افکار مریم:

«خدایا بچه برو را بفرست. خدایا بچه برو صدای گلپر را بشناسد. بفهمد که او همان گلپر است. همان گلپری که بچه است که هنوز بزرگ نشده که توی دستش هیچ النگویی نیست که لپ‌هایش را سرخ نکرده‌اند.»

آرزوی برده شدن توسط بچه برو یا مرگ، آرزوی مرگ است توسط دختربچه‌ای برای دختربچه‌ی دیگر که در واقع آرزوی نجات اوست ـ البته با بعضی جملات و ارتباطات که در حد سن مریم نیست و نویسنده در اینجا خود می‌نمایاند.

«نه، بچه برو حتماً گلپر را نمی‌شناسد و هر چقدر هم بو بکشد بی‌فایده است. این صدای گلپر نیست. صدای خراشدار زنی است که انگار دست و پایش را اره می‌کنند، صدای فریادهای زنی است که انگار اژدها به جانش افتاده است. صدای گلپر گم شده است، رفته است جایی دور، دور، لابه لای ستاره‌ها نشسته است و گریه می‌کند.»

سپس فلاش‌بک به یک هفته قبل از عروسی و دلتنگی همبازی‌ها برای گلپر و توضیح گول زنک‌هایی مثل النگو، مینار، کفش برای گلپر و مادرش و قول داماد برای آوردن عروسکی که حرف خواهد زد، یعنی بچه که گلپر و دوستانش معنی آن را در نمی‌یابند ـ و سرانجام این گفته‌ی گلپر که تکرار حرف مادرش است: «آدم وقتی بزرگ می‌شه باید به خونه و زندگیش برسه، دیگه بازی نمی‌کنه.»

و آرزوی مریم:

«بزرگ شدن چه سخته، الهی هیچ‌کس بزرگ نشه، الهی عمو ابراهیم بمیره، بمیره تا گلپر دوباره بیاد دریا.»

دوباره فلاش‌بک به عروسی گلپر و آرایش او، تفاوت جثه و هیبت داماد ـ با خالکوبی

اژدهایی با زبان دراز و نوک تیز بر سینه‌اش.

«پسین که شد گلپر تو حجله نشست... ابروهای گلپر باریک و دراز بود. رو لپ‌هایش سرخی چربی برق می‌زد. لب‌هایش انگار که مرکورکروم مالیده باشند سرخ سرخ بود. چشم‌های گلپر متعجب بین آدم‌ها و بشقاب‌های شیرینی می‌گشت. تو کاسه‌های حنا شمع روشن بود. جای سوزن انداختن نبود. مریم به زور خودش را به گلپر رسانده بود. گلپر تا او را دید، بلند شده بود، دایه کنار دستش به او تشر زده بود.

ـ حالا دیگه عروسی، بشین

ـ مریمه

ـ زن، بشین سرجات.»

فلاش‌بک تمام و دوباره

«می‌خوای حنا ببندی مریمی؟

ـ نه

ـ برای چی؟

ـ تو دیگه نمی‌آی دریا؟

نه عروسی که تموم بشه می‌آم. همین فردا صبح، کله‌ی سحر همه‌تونو بیدار می‌کنم، به عمو ابراهیم هم گفتم.

فردا، صبح غبارگرفته‌ی زردی بود. همه به طرف خانه‌ی گلپر می‌دویدند. به کپر رسیدند. ننه پیراهن سپید و خونی گلپر را بو می‌کرد و ضجه می‌کشید. دو تا مرد چیزی راکه توی چادر شب پیچیده شده بود بیرون می‌بردند. گیس‌های طلایی گلپر از چادر شب آویزان بود. پایین چادر شب خونی بود. زن‌ها گریه می‌کردند و می‌رقصیدند. و دایه بال‌های مینارش را توی هوا می‌چرخاند و می‌خواند.

ای واویلا که عروس مختکی [گهواره‌ای] رفت.»

تفاوت نگاه و انعکاس هنری آن را در این دو قصه‌ی کوتاه می‌بینیم. شب بلند برآمده از تجربه یا احساس تجربه‌ی مشترک یک زن با دیگر زنان است که البته در این راه از نویسنده‌ی هتا و انتظار این اشتراک نمی‌رود. چراکه ایشان با پرداختن به تعابیر عینی از

جهان پیرامون خود و نه تعابیر ذهنی، فرض‌های اهمیت جامعه نسبت به فرد، مردها نسبت به زن‌ها و در مجموع بینش مردان و بینش مردانه‌ی خود را منعکس کرده‌اند.

یعنی قصه‌ی ایشان، مرد محور است و ایدئولوژیکی. گریه‌ی برا خاص، گریه و پشیمانی ویس مراد و دیوانگی بی‌منطق خداداد حتی برادران هتاو که نمی‌فهمند چه شده اما «گریه‌شان می‌آید.» همه در جهت دلسوزی برای مردان و کمرنگ کردن فاجعه‌ی مرگ هتاو است ـ فاجعه، چرا که کشتن یک نفر کشتن بشریت است.

آقای درویشیان وقایع منظمی را گزارش کرده‌اند: مقدمه، بدنه، پایان. و در واقع به بازسازی یا توصیف بازسازی شده پرداخته‌اند. ایشان با این انتخاب ـ یعنی شکل عامیانه و کهنه ـ خواننده را با شتاب به پایان می‌برد تا زودتر دریابد آخر داستان چه می‌شود و در نتیجه نفهمد که چه گذشته است.

البته قصد ندارم آقایان را از انجام دادن خدمات صحیح و صادقانه در زمینه‌ی توسعه وضعیت زنان معاف، منصرف یا حذف کنم بلکه بحث کوتاه من این است که زنان و مشکلات عدیده‌ی آنان را تریبونی برای رسیدن به خواسته‌های صنفی مردانه نکنیم.

قصه‌ی شب بلند خانم روانی‌پور در مقوله‌ی هنر می‌گنجد. ایشان با چند صدایی کردن قصه‌ی خود و استفاده از تکنیک قصه‌نویسی مدرن در حقیقت سناریست، کارگردان و فیلمبردار اثر خود است و تقریباً هیچ جارعقیدتی و جنجال ایدئولوژیکی ندارد و تنها به طرح مسائل زنان می‌پردازد که به شکل زیبایی نمایانده می‌شود. در حالی که کسی را محکوم نمی‌کند و همه را در حوزه‌ی سنت قرار می‌دهد. نه طبقات را می‌کوبد و نه شخصیت افراد را می‌کشد ـ حتی داماد را ـ.

قصه‌ی تراژیک شب بلند، جبر و عوامل بزرگتری را که این عاقبت را به وجود می‌آورند و فاجعه می‌آفرینند، بدون گفتن، نمایش می‌دهد.

در خاتمه و در حاشیه‌ی این مطلب خاطرنشان می‌کنم که در طرح مسائلی نظیر موضوع این قصه‌ها، نظریه‌ها و عقاید مردان نابسنده است. چنانکه در مجموعه‌ی اسیر و عصیان، قصه‌ی در تاریکی آقای احمد محمود نیز سرنوشتی نظیر هتاو دارد و موارد دیگر.

به نظر می‌رسد در امور زنان، بهتر است از نظر زنان و نظریه‌هایی که جهان را و بخصوص

مسائل زنان را از دیدگاه زنان توضیح می‌دهد، استفاده شود، مگر نظر مردانی که با حس عمیق و درک وسیع و بینش روشن در راه اندیشیدن به انسان، نیمه‌ی دیگر را همان‌گونه که باید درک کرده‌اند.

منبع:

- بابا، س. ۱، ش. ۸ و ۹، با نام یک مسئله، دو نگاه.

| ایاز و تاریخ |
(نگاهی دوباره)

فرهنگ این مرز و بوم از حل کردن فرهنگ‌ها و خرده فرهنگ‌هاست که نیرو گرفته و زنده و پر تپش از تنگناهای سهمگین تاریخی، سرفراز بیرون آمده است و به راستی روحیه فرهنگی ملت ایران، نیروی خردکننده اعجاب‌آوری دارد.

ستایش صداقت و زیبایی در وجود ملت ما آنقدر با عالم معنا در ارتباط بوده است که با یافتن اندکی راستی و جمال در هر چه، آن را به حد کمال رسانده و حتی زشتی‌ها را ماده ساخت زیبایی کرده است و به مفهومی ادب از بی‌ادبان آموخته است.

شناخت این روحیه و تقویت آن، ما را در افزایش حس احترام به خود و سعه‌ی صدر در برخورد با ضد فرهنگ، توانا می‌سازد. شناخت این روحیه که گاه به پسران خود نام چنگیز و

تیمور و آتیلا می‌دهد و گاه با شور و هیجان کم‌نظیر می‌خواهد بین اسکندر ایرانی و الکساندر مقدونی فرق بگذارد[۱]، لازمست روحیه‌ای که فردستایی را به خداپرستی بدل می‌نماید و جمال یار ازلی را به جای جمال یار زمینی می‌نشاند و به رغم بازگشت جهان به دوره ستایش انسان همچنان پایبند ستایش آن‌که «بوده و هست و خواهد بود»، مانده است.

نگاهی دوباره و از سر حوصله به تاریخ کشورمان[۲]، ما را در درک روحیه ملی‌مان یاری می‌رساند و از رواج ابتذال و عوام‌زدگی و تن دادن به سحافت کلام و معنا می‌رهاند. یکی از این نمونه‌های تاریخی، شخصیتی به نام «ایاز»[۳] است که این گفتار، سر آن دارد تا با نمایاندن حضور گونه‌گون او در تاریخ، ادبیات و، عرفان ایران زمین، راهی به نمایاندن خصوصیات روحی ایرانیان داشته باشد، بدون آن‌که قصد وارد شدن به حیطه روانشناسی، جامعه‌شناسی و سایر حوزه‌های مشترک این علوم را داشته باشد؛ و هشداری باشد نسبت به خصوصیات عصر و زمانه‌ی حاضر که سعی در آلودن همه چیز؛ به خصوص زیبایی‌های عارفانه‌ی ملی‌مان دارد.

ابوالنجم ایاز اویماق[۴]، غلام محبوب سلطان محمود غزنوی، سالاری نیک بود که در همه کارها با سلطان بود و عطسه‌ی او به شمار می‌آمد. بنا به گفته‌ی سلطان مسعود پسر محمود، «ایاز بس بناز و عزیز»[۵] بوده است.

---

۱. سفر جنگی اسکندر مقدونی، بزرگترین دروغ تاریخ است، احمد حامی، (بی‌جا)، (بی‌تا)، ۱۳۶۳.

۲. نگاه کنید به مقاله «حافظ و تاریخ»

۳. آیاز و ایاس هم گفته‌اند.

۴. زین الاخبار گردیزی، «ایاز بن ایماق نوشته است. مصحح این کتاب در حاشیه صفحه ۴۲۱ آورده است: ایماق نام قبایلی است که در غور و اطراف هرات سکونت دارند و به چهار ایماق تقسیم می‌شوند ولی در اینجا نام پدر ایاز است.

در فرهنگ آذربایجانی به فارسی (بهزاد بهزادی، ص ۲۴۸)؛ معانی ذیل آمده است: ۱- منطبق بودن، سرگرم شدن، فریب خوردن، موافق بودن ۲- طایفه و عشیره ۳- کندن ۴- مسکن گزیدن، اجتماع کردن. لغت‌نامه دهخدا به نقل از غیاث‌اللغات اویماق را به معنای قوم و قبیله آورده است.

۵. تاریخ بیهقی، ج ۲، ص ۴۱۴.

در ذکر صفات و خصوصیات او صاحب چهار مقاله[۶] می‌نویسد: «سخت نیکو صورت نبود، لیکن سبز چهره‌ای شیرین بوده است، متناسب اعضا و خوش حرکات، و خردمند و آهسته (حلیم و بردبار) و آداب مخلوق پرستی او را عظیم دست داده بوده است و در آن باره از نادرات زمانه‌ی خویش بوده است و این همه اوصاف، آن است که عشق را بعث کند و دوستی را برقرار دارد، و سلطان یمین‌الدوله مردی دیندار و متقی بود، و با عشق ایاز بسیار کشتی گرفتی، تا از شارع شرع و منهاج حریت قدمی عدول نکرد.» ابوالفضل بیهقی، موافقت چندانی با این خوش حرکاتی و آهسته بودن نداشته، می‌نویسد که «امیر محمود فرموده بود تا او را (نوشتگین نوبی) را در جمله غلامان خاصه‌تر بداشته بودند که کودک بود و در دل کرده بود که او را بر روی ایاز برکشد که زیادت از دیدار، جلفی (خودسری و بی‌باکی) و بدآرامی داشت.»[۷] و امیر محمود، «هفت، هشت غلام چون طغرل عضدی داشت که ساقیان او بودند پس از ایاز.»[۸]

پس از مرگ سلطان محمود یمین‌الدوله در سال ۴۲۱ هـ. ق جمع کثیری از بزرگان و متنفذین مملکت از آن جمله امیرعلی قریب حاجب، حسنک وزیر، بونصر مشکان، ابوالنجم ایازین ایماق و علی دایه و... در پادشاهی با امیر محمد بیعت کردند و وی را از جوزجانان به غزنین آوردند و تاج سلطنت بر سر گذشتند.[۹]

اما با وجود بذل و بخشش فراوان امیر محمد و دلجویی از امراء مردم غزنین و امراء لشکری و کشوری، «چون پنجاه روز از وفات امیر محمود رحمه‌الله بگذشت، امیر ایاز با غلامان تدبیر کرد و از ایشان بیعت بستد بر رفتن به سوی امیر مسعود رحمه‌الله و همه اجابت کردند و سوگند آن خوردند و کس فرستاد به نزدیک ابوالحسن علی بن عبدالله که او را علی

---

۶. ص ۶۶.

۷. تاریخ بیهقی، ج ۲، ص ۶۳۵، این نوشتگین نوبی یکی از ده غلام جامه‌دار خاص سلطان مسعود بود که سلطان وی را دوست داشت. «... وکس ندانست، روزی اندر مستی فرمود که: هرچه پدر من ایاز را فرموده بود همان با قطاع و معاش جمله نوشتگین نوبی را منشور نبیسید.» قابوسنامه، ص ۸۴.

۸. همان منبع، ص ۴۰۲.

۹. دیالمه و غزنویان، ص ۳۱۳.

دایه گفتندی... رویاروی از درکوشک بیرون آمدند و همچنان به مکابره برفتند و سوی بست شدند. چون خبر به امیر محمد رحمه‌الله رسید لشکر را از پس ایشان بفرستاد و... بسیاری از غلامان سرای کشته شدند و سرهای ایشان پیش امیر محمد آوردند و ابوالنجم ایاز بن ایماق و علی دایه همچنان با آن غلامان انبوه به تعجیل همی برفتند تا همه به نیشابور پیش امیر مسعود رحمه‌الله آمدند. چون امیر را بدیدند همه نماز بردند و خدمت کردند و بر وی به پادشاهی سلام کردند و ایشان را بپذیرفت و نیکو گفت و...»[۱۰]

این حرکت ایاز از نظر سیاسی برای سلطان مسعود بسیار اهمیت داشت و بدین لحاظ در نامه‌ای برای قدرخان آن را نوشت: «پس از رسیدن ما به نیشابور... از اتفاق نادر سرهنگ علی عبدالله و ابوالنجم ایاز و نوشتگین خاصه خادم از غزنین اندر رسیدند با بیشتر غلام‌سرایی و نامه‌ها رسید...»[۱۱]

اما به رغم سالاری او و توصیه خواجه احمد بن حسن میمندی وزیر برای حکومت ری، سلطان مسعود حکومت به او نداد و گفت: «او از سرای دور نبوده است. گرم و سرد نچشیده است و هیچ به غربت نیفتاده است وی را مدتی باید که پیش ما باشد، بیرون از سرای تا در هر خدمتی گامی زند و وی را آزموده آید، آنگاه نگریم و آنچه باید فرمود بفرماییم.»[۱۲]

می‌نویسند: «به جهت فتحی و خدمتی سلطان مسعود، بست و قزدار و یک خروار زر مسکوک بوی بخشید.»[۱۳] فرهنگ معین حکومت مکران و قصدار را برای او ثبت کرده است.[۱۴] اطلاعات تاریخی راجع به ایاز همین‌هاست با مختصری راجع به ملازمت او در خدمت سلطان ابراهیم بن مسعود[۱۵] و وفات او به نقل از ابن اثیر در سال ۴۴۹ هجری قمری

---

۱۰. زین‌الاخبار، ص ۴۲۰.

۱۱. تاریخ بیهقی، ج ۱، ص ۶۷.

۱۲. همان منبع، ج ۲، ص ۴۱۴

۱۳. مصیبت‌نامه، ص ۳۹۶ (تراجم اعلام به نقل از فرهنگ آنندراج) کتاب محمود و ایاز چهل خروار دینار می‌نویسد. ص ۳۲.

۱۴. دائرةالمعارف ایرانیکا به قصدار و کرمان اشاره دارد.

۱۵. مصیبت‌نامه، ص ۳۹۶.

(=۱۰۵۷/۸ میلادی)[۱۶] و اشاره‌ای به مقبره‌ای در نزدیکی مشهد، مشهور به گور ایاز.[۱۷]

نظامی عروضی در مقاله‌ی دوم کتابش، چهار مقاله که در باب شعر است به عنوان مثالی درباره‌ی بدیهه شعرگفتن، حکایتی می‌آورد از محمود و ایاز که درکتاب‌های متعدد به عنوان منبع مورد استفاده قرارگرفته و اشاعه پیداکرده است: «... شبی در مجلس عشرت ـ بعد از آن‌که شراب دراو اثرکرده بود و عشق دراو عمل نموده ـ به زلف ایاز نگریست: عنبری دید بر روی ماه غلتان، سنبلی دید بر چهره‌ی آفتاب پیچان، حلقه‌حلقه چون زره، بندبند چون زنجیر، در هر حلقه‌ای هزار دل، در هر بندی صد هزار جان، عشق عنان خویشتن‌داری از دست صبر او بربود و عاشق‌وار در خود کشید محتسب امنّا وَ صَدَّقْنا سر از گریبان شرع برآورد، و در برابر سلطان یمین‌الدوله بایستاد وگفت: «هان محمود! عشق را با فسق میامیز، و حق را با باطل ممزوج مکن. که بدین زلت ولایت عشق بر تو بشورد، و چون پدرخویش از بهشت عشق بیوفتی و به عناء دنیای فسق درمانی: سمع اقبالش در غایت شنوایی بود، این قضیت مسموع افتاد. ترسیدکه سپاه صبر او با لشکر زلفین ایاز برنیاید، کارد برکشید و به دست ایاز داد که: «بگیر و زلفین خویش را ببر!» ایاز خدمت کرد. کارد از دست بستد، وگفت: «ازکجا ببرم؟» گفت: «از نیمه» و ایاز زلف دو توکرد و تقدیر بگرفت و فرمان به جای آورد، و هر دو سر زلف خویش را پیش محمود نهاد. گویند آن فرمانبرداری عشق را سبب دیگر شد. محمود زر و جواهر خواست، و افزون از رسم معهود و عادت ایاز را بخشش کرد و از غایت مستی در خواب رفت. و چون نسیم سحرگاهی برو وزید بر تخت پادشاهی از خواب درآمد، آنچه کرده بود یادش آمد، ایاز را بخواند و آن زلفین بریده بدید. سپاه پشیمانی بر دل او تاختن آورد، و خمار عربده بر دماغ او مستولی گشت، می‌خفت و می‌خاست، و از مقربان و مرتبان کس را زهره‌ی آن نبود که پرسیدی که سبب چیست؟ تا آخرکار حاجب علی قریب ـ که حاجب بزرگ او بود ـ روی به عنصری کرد وگفت: «پیش سلطان درشو و خویشتن را بدو نمای و طریقی بکن که سلطان خوش طبع گردد... عنصری خدمت کرد و بر بدیهه گفت:

۱۶. دائرةالمعارف اسلام، ص ۷۸۰.

۱۷. ایرانیکا، ص ۱۳۴.

کی عیب سر زلف بت از کاستن است ؟ چه جای بغم نشستن و خاستن است

جای طرب و نشاط و می‌خواستن است کآراستن سرو ز پیراستن است

سلطان یمین‌الدوله محمود را این دو بیتی بغایت خوش افتاد، بفرمود تا جواهر بیاوردند و سه بار دهان او پر جواهرکرد، و مطربان را پیش خواست، و آن روز تا بشب بدین دو بیتی شراب خوردند و آن داهیه بدین دو بیتی از پیش او برخاست و عظیم خوش‌طبع گشت...»[۱۸]

حکیم سنایی در بیتی به این ماجرا اشاره دارد:

هرکجا زلف ایازی دید خواهی در جهان عشق بر محمود بینی کُپ زدن بر عنصری[۱۹]

مدارک تاریخی میزان حسن و زیبایی ایاز، صحت ادعای سعدی را در بوستان وگلستان تأیید می‌کند وگفته‌ها و اشعار او نیز تأییدی بر صحت دیگر مدارک است:

در باب پنجم گلستان آمده است: «حسن میمندی راگفتند سلطان محمود چندین بنده صاحب جمال داردکه هر یکی بدیع جهانی‌اند چگونه افتاده است که با هیچ یک از ایشان میل و محبتی ندارد چنانکه با ایازکه حسنی زیادتی ندارد. گفت هرچه به دل فرو آید در دیده نکو نماید.»[۲۰]

و همچنین در بوستان ـ در باب سوم ـ درحکایت سلطان محمود و سیرت ایاز سروده است:

یکی خرده بر شاه غزنین گرفت که حسنی ندارد ایازای شگفت

گلی راکه نه رنگ باشد نه بوی غریب است سودای بلبل براوی

به محمود گفت این حکایت کسی بپیچید از اندیشه بر خود بسی

که عشق من ای خواجه بر خوی اوست نه بر قد و بالای نیکوی اوست[۲۱]

دلاوری و سالاری ایاز را از خلال اشعار شعرایی چون فرخی و ابوالفرج رونی می‌توان دریافت: می‌نویسند درکارزاری که ایاز حضور داشته و پیروز بازگشته فرخی قصیده‌ای در مدح او ساخته با این مطلع:

---

۱۸. چهار مقاله، ص ۶۷-۶۹.

۱۹. دیوان سنایی، ص ۶۵۹.

۲۰. ص ۱۲۲.

۲۱. ص ۱۰۸.

غم نادیدن آن ماه دیدار　　مرا در خوابگه ریزد همی خار
...امیر جنگجو ایاز ایماق　　دل و بازوی خسرو وقت پیکار
سواره کز در میدان درآید　　زپای‌اندر فتد دلهای نُظّار...
دلیران از نهیبش روز کوشش　　همی لرزند چون برگ سپیدار
اگر بر سنگ خارا بزند تیر　　به سنگ‌اندر نشاند تا به سوفار
برون پرانداز نخجیر ناوک　　من این صدبار دید ستم نه یکبار
نه برخیره بدو دل داد محمود　　دل محمود را بازی مپندار...[۲۲]

ابوالفرج رونی که از استادان مسلم شعر فارسی در دوره دوم غزنوی است و شهرتش بخصوص در هنگام ورود به دربار سلطان ابراهیم بن مسعود غزنوی آغاز شده[۲۳]، درباره رشادت و جلادت ایاز سروده است:

نکند کار تیر ایازی　　شَل هندی و نیزه‌ی تازی[۲۴]

آنچه که باعث شده است رابطه محمود و ایاز همچون داستان‌های لیلی و مجنون، خسرو و شیرین، ویس و رامین و... مشهور باشد، عشق سلطان محمود به ایاز است که طبق نوشته‌ی نظامی عروضی هیچ‌گاه از شارع شرع و منهاج حریت قدمی عدول نکرده است. چهار مقاله که حدود یکصد سال پس از مرگ ایاز نوشته شده (حدود سال ۵۵۱_۵۵۲ هـ. ق). نزدیکترین منبع به زمان محمود و ایاز است که درباره‌ی عشق بی‌شائبه آن‌ها سخن گفته است و ادموند باسورث می‌نویسد: «اگرچه نویسندگانی جنبه جسمانی این رابطه را موضوع مناسبی برای ذوق آزمایی یافتند ولی حال و هوای اخلاقی آن عصر به شدت با چنین روابطی مخالف بود. هرچند در دنیای سخت مردانه‌ای که اسلام پدید آورده بود، زیبایی «ماهرویان» سرمایه‌ای کم بها نبود.»[۲۵]

ناتوانی «باسورث» در درک بعضی از جنبه‌های عرفانی و حکمی عشق در مشرق زمین

۲۲. دیوان حکیم فرخی سیستانی، ص ۱۶۱.

۲۳. تاریخ ادبیات در ایران، ج ۲، ص ۴۷۰.

۲۴. لغت‌نامه دهخدا، ذیل ایاز، بیت اول.

۲۵. تاریخ غزنویان، ص ۱۰۱.

او را به رغم اظهار نظر درست تا حدودی به بیراهه کشانده است. این بدان معنی نیست که در طول تاریخ ایران، هیچ شاعر و صوفی و شاه و غلام آلوده دامنی وجود نداشته است، یا ما این دو شخصیت مورد بحث را قدیس می‌دانیم و از شائبه‌ی انحراف کاملاً پاک، بلکه بحث بر سر این است که داستان محمود و ایاز مکرر موضوع حکایات و اشارات شاعران و نویسندگان واقع شده و آنها از تخیلات و مسموعات خود در این باره قصه‌هایی ساخته‌اند که متناسب مشرب و خصوصیات روحی ـ شخصیتی‌شان بوده است؛ مردم عادی و بی‌اطلاع از ظرایف اشارات شاعران و نکات عارفان به شبهه افتاده‌اند که برمی‌گردد به بی‌اطلاعی از ماهیت عشق. «صدرالمتألهین، بحث مفصلی درباره‌ی عشق دارد و می‌گوید که حکما در ماهیت این‌گونه عشق‌ها و اینکه نیک است یا بد اختلاف دارند. بعضی آن را کار بی‌کارگان می‌شمارند و بعضی به ماهیت آن پی نبرده و آن را مرض نفسانی و بعضی جنون الهی می‌انگارند ولی چون نیک بنگریم و درست بیندیشیم و به اسباب کلی و مبادی عالی و غایات حکمت‌آمیز آن توجه کنیم چنین برمی‌آید که این عشق و شیفتگی به کسی که رفتار و کردار دلنشین و مناسب اعضا و ترکیب خوش دارد. از آنجا که بسان امر طبیعی در سرشت اکثر مردم، بدون تکلف و تصنع هست از نهاده‌های الهی (الاوضاع الالهیه) است که مصالح و حکمت‌هایی بر آن مترتب است و لاجرم نیک و پسندیده است علی‌الخصوص که انگیزه‌های والا و اهداف شریف داشته باشد.»[۲۶]

نویسنده‌ی «حافظ نامه» قبل از این نقل قول می‌نگارد: «نمی‌توان گفت که پسر در شعر فرخی و بعضی معاصران او با توجه به شیوع همجنس‌گرایی در عصر و دربار غزنوی ـ که اوجش از اسطوره بدنام ایاز برمی‌آید ـ همان‌قدر معصوم است که در شعر مولانا یا سعدی و حافظ». حکم به بدنامی ایاز شگفت‌انگیز است با آنکه ایشان اذعان دارند که «خطاب و اشاراتی که در ادب فارسی با فحوای عاشقانه یا جنسی وجود دارد نباید به سادگی و سرعت حمل بر انحراف جنسی و تمایلات همجنس‌گرایانه شود.»[۲۷]

کثرت شاعران دربار با شکوه سلطان محمود غزنوی لاجرم موجد دوستی‌ها و دشمنی‌هایی

---

۲۶. حافظ نامه، ص ۲۵۹.

۲۷. همان جا.

بوده است و اشارات ضد و نقیضی نیز مبنی بر دوستی ایاز با فرخی و دوستی یا دشمنی او با فردوسی در کتاب‌ها آمده است.

آمده است که فردوسی بنا به امریه سلطان محمود برای خط ایاز دو بیتی سروده است که محل تردید است:

مست است بتا چشم تو و تیر به دست　　بس کس که ز تیر چشم مست تو نجست
گر پوشد عارضت زره عذرش هست　　کز تیر بترسد همه کس خاصه ز مست[۲۸]

در مقدمه‌ی شاهنامه فردوسی، طبع امیربهادری، به دوستی ایاز و فردوسی نیز اشاره‌هایی شده است، مبنی بر تحویل کیسه‌های صله به فردوسی در حمام توسط ایاز، دادن بسته ممهور هجونامه سلطان محمود به ایاز برای تسلیم به سلطان پس از بیست روز و، تهیه لوازم و اسباب سفر مخفیانه‌ی فردوسی توسط ایاز، شبلی نعمانی به غیر از آوردن این نمونه‌ها به نقل از دولتشاه می‌نویسد که «چون فردوسی به ایاز اعتنایی نمی‌کرد او هم از وی رنجش حاصل کرده بنای سعایت راگذاشت و به محمود رسانید که او رافضی می‌باشد.»[۲۹] و ادامه می‌دهد، ایاز از فرخی نهایت قدردانی می‌کرد و «بوی اظهار خلوص می‌نمود و این علاقه و ارتباط به جایی رسید که موجب رشک سلطان گردید تا این حد که فرخی از آمدن به دربار ممنوع گردید. او قصاید چندی ساخته از سلطان پوزش خواست و در نتیجه مورد عفو شاهانه واقع شد.»[۳۰]

به غیر از اشعار مذکور، شاعران متعدد دیگری درباره محمود و ایاز شعر سروده‌اند و تعبیرهای گوناگون کرده‌اند که از آن جمله‌اند:

خاقانی (۵۲۰_۵۹۵ ه.ق) به حکومت طلبیدن ایاز اشاره دارد:

---

۲۸. شعرالعجم، ج ۲-۱، ص ۷۶. همین منبع می‌نویسد: غضائری به اشاره محمود دو بیت در توصیف ایاز گفت و انعام گرفت. چنانکه در یک قصیده اشاره به آن کرده، چنین می‌گوید:

مرا دو بیت بفرمود پادشاه جهان　　برآن صنوبر عنبر عذار مشکین خال
دو بدره زر بفرستاد و دو هزار درم　　برغم حاسد تیمار بدسکال نکال (ص ۶۰)

۲۹. شعرالعجم، ج ۲-۱، ص ۷۸.

۳۰. همان منبع، ص ۶۰.

رفته ایاز بر در محمود زاولی — طالب معاش غزنی و زاولستان شده[۳۱]

نظامی (؟ ـ ۶۱۴ ه.ق):

یافته در نغمه داودساز — قصه محمود و حدیث ایاز

امیر خسرو دهلوی (۶۱۵ـ ۷۲۵ ه.ق):

گاه مردن شنیده‌ام محمود — گفت رویم سوی ایازکنید

آخرای بخت نیک روشن کن — چشم محمود را به روی ایاز[۳۲]

خواجوی کرمانی (۶۸۹ـ۷۵۳ ه.ق):

محمود اگر چنانکه مسخّرکند دوکون — نبود از هر دوکون مرادش به جز ایاز

رو عشق را به چشم خردبین که ظاهرست — در معنیش حقیقت و در صورتش مجاز[۳۳]

امیرحسن دهلوی، شرف‌الدین شفروه، سیف اسفرنگ، فیض دکنی، عاشق اصفهانی و شاه نعمت‌الله ولی[۳۴] نیز در اشعارشان به نام محمود و ایاز اشاره کرده‌اند.

از شاعرانی که این داستان را به نظم درآورده‌اند یکی «انیسی شاملو»ست که از شاعران اواخر قرن دهم هجری است. او بیش از هزار بیت از این مثنوی را نساخته بود که در سال ۱۰۱۶/۱۷ ه.ق درگذشت. او این مثنوی را برابر خسرو و شیرین نظامی و بر همان وزن ساخته بود.[۳۵]

پس از او «زلالی خوانساری» از شعرای قرن یازدهم و از شاگردان میرمحمد باقر داماد، مثنوی‌ای در حدود ۴۷۰۰ بیت ساخت که آن را در سال ۱۰۰۱ آغاز و در سال ۱۰۲۴ هـ.ق به پایان رساند. با این مطلع:

به نام آنکه محمودش ایازست — غمش میخانه ناز و نیازست

---

۳۱. لغت‌نامه دهخدا، ذیل ایاز.

۳۲. همان منبع.

۳۳. محمود و ایاز، ص ۳۶. در همین منبع آمده است امیر حسن دهلوی نیز شعری دارد:

برلحد سبکتکین بگذر و خاک اوببین — خاک گذشت و همچنان ذکر ایاز می‌کند

۳۴. رسائل جناب شاه نعمت‌الله ولی، ص ۱۰۷.

گر بپوشی تو خلعت محمود — پادشاه از ایاز نشناسی

۳۵. محمود و ایاز، ص ۳۶.

ترتیب منظومه‌ای به نام محمود و ایاز نیز به فخرالدین علی‌بن کمال‌الدین حسین واعظ متخلص به «صوفی» پسر ملاحسین کاشفی، نسبت داده شده است.[۳۶]

اما، اولین عارفی که حرف از محمود و ایاز می‌زند سنایی است (؟، ۵۲۵؟ ه.ق).

...همچو شمشیر باش جمله هنر　　چون تبیره مشو همه آواز

کاندرین راه جمله را شرطست　　عشق محمود و خدمت آیاز[۳۷]

عین‌القضات (۴۹۲_۵۲۵ هـ.ق) نیز در تمهیدات یا زبده‌الحقائق در تمهید ده اصل تصوف با انشایی که مقرون به غلبه‌ی شوق و عشق است از این دو تن سخن‌ها دارد: «دریغا سلطان محمود، ایاز را دوست دارد؛ او را بر تخت مملکت بنشاند و دیگران را گم کند که شما اهلیت آن ندارید که مملکت مرا لایق باشید، خود، دانی که این کلمه چیست؟ آخر این کلمه که شنیده‌ای که عشق، سلطانست؛ آنجا فرو آید که خواهد. عشق لایزالی با جان قدسی عقد سرّی بسته است که جز عاشق را از آن دیگرکس را خبر نباشد.»[۳۸]

در غالب اشعار صحبت از عشق محمود به ایازست و کمتر به محبت ایاز نسبت به محمود اشاره رفته است. عین‌القضات گویا اولین کسی‌ست که به محبت این سری نیز پرداخته است: «... محمود گفت لشکر خود را که هرچه خواهید که می‌گویید از من و از مملکت من، گویید؛ اما از ایاز هیچ مگوئید! ایاز را به من بگذارید. در آن حالت هرچه از محمود گفتند، خلعت یافتندی؛ و هرچه از ایاز گفتندی، غیرت محمود دمار از وجودشان برآوردی.»[۳۹]

شیخ عطار (۵۳۷_۶۲۷ هـ.ق) در بیشتر مثنویات خود، در مصیبت‌نامه، حکایاتی از عشق محمود به ایاز و ایاز به محمود و حوادثی که سبب لطف از اندازه بیرون محمود نسبت به ایاز شده است، می‌گوید. حکایاتی چون در سایه‌ی محمود رفتن ایاز به جای

---

۳۶. تاریخ ادبیات در ایران. ۵/۲، ص ۸۷۳. نسخه‌ای از این مثنوی جزء مجموعه شماره ۴۷۷۲.or درکتابخانه موزه بریتانیا موجود است.

۳۷. دیوان سنایی، ص ۳۰۰؛ در صفحه ۳۰۴ و ۶۵۹ در ابیاتی دیگر اشاره به زلف ایاز دارد.

۳۸. تمهیدات، ص ۲۳۰ و حکایتی دیگر در ص ۲۲۹.

۳۹. همان.

سایه هما، سه روز بیهوش افتادن محمود و بیهوش شدن ایاز؛ شکست جام لعل توسط ایاز؛ سئوال سلطان از او که تو نیکوتری یا من[۴۰]، همه به پاکبازی ایاز و محو شدن نفس او در نفس سلطان، اشاره دارند. حکایاتی نیز به یکی شدن این دو تن اختصاص دارد.

یکی از حکایات مصیبت‌نامه که تفاوتی بارز با سایر حکایات راجع به این دو نفر دارد به عنوان نمونه آورده می‌شود: شاه از ایاز می‌خواهد از مجلس او بیرون برود تا گردن زدن غلامی سرکش را نبیند چرا که ایاز در لطف پرورده شده و توان دیدن قهر شاه را ندارد:

ای عجب چون این سخن بشنید ایاس　　گفت فرخ آنکه شاه حق‌شناس
گردنش یکبار زد یکبار رست　　تا قیامت از غم و تیمار رست
کار من بنگر که روزی چند بار　　می‌شوم از تیغ هیبت کشته‌زار
با ادب در پیش سلطان تن زدن　　سخت‌تر باشد ز صد گردن زدن
روز و شب در قهر می‌سوزد مدام　　وانگهم پرورده‌ی لطفست نام
لطف او در حق هرک افزون بود　　بی‌شک آنکس غرقه‌تر در خون بود

در ذهن مولانا (۶۰۴ـ۶۷۳ هـ. ق) نیز گوشه‌هایی از سرگذشت ایاز و نکته‌هایی از احوال هشیارانی چون لقمان به هم آمیخته و قصه «حسد کردن حشم بر غلام خاص» را ساخته است. در دفتر پنجم نیز قصه ایاز و حجره داشتن او و جهت چارق و پوستین و گمان آمدن خواجه تا شان که او را در آن حجره، دفینه است، آمده که به حکایت عطار در مصیبت‌نامه، نظر دارد.

مولانا در این حکایت ایاز را مردی هشیار و نکته‌سنج نشان می‌دهد و این حکایت را زمینه‌ای برای بحث در روابط مردان حق با حق می‌سازد، و ایاز در اینجا رمزی از یک سالک آگاه است که سیر در مدارج کمال او را مغرور نمی‌کند. قصه بندگی صادقانه ایاز، تمثیلی‌ست برای بندگان و مؤمنان حقیقی و مردان راه حق و مولانا مکرر از او به عنوان یک عارف واصل یاد کرده است؛ بنده‌ای که ناچیزی خود را در برابر پروردگارش درک می‌کند.

در خاتمه به دیدگاه خاص خواجه شیراز (؟ ـ ۷۹۲ هـ. ق) نگاهی می‌افکنیم:

غرض کرشمه حسن است ورنه حاجت نیست　　جمال دولت محمود را به زلف ایاز

بی‌توجهی به غرض «کرشمه حسن» و «عشق لایزالی» و عقدی که با جان قدسی

---

۴۰. مصیبت‌نامه، صفحات ۱۷۶، ۲۸۱، ۲۹۷، ۳۴۴

بسته است و توجه به صورت مجازی آن به سادگی منجر به برداشت‌هایی شده که تنها اذواق عوامان را متلذذ می‌سازد؛ ولی بزرگان عرفای ما چنانکه دیدیم با عنایت به اصل حقیقت این رابطه‌ی عاطفی رموز و اسرار دلبر را در حکایت محمود و ایاز برای ما بازگو کرده‌اند .

محمود بود عاقبت کار همه .

منبع:

● ایاز و تاریخ (نگاهی دوباره): گلچرخ، ش.۱۶، اردیبهشت ۱۳۷۶.

| تأملاتی در باب کتاب رباعیات خیام |

ترجمه‌ی منظوم سعید سعیدپور

چاپ کمیسیون ملی یونسکو در ایران

اگر ترجمه و اقتباس ادوارد فیتز جرالد از رباعیات خیام یا منسوب به خیام نبود بجز عده‌ای که او را از راه ریاضیات و ترجمه‌ی جبر و مقابله‌اش که توسط وپکه به زبان فرانسه در سال ۱۸۵۱ انجام گرفته، شناختند، نه تنها در خارج از مرزهای ایران که در داخل نیز به این اشتهار حیرت‌انگیز نمی‌رسید.

پس از ترجمه‌ی فیتز جرالد توسط رستی (Rossetti) و سوینبورن (Swinburne) و تمرکز جرج مردیت بر روی آن بود که ارزش واقعی اشعار خیام کشف گردید. چاپ اول ترجمه‌ی فیتز جرالد در ۱۸۵۹ انتشار یافت و چاپ‌های متعدد آن موجب اشتهار او در انگلستان شد. در لیست معرفان خیام، نام‌های گارسن دوتاسی و ترجمه‌ی چندرباعی از او (۱۸۵۷)؛

نیکولا، کنسول فرانسه در رشت (۱۸۶۷)؛ وینفیلد (۱۸۸۳)؛ هرون آلن (۹۹-۱۸۹۸)؛ راس (۱۸۹۸)؛ کریستن سن (۱۹۰۵)؛ و ادواردبراون و مقاله‌ی مستندش در تاریخ ادبیات ایران به سال ۱۹۰۶ به چشم می‌خورد. مقالات متعددی نیز از خیام پژوهان دیگری چون ژرژسالمون، ژوکوفسکی، گرلو، کلود آنه و قزوینی، پییر ساله، آرتورگی، رزن، مینورسکی، رمپیس و محفوظ الحق موجب گسترش و تعمیق افکار خیام گردیده است. و حتماً خیام شناسان متأخر در کنگره‌ی بین‌المللی بزرگداشت او که به مناسبت نهصدمین سالگرد درگذشتش در نیشابور ـ اردیبهشت ۱۳۷۹ ـ و سپس در پاریس برگزار گردید مقالاتی قابل توجه راجع به او ارائه کرده‌اند.

رباعیات خیام اگر چه به دفعات در ایران و هند به زبان فارسی به چاپ رسیده ولی ترجمه‌ی آن به زبان‌های اروپایی از جمله لاتین، فرانسه، انگلیسی، آلمانی، ایتالیایی، اسپانیایی، سوئدی، دانمارکی و زبان‌هایی چون روسی، اردو، عربی، ترکی و ارمنی و... موجب شده است که رباعیات را جزو گنجینه‌ی جهان بشناسند و جهانیان راجع به او کنجکاو و حساس باشند.

حال، پس از حدود ۱۴۳ سال بعد از اولین ترجمه‌ی فیتز جرالد، جهان می‌رود که از طریق کتاب «رباعیات خیام» ترجمه‌ی آقای سعید سعیدپور از انتشارات کمیسیون ملی یونسکو در ایران با نوع دیگری از معرفی این چهره‌ی جهانی روبه‌رو شود، کتابی که با انتخاب تعدادی از رباعیات مبتنی بر «فرصت شمردن زندگی» و «غنیمت دانستن دم» ـ حدود یک سوم اشعار ـ تا حدود زیادی از یأس فلسفی هدایت برکنار مانده است؛ گلچینی که با توصیه به شادمانی آغاز شده و با وصیت خیام پایان می‌پذیرد.

اما در راه این خدمت فرهنگی، مترجم محترم به رغم داشتن مشاورانی ورزیده از خطا برکنار نمانده است. بررسی ترجمه‌ی ایشان را برای متخصصان ترجمه‌ی آثار کلاسیک به زبان انگلیسی می‌گذاریم و بخش فارسی رباعیات را در دو قسمت آماده‌سازی کتاب و متن بررسی می‌کنیم:

آماده سازی کتاب

این کتاب به رغم کاغذ نفیس و طراحی هنرمندانه‌ی فرشید مثقالی کتابی است کم توجه نسبت به معیارهای تهیه‌ی کتاب‌هایی که «پاره‌ای از گنجینه‌ی فرهنگ و ادبیات جهان»

می‌باشند. به برخی از اشکالات کتاب اشاره می‌شود:

• بدیهی است که کتاب با هدف ارائه‌ی ترجمه‌ای به زبان انگلیسی تهیه شده ولی در واقع تنظیم فارسی دارد و فاقد صفحه‌ی شناسنامه به زبان انگلیسی است.

• با گنجاندن بیوگرافی مترجم در کتاب و نبود شرح حالی از خیام به نظر می‌رسد که کتاب در خدمت معرفی مترجم است نه معرفی خیام به خوانندگان، بخصوص که بیوگرافی مترجم قبل از پیش‌گفتار و مقدمه آمده است، بیوگرافی‌یی که خود فاقد اطلاعات لازم بوده و در ترجمه نیز افتادگی دارد.

وجود شرح حالی هر چند مختصر از خیام برای کسانی که در ایران و خارج از کشور برای اولین بار با نام و شعر این شاعر برخورد می‌کنند و ارائه‌ی اطلاعاتی راجع به او، اطلاعاتی که خیام شناسان ایرانی به صحت آن اعتماد دارند از واجبات فوت شده است.

به نظر می‌رسد که ناشر خود را با امکانات و توانایی‌های مترجم هماهنگ کرده است نه این که قصد انتشار نسخه‌ای را داشته باشد که حاوی کل رباعیات ـ رباعیات مورد قبول خیام شناسان ـ باشد. این عمل از این نظر اهمیت دارد که این کتاب نخستین تلاش رسمی ما ایرانیان برای شناساندن یکی از چهره‌های شاخص ادبیاتمان به جهانیان است. و اگر غرض تهیه‌ی گزیده و گلچینی از رباعیات خیام بود باید که کتاب با این نام خوانده شده و معرفی می‌گردید.

• استفاده از سجاوندی، تپش، درهم تنیدگی و ارجاعات معنایی مصراع‌ها را از بین برده و آن یکپارچگی معنایی که با عدم حضور علامات به ناگهان در ذهن خواننده تجسم می‌یابد، مخدوش شده و در نتیجه با ناچیز شمردن سهم خواننده، جلو قراآت مختلف گرفته شده است.

• مرتب نبودن اشعار به حروف روی یا الفبایی نبودن برحسب واژه‌ی نخستین، یافتن رباعیات مورد نظر را با مشکل روبه‌رو می‌کند که با وجود صفحات زائد در کتاب می‌شد فهرست الفبایی رباعیات را در دو بخش فارسی و انگلیسی آن گنجانید.

متن:

انتخاب ۸۴ رباعی این کتاب و نه حدود ۸۰ رباعی که در پیش گفتار آمده از روی نسخه

فروغی ــ غنی به کوشش بهاءالدین خرمشاهی انجام گرفته است. و بررسی این ۸۴ رباعی نشان می‌دهد که فقط ۷۶ رباعی از کتاب فروغی آورده شده و ۸ رباعی دیگر به شرح مطلع‌های زیر از ترانه‌های خیامِ هدایت و ترجمه‌ی فیتز جرالد صورت پذیرفته است:

۱. از من رمقی به سعی ساقی مانده است (هدایت)

۲. افسوس که بی فایده فرسوده شدیم (هدایت)

۳. چون مرده شوم خاک مراگم سازید (هدایت)

۴. هنگام سپیده دم خروس سحری (هدایت)

۵. می خور که به زیرگل همی خواهی خفت (هدایت ــ فیتز جرالد)

۶. اسرار ازل را نه تو دانی و نه من (هدایت ــ فیتز جرالد)

۷. از منزل کفر تا به دین یک نفس است (هدایت ــ فیتز جرالد)

۸. مگذار که غصه در کنارت گیرد (فیتز جرالد)

حاصل مقایسه‌ی مصرع به مصرع، بین ۱۷۸ رباعی فروغی با ۹۸ رباعی ترجمه‌ی فیتز جرالد (طبق محاسبه‌ی ادوارد هرون آلن که در تاریخ ادبی ایران- ادوارد براون گزارش شده است، ص۴۵۵) و ۱۴۳ ترانه‌ی خیامِ هدایت حاکی از اشتراک نسخه‌ی یونسکو با فروغی، در ۷۶ رباعی و با هدایت ۶۷ رباعی و با فیتز جرالد ۴۷ رباعی است که این امر نشانگر آن است که مترجم به رغم انتخاب نسخه فروغی ــ غنی در موارد متعدد ضبط هدایت را ارجح دانسته بدون آن که در پیش گفتار خود به آن اشاره کرده باشد. تعدادی از این موارد را ذکر می‌کنیم، مواردی که دست مترجم را برای ترجمه‌ای قابل قبول تر بازگذاشته نه این که به افکار و واژگان خیام عنایت داشته باشد. هر چند نگارنده در مواردی انتخاب مترجم را بهتر می‌داند. ولی بحث بر سر وفاداری به اصول تحقیق است.

(برای رعایت اختصار نسخه‌ی یونسکو با «ی» و فروغی ــ غنی با «ف» مشخص می‌شوند):

رباعی ص ۲۳: استفاده از «نفس» هدایت به جای «دم» در نسخه‌ی فروغی

رباعی ص ۳۱: آن قصر که با چرخ همی زد پهلو بر درگه آن شهان نهادندی رو

«اگر چه بر چرخ و با چرخ و به چرخ پهلو زدن هر سه آمده است ولی هم فروغی هم هدایت و حتی طربخانه» بر چرخ و ((بر درگه او)) ضبط کرده‌اند. و ضبط «با چرخ» توسط

آقای سعیدپور احتمالاً از روی لغت‌نامه دهخدا انجام یافته است. ص ۳۳:

ابر آمد و زار بر سر سبزه گریست (ی) ابر آمد و باز بر سر سبزه گریست (ف)

بی باده‌ی گلرنگ نمی‌شاید زیست بی باده‌ی گلرنگ نمی‌باید زیست

این سبزه که امروز تماشاگه توست این سبزه که امروز تماشاگه ماست

تا سبزه‌ی خاک ما تماشاگه کیست تا سبزه‌ی خاک ما تماشاگه کیست

ضبط یونسکو طبق نسخه‌ی هدایت صورت گرفته است. رباعی ص ۳۴:

از آمدنم نبود گردون را سود وز رفتن من جاه و جلالش نفزود

فروغی «جلال و جاهش» آورده اما هدایت «جاه و جلالش» که مورد استفاده‌ی مترجم قرارگرفته است. اگرچه تقدم و تأخر این دو واژه در ترجمه اخلال نمی‌کند ولی باز هم یاد آور می‌شود که غرض نگارنده توجه دادن به اهمیت بخش فارسی این کتاب است. ص ۴۹:

برگیر پیاله و سبوای دلجوی تا بخرامیم گرد باغ و لب جوی

در نسخه‌ی فروغی «فارغ بنشین به کشته زار (؟)» آمده است. رباعی ص ۵۲:

برخیز و بتا بیار برای دل ما (ی) برخیز بتا بیار بهر دل ما (ف)

حل کن به جمال خویشتن مشکل ما حل کن به جمال خویشتن مشکل ما

یک کوزه می بیار تا نوش کنیم یک کوزه شراب تا به هم نوش کنیم

زان پیش که کوزه‌ها کنند از گل ما زان پیش که کوزه‌ها کنند از گل ما

در مصرع سوم واژه‌ی «می» و کل مصرع از کتاب طرب‌خانه گرفته شده است.

رباعی ص ۵۳: به غیر از تفاوت در مصرع‌های دوم و سوم با فروغی، در مصرع چهارم به این گونه آمده است: «چیزی نگذاری که نمی‌آیی باز» طبق ضبط هدایت است که در نسخه‌ی فروغی به این طرز ضبط شده است: «تاهیچ نمانی که نمی‌آیی باز». رباعی ص ۵۸:

افسوس که نامه‌ی جوانی طی شد (ی) افسوس که نامه‌ی جوانی طی شد (ف)

وان تازه بهار زندگانی دی شد وان تازه بهار زندگانی دی شد

حالی که ورا نام جوانی گفتند آن مرغ طرب که نام او بود شباب

معلوم نشد که او کی آمد و کی شد فریاد ندانم که کی آمد و کی شد

مترجم، ضبط هدایت را گرفته است. رباعی ص ۶۰:

ای دل تو به ادراک معما نرسی (ی)	ای دل تو به اسرار معما نرسی (ف)
در نکته‌ی زیرکان دانا نرسی	در نکته‌ی زیرکان دانا نرسی
اینجا به می و جام بهشتی می‌ساز	اینجا به می‌لعل بهشتی می‌ساز
کانجاکه بهشت است رسی یا نرسی	کانجاکه بهشت است رسی یا نرسی

انتخاب، طبق ضبط هدایت است. رباعی ص ۶۴:

برچهره‌ی گل شبنم نوروز خوش است　　　در صحن چمن روی دل افروز خوش است (ی)

فروغی، هدایت، و طرب‌خانه هر سه نسیم ضبط کرده‌اند. جایگاه نسیم و تفاوت آن با شبنم نیازی به شرح ندارد. رباعی ص ۶۵:

برخیز و مخور غم جهان گذران　　　خوش باش و دمی به شادمانی گذران

ضبط یونسکو مطابق هدایت است. فروغی و فیتزجرالد هر دو بنشین آورده‌اند.

در بعضی از رباعی‌ها چند ضبط با هم به‌کارگرفته شده است مثل رباعی ص ۶۶:

بنگر زصبا دامن گل چاک شدست (ی)	بنگر زصبا دامن گل چاک شده (ف)
بلبل ز جمال گل طربناک شدست	بلبل ز جمال گل طربناک شده
در سایه‌ی گل نشین که بسیار این گل	در سایه‌ی گل نشین که بسیار این گل
از خاک برآمدست و در خاک شدست	در خاک فرو ریزد و ما خاک شده

هدایت مصرع چهارم را بدین صورت ضبط کرده است: «از خاک برآمده است و در خاک شده» رباعی ص ۶۹:

چون عمر به سر رسد چه بغداد و چه بلخ (ی)	چون عمر به سر رسد چه شیرین و چه تلخ (ف)
پیمانه چو پر شود چه شیرین و چه تلخ	پیمانه چو پر شود چه بغداد و چه بلخ
خوش باش که بعد از من و تو ماه بسی	می‌نوش که بعد از من و تو ماه بسی
از سلخ به غره آید از غره به سلخ	از سلخ به غره آید از غره به سلخ

ضبط کل رباعی طبق ضبط هدایت است. رباعی ص ۷۰:

خیام اگر زباده مستی خوش باش　　　با لاله رخی اگر نشستی خوش باش (ی)

مترجم «لاله رخی» هدایت را انتخاب کرده است اما ضبط فروغی «ماه رخی» است.

رباعی ص ۷۲:

قومی متفکرند در مذهب و دین   قومی به گمان فتاده از روی یقین (ی)

در ضبط فروغی‌اندر ره دین آمده است. ضبط مصراع اول یونسکو مطابق انتخاب فیتز جرالد است و مصرع‌های دوم و سوم این رباعی با مصاریع دوم و سوم فیتز جرالد تفاوت فاحش دارد. و دو تفاوت جزئی دیگر بین یونسکو و فروغی که برای جلوگیری از ملال از ذکر جزییات آن در می‌گذریم. رباعی ص ۷۶: این رباعی را یونسکو طبق ضبط هدایت آورده است: «گویند که دوزخی بود عاشق و مست» ولی فروغی می‌نویسد: «گویند مرا که دوزخی باشد مست». رباعی ص۸۲ :

در دایره‌ی سپهر ناپیدا غور(ی)	در دایره‌ی سپهر ناپیدا غور (ف)
می نوش به خوشدلی که دوراست به جور	جامی است که جمله را چشانند به دور
نوبت چو به دور تو رسد آه مکن	نوبت چو به دور تو رسد آه مکن
جامی‌ست که جمله را چشانند به دور	می‌نوش به خوشدلی که دور است به خور

ضبط یونسکو مطابق هدایت است.

- و مواردی دیگر در رباعی‌های صفحه‌های ۲۹، ۴۳، ۵۹، ۸۰، ۷۸

انجام نیافتن کار دقیق کارشناسی روی رباعیات باعث شده که رباعیاتی که طبق تحقیق شادروان همایی در طرب‌خانه از نظر انتساب به خیام مشکوک هستند در کتاب وارد شود مثل: «یک قطره آب بود و با دریا شد» که در منظومه‌ی مختارنامه به نام شیخ عطار هم آمده است یا «چون ابر به نوروز رخ باده بشست» که در مجموعه‌ی قرن هشتم هجری کتابخانه شورای ملی به نام مهستی است و در دیوان عراقی نیز دیده شده است. یا «نیکی و بدی که در نهاد بشر است» که جزو رباعیات افضل‌الدین کاشانی دیده شده است. (حتی بالحاظ فضل تقدم خیام)

بی‌توجهی به این موارد و افزودن هشت مورد ذکر شده، بی‌اعتبار کردن تلاش‌های برجسته‌ترین خیام شناسان ایرانی است، کسانی چون فروغی و غنی و به خصوص کتابی که مترجم، آن را به عنوان مبنا معرفی کرده است.

به هرحال برداشت نگارنده این است که حضور اشعار به زبان فارسی چندان اهمیتی برای تهیه کنندگان نداشته و غرض افزودن به قطر کتاب و نمایش کتابی لوکس برای

انگلیسی زبانان بوده، آن هم نه در حد کتاب‌هایی که همگان از مشاهیر شعر و ادب خارجی (که به راستی شایسته‌ی اصطلاح زیور طبع است) دیده و می‌بینند. این کتاب علاقه‌مندان جدی خیام را نادیده گرفته و بررسی ترجمه‌ی اشعار توسط متخصصان نیز البته حقایق بیشتری را روشن خواهد کرد. و سرانجام سؤال این است که آیا به راستی بعد از کارهای انگلیسی زبانان روی رباعیات خیام این کتاب معرف تلاش ایرانیان و ادای دین ما نسبت به این شاعر بزرگ جهانی است؟

منبع:

• تأملاتی در باب کتاب رباعیات خیام، ترجمه‌ی منظوم سعید سعیدپور، بایا، شماره یکم و دوم، ۱۳۸۳.

| فردوسی، ولف، نوشین |

« استاد مجتبی مینوی از این رنج می‌برد و به حق هم رنج می‌برد که جهانیان قدر شاهنامه - این شاهکار بزرگ ایرانی - را پیش از خود ما شناخته‌اند. ۲۰۲ سال پیش[1] لمسدن انگلیسی، ۱۸۴ سال پیش ترنرماکان انگلیسی در کلکته، ۱۷۶ سال پیش ژول مول فرانسوی در پاریس، و ۱۳۶ سال پیش ولرس هلندی در لیدن چاپ‌های به نسبت معتبری از شاهنامه را به بازار ارائه کردند، و در سال‌های اخیر برتلس و دیگران چاپ جدیدی را آغاز نمودند، و جامع‌ترین فرهنگ لغات شاهنامه ۷۸ سال پیش به دست ولف آلمانی بعد از سال‌ها صرف وقت منتشر شد که دوبار به چاپ رسید. همچنین ترجمه‌های متعددی به زبان‌های مختلف و صدها کتاب و مقاله تحقیقی

---

۱. این مقاله در سال ۱۳۵۶ ش، نوشته شده و ارقام مندرج در آن برای سال ۱۳۹۲ تصحیح شده است.

درباره فردوسی و شاهکار او منتشر گردیده است.»[2]

سال ۱۳۶۹ نیز به همت یونسکو هزاره‌ی تدوین شاهنامه در دانشگاه تهران برگزار شد. جای آن دارد که در مقام تشکر از زحمت یکی از این پیشروان تحقیق درباره شاهنامه فردوسی، او و اثر ارزشمندش را بیشتر و بهتر معرفی کنیم: فریتس ولف (Fritz Wolff) و فرهنگ لغات شاهنامه (Glossar Zufirdosis Schahname)، در این سال‌ها، فرهنگ ولف، بهره‌های فراوان به محققین رسانده و پژوهندگان از او یاد کرده‌اند و گاه استفاده‌هایی از فرهنگ ولف شده است بی‌آنکه از آن یادی شود. در حالی که برخی از بررسی‌ها در موضوعی خاص و واژه‌یابی‌ها از شاهنامه به یاری همین مرجع انجام گرفته است.

«از سوی دیگر، برخی بر اثر ناآگاهی از این فرهنگ یا مراجعه نکردن به آن عمر و توانی را به عبث برای بررسی یا واژه‌یابی موضوعی در شاهنامه تلف کرده‌اند. حال آنکه این چراغ عمر را دیگری سوخته است تا دیگران از پرتو آن روشنی گیرند. این فرهنگ، سخت به‌کار همه دست‌اندرکاران شاهنامه ـ نه تنها زبان‌شناسان ـ می‌آید.»[3]

«فریتس ولف در ۱۱ نوامبر ۱۸۸۰ در برلین بدنیا آمد و پس از گذراندن مدرسه متوسطه در همین شهر، برای ادامه‌ی تحصیل به مونیخ رفت و سپس در هایدلبرگ و مونیخ و آخرالامر در گیسن به تحصیل دانشگاهی ادامه داد و در سال ۱۹۰۵ نزد استاد بارتولومه، رساله دکترای خود را تحت عنوان «مصادر زبان‌های هندی و ایرانی» نوشت و از آن با موفقیت دفاع کرد.

ولف پانزده سال در کتابخانه‌های علمی معتبر به تفحص و تحقیق پرداخت و در سال ۱۹۱۰ تمام اوستا را ترجمه و به بارتولومه تقدیم کرد که بار دیگر در سال ۱۹۴۰ تجدید چاپ شد. ولف در ضمن ترجمه‌ی اوستا، به فکر افتاد زبان شاهنامه را مورد تجزیه و تحلیل قرار دهد و این کاری بود بسیار دشوار که قریب ۲۰ سال زندگانی ولف را صرف جمع‌آوری و ترتیب واژه‌ها کرد و آنقدر غرق کار خود شد که اصلاً بفکر نیفتاد که چه وقت و به چه وسیله‌ای این اثر قطور را می‌تواند به چاپ برساند.»[4] تا اینکه این فرهنگ را دولت آلمان

---

۲. «متن کامل شاهنامه و فرهنگ جامع آن»، محمد امین ریاحی، روزنامه اطلاعات، ۲۷ اردیبهشت ۱۳۵۶، ص ۲۱.

۳. «فرهنگ شاهنامه فردوسی»، پرویز اذکائی، هنر و مردم، شماره ۱۵۴/۱۵۳ (تیر ۱۳۵۳) ص: ۱۸۹-۱۹۷.

۴. «عبدالحسین نوشین و فهرست لغات شاهنامه ولف»، محمد عاصمی، کاوه (جدید) ش. ۹ (۱۳۵۰) ص: ۱۱۲

در سال ۱۹۳۴ (۱۹۳۵) برای شرکت در جشن هزاره‌ی فردوسی در برلین چاپ کرد (شعبه فرهنگی وزارت خارجه آلمان). فرهنگ شاهنامه فردوسی در سال ۱۹۶۵ به قطع وزیری از روی همان چاپ نخست، تجدید چاپ شد که شامل ۱۲ صفحه مقدمه و ۹۱۱ صفحه دو ستونی متن فرهنگ و ۱۰۹ صفحه جلد پیوست است.

«آخرین خوشحالی و خوشوقتی بزرگ زندگی ولف که با نگرانیهای روزافزون ناشی از حکومت ناسیونال سوسیالیست‌ها پیوسته تیره می‌شد این بود که ببیند لغت‌نامه او از چاپخانه‌ی دولتی منتشر می‌شود...

در سالهای بعد ولف تصحیح بقیه شاهنامه ولرس- لانداور، را در دست گرفت و توانست آن را به انجام برساند. آنچه که غوطه‌ور شدن او را در رنج‌ها و ترس‌های زندگیش یاری می‌کرد ایمان او به دین مسیح بود که بدان گرویده بود.»[5]

به سبب یهودی‌الاصل بودن، مقامات آلمان نازی به او امکان تدریس و فعالیت نمی‌دادند و او زندگی سختی را می‌گذراند و مایل بود تا آنجاکه ممکن است وطن خود آلمان را ترک نکند و با اینکه پس از تقدیم فرهنگ لغات شاهنامه به دولت ایران، از طرف دولت ایران دعوت شده بود تا در دانشگاه تهران به تدریس «اوستا» و زبان‌های باستانی بپردازد ولی بیماری به او مجال سفر نداد تا اینکه در سال ۱۹۳۴ همانند میلیون‌ها نفر دیگر به مرگ وحشتناکی درگذشت.

«آورده‌اند میان زندگی و سرنوشت او و فردوسی شباهتی هست. خود او در سرآغاز کتاب این بیت استاد توس را در همانندی خویش با او ذکر نموده:

من این نامه فرخ گرفتم به فال   همی رنج بردم به بسیار سال

باری، این واژه‌نامه‌ی شاهنامه «که در نوع خود در تاریخ ایران‌شناسی و مطالعات ایرانی بی‌نظیر است» در واقع یک کشف‌اللغات جامع است که تمام واژه‌های شاهنامه را با ذکر محل کاربرد آنها و اینکه یک واژه در کدامین ابیات و از چه فصولی آمده به ترتیب الفبایی واژه‌ها با یک تقسیم‌بندی منطقی در شرح و معنای آنها و نشان دادن ویژگی‌های لغوی و بیان کاربردهای دستوری، طبق اصول و روش علمی ـ فنی، یکجا گردآوری و فهرست کرده

۵. نای، هفت‌بند، ابراهیم باستانی پاریزی، ص: ۳۳۱-۳۳۷.

و بر پژوهشگران شاهنامه عرضه نموده است.

روش ولف در این فرهنگ چنین است که داستان هر یک از شاهان را در شاهنامه به ترتیب تاریخی به عنوان یک فصل جداگانه و یک بخش از تقسیمات پنجاه‌گانه خود با شماره‌ای مشخص نموده است به دیباچه‌ی شاهنامه حرف E و به هجونامه حرف S و به نخستین فصل ـ یعنی داستان کیومرث شماره ۱ و... تا به داستان یزدگرد که شماره ۵۰ داده است. اما چون در پادشاهی کی‌کاوس و کی‌خسرو داستان‌های فرعی وجود دارد، از این رو، او نیز به آن داستان‌ها شماره‌های فرعی داده است مانند داستان رزم کاوس با شاه هاماوران به شماره فرعی b12 و... (یادآوری این نکته لازم است که چون عدد ابیات شاهنامه برحسب نسخه‌ها تفاوت می‌کند، در هر یک از چاپ‌های آن، واژه مورد نظر ممکن است چند بیت پیشتر یا عقب‌تر از موضعی که فهرست ولف نشان می‌دهد، یافته شود.)»[۶]

فهرست ولف براساس چاپ مول، ماکان، و ولرس تدوین شده و نسخه‌هایی که در دسترس این سه محقق بوده‌اند البته از دستبرد نسخه‌نویسان در امان نمانده‌اند. «بیشتر دانشمندان ایران‌شناس معتقدند که این متن‌ها دارای تحریفات و الحاقاتی‌ست که ضرورت انتشار متن تازه‌ای را اجتناب‌ناپذیر کرده است. خود فریتس ولف گوشزد می‌کند که به عقیده برخی تا زمانی که متن منقحی در اختیار نیست تدوین یک لغتنامه‌ی شاهنامه کار عبثی است.»[۷]

ولی در هر حال کار این ایران‌شناس گرانمایه‌ی آلمانی قابل تقدیر است و به حق باید اقرار کرد که ایرانیان عاشق شاهنامه و تمام دانشمندان جهان که به نحوی با ادبیات ایران سروکار داشته‌اند مدیون خدماتی هستند که این ایران‌شناس به فرهنگ میهن ما کرده است. یکی از کسانی که سعی در معرفی ولف و اثر ارزشمند او نموده عبدالحسین نوشین است که «قریب ده سال در تصحیح و تنقیح شاهنامه چاپ مسکو که به تصدیق اغلب دانشمندان، بهترین شاهنامه‌ایست که تا بحال منتشر شده زحمت کشیده و قدیم‌ترین نسخه‌های شاهنامه را به کمک گرفته است.

---

۶. «فرهنگ شاهنامه فردوسی» پرویز اذکایی، همان شماره. برای داشتن تطبیقات فصل های شاهنامه در جلدها و صفحات آنها با نشانه های ولف به همین مقاله مراجعه کنید.

۷. «عبدالحسین نوشین و فهرست لغات شاهنامه» ولف، محمد عاصمی، همان شماره.

عبدالحسین نوشین در جریان این تصحیح، پژوهش‌هایی نموده که در کتابی تحت عنوان «سخنی چند درباره‌ی شاهنامه» گرد آورده است. اجمالاً به نظرات وی راجع به فرهنگ ولف ـ در این کتاب ـ اشاره می‌شود:

پی‌افکندم از نظم کاخی بلند   که از باد و بارانش، ناید گزید

«این کاخ بلند نظم نه تنها از باد و باران زمانه گزندی ندیده بلکه هر زمان استوارتر و پرشکوه‌تر گردیده، اما با هزاران دریغ و افسوس باید گفت که از گزند نسخه‌نویسان و فرهنگ‌نویسان و خوانندگانی که در متن شاهنامه دست برده‌اند، برکنار نمانده و آسیب فراوان دیده است، به طوری که دو نسخه‌ی کهنه یا نو شاهنامه یافت نمی‌شود که در آنها دویست بیت پی‌درپی، همسان و بی‌کاستی و فزونی باشد.

به موازات تحول زبان و شیوه‌ی گفتار در طی قرون هر نسخه‌نویس برای آنکه شاهنامه را به فهم خواننده زمان (شاه، امیر یا حاکمی که دستور نوشتن نسخه را داده است) نزدیک‌تر سازد، پاره‌ای از کلمات آن را تغییر داده، در جاهای بسیار شیوه سخن‌پردازی کهن شاهنامه را برهم زده و به اسلوب زمان خود درآورده است. هر آنچه که معنیش را نمی‌دانسته، انداخته و کلمه‌ی دیگری به جایش گذاشته است و گاهی مفهوم و فلسفه قطعه‌یی از شاهنامه را عوض کرده مطابق عرف و رسم زمان خود ساخته است.

دستبردهایی که نسخه‌نویس‌ها در شاهنامه کرده‌اند معمولاً فهم و تصحیح متن را دشوار و گاهی ناممکن می‌سازد. از نسخه‌های خطی گذشته در فرهنگ‌های عمومی که شواهدی نیز از شاهنامه آورده‌اند و به‌خصوص در فرهنگ‌های ویژه‌ی شاهنامه نیز بدین علت نادرستی‌های بسیاری هست.

فرهنگ لغات شاهنامه اثر فریتس ولف را دانشمندان ایران و خاورشناسان، جامع تمام واژه‌ها و کلمات بسیط و مرکب شاهنامه و معنی‌های مختلف نوانس‌های گوناگون آنها می‌دانند. اما این فرهنگ نیز کم‌وکاستی و اشتباهاتی دارد. باید اضافه کرد که اگر صحبت از کاستی‌های این فرهنگ می‌شود منظور این نیست که ذره‌ای از ارزش کار این دانشمند که در نتیجه‌ی سالیان درازکار و پژوهش، فهرستی گرانمایه برای استفاده‌ی، دوستداران شاهنامه از خود به یادگار گذاشته است کاسته شود. هیچ چیز بی‌کم‌وکاست و بی‌لغزش و

اشتباه در جهان وجود ندارد. معیار ارزش هرکار، اصل درست آن کار است نه کم‌وکاستی‌ها و لغزش‌ها، به شرط آنکه نادرست بیشتر از درست نباشد و این شرط درکار این دانشمند وجود دارد. او فرهنگ خود را بر اساس شاهنامه‌های چاپی که نسخه‌های اساس آنها هم معتبرترین نسخه‌های موجود شاهنامه نیست، ترتیب داده است و هم‌چنین در برخی موارد از نادرستی فرهنگ‌های فارسی پیروی نموده و با احتیاط و به شیوه‌ی انتقادی با آنها روبرو نشده است و این خود دو عامل بزرگ در پیدایش این نقایص است و چون این خطاها به نوبه‌ی خود درگمراه ساختن خوانندگان و پژوهندگان شاهنامه تأثیر فراوان دارد باید آنها را بیرون کشیده، نادرستی آنها را به اثبات رساند و تصحیح کرد.[۸]

حال به ذکر عناوین اشتباهات ولف بسنده می‌شود و خوانندگان محترم می‌توانند برای دانستن توضیحات عبدالحسین نوشین به‌کتاب «سخنی چند درباره‌ی شاهنامه» مراجعه نمایند:

۱-ناروان ۲-گاوپیسه ۳-رفت‌آوری ۴-زهش ۵-شافیدن([۹]) ۶-بهایی ۷-ژنگ ۸-دادراست ۹-آزر ۱۰-شمشیرگزار ۱۱-کرد کردان

وگاهی دیده می‌شود که در حرکات و جایگزینی حروف در فرهنگ ولف دقت به عمل نیامده است.

در هر حال کتاب نوشین علی‌رغم حجم کم خود می‌تواند به عنوان مرجعی تنگاتنگ و هم‌دوش کتاب قطور ولف مورد استفاده قرارگیرد.

امید است که حاصل زحمات این دو محقق و پژوهشگرگرانقدر مورد استفاده بیشتر محققان ایرانی قرارگیرد.

منبع:

• فردوسی، ولف، نوشین: پژوهشنامه دانشکده ادبیات و علوم انسانی دانشگاه شهید بهشتی، ش. ۸ و ۹، بهار و تابستان ۱۳۷۱.

با تشکر از خانم آذرمه سنجری که در مقابله لغات آلمانی به اینجانب (بنفشه حجازی) کمک نمودند.

---

۸. «سخنی چند درباره شاهنامه»، عبدالحسین نوشین، ویراستار: م گودرز.

| فرهمندان کارگر و کاوه آهنگر در شاهنامه فردوسی |

در داستان کاوه آهنگر، خورده شدن مغز سر پسران او توسط ضحاک و دادخواهی کاوه و سپس درفش برافراشتنش نیست که مهم است بلکه آهنگر بودن او نیز جالب توجه است. چرا حکیم طوس او را کاوه کفش‌گر، کوزه‌گر و... نخوانده است و اصولاً چرا یک آهنگر سر به طغیان برمی‌آورد؟

از وجود آگاهاننده و مبارز آهنگران در تمامی نهضت‌های حق‌طلبانه، کفرستیز و ضد استبداد در طول تاریخ کشورمان ایران آگاهیم. چرا آهنگران چنین‌اند؟

نقش اسطوره‌ای آهنگر به وسیله اشخاص مختلف از جمله «میرچاالیاده» مورد مطالعه قرار گرفته است. چیرگی بر آتش و قدرت تغییر و تبدیل آن از سوی فرهنگ‌های مختلف

مورد شناسایی و احترام قرارگرفته است. «آهنگر قهرمانی است تمدن‌سازکه ماموریت خطیر تکمیل کاینات و سازماندهی و افشای اسرار فرهنگ، برآدمیان را برعهده دارد.»[1] هوشنگ جهان‌دار اسطوره‌ای نیز مکتشف آهن است و آهنگری پیشه می‌کند:

جهاندار هوشنگ با رای و داد   بجای نیا تاج بر سر نهاد
نخستین یکی گوهر آمد به چنگ   بدانش زآهن جداکرد سنگ
سرمایه کرد آهن آب‌گون   کزان سنگ خاراکشیدش برون
چو بشناخت آهنگری پیشه کرد   کجا زو تبرواره و تیشه کرد

و جمشید در آغاز حکومت، آلت جنگ می‌سازد:

...به فرکئی نرم کرد آهنا   چو خود و زره کرد و چون جو شنا
چو خفتان و چون درع برگستوان   همه کرد پیدا به روشن روان

هوشنگ در عصر طلایی صلح، تبرواره و تیشه از آهن می‌سازد و جمشید پس از روزگار طهمورث و طغیان دیوان، بالضروره، زره و جوشن و خفتان و درع و برگستوان می‌سازد و جهت ساخت آلت جنگ، با مدد فرکئی، آهن را نرم می‌کند و آهنگر می‌شود.

«آهنگر همچون نخستین عامل دگردیسی‌های ارادی اشیاء و موجودات زنده در نظر مجسم می‌گردد یا همچون نیای دور دست پیشه‌وران و رزمندگان قبیله»[2] همچون هوشنگ و جمشید یعنی افرادی که نه فقط رمز و راز زندگی روزانه که قدرت مرگ و نابودی را نیز در اختیار دارند.

جمشید با دانش و روان روشن خود موفق به اختراع و اکتشافات متعددی می‌شود. سال‌های سال فرکیان با اوست و از یزدان بدو پیام می‌رسد. پس از آن جمشید گرفتار کبر می‌گردد همین کبر به دوره‌ی خلاقیتش پایان می‌دهد. نفی بلد متفکران (آموزیان) طبقه‌بندی جامعه، سفرهای دریایی ازکشوری به‌کشور دیگر و... باعث می‌شود که به جز خویشتن کسی را نبیند و از اطاعت یزدان سرباز زند. بدین خاطر ارتباطش با سرچشمه‌ی راز و رمز گسسته می‌شود. فراز او برمی‌گردد و جام او تیره می‌شود:

---

۱. اسرار انجمن‌های محرمانه، رته آللو، ترجمه: ناصر موفقیان (تهران) شباویز، ۱۳۶۶، ص ۱۲۱.

۲.همان منبع، ص ۱۲۲.

منی کرد آن شاه یزدان شناس　　　ز یزدان بپیچید و شد ناسپاس

...

چنین گفت با سالخورده مهان　　　که جز خویشتن را ندانم جهان

...

گرایدون که داند که من کردم این　　　مرا خواند باید جهان آفرین

«شیخ اشراق از قول زردشت درباره‌ی فر می‌گوید: خَرّه نوریست که از ذات خداوندی ساطع گردد و بدان مردم بر یکدیگر ریاست یابند و به معنویت آن هر یک بر عملی و صناعتی متمکن گردد. همو در رساله‌ی پرتونامه می‌گوید:

«هر پادشاهی حکمت بداند و بر نیایش و تقدیس نورالانوار مداومت کند، چنانکه گفتیم او را «خَرّه کیانی»[۳] و «فرِّ نورانی» بخشند و «بارق الهی» او را کسوت هیبت و بها بپوشاند و رئیس طبیعی عالم شود»[۴]

فر جمشید که در سایه‌ی آن بر صناعت متمکن شد، شرطش نیایش و تقدیس نورالانوار بود و لذا زمانی که از پرستش و تقدیس یزدان روی پیچید، کبر و منی، مانع رسیدن فر به او شد و دیگر پیامی دریافت نکرد و از تمکن صناعت جدید دور افتاد و از ریاستِ طبیعی افول کرد و مردم به دنبال رهبری جدید به جنگ درآمدند. بنا به گفته‌ی شاهنامه مردم ایران بر این عقیده بوده‌اند که خداوند به هستی، نیرویی به نام فر می‌بخشد و هرکس و هر چیز از آن برخوردار است. «که نه تنها به صورت نور از چهره و دیدار پادشاهان و موبدان و پهلوانان می‌تابد که به صورت نیرویی در بازوان رستم نیز پدیدار می‌شود و لحظه‌ای نیز به شکل یک اندیشه خدایی در پیداکردن رازهای سربسته‌ی دنیای انسان‌ها و حتی درهم

---

۳. در لغت‌نامه دهخدا آمده است، خره (خَ رُ)= نور باشد مطلقاً اعم از پرتو چراغ و آتش و آفتاب، چنانچه گویند (علامه دوانی در شرح هیاکل نور ـ فرهنگ جهانگیری) خره نوریست از الله تعالی که فایز می‌شود بر خلق و بدان نور خلائق ریاست بعضی بر بعضی کنند و بعضی به وسیله آن نور قادر می‌شوند بر صنعت‌ها و حرفت‌ها و از این نور آنچه خاص باشد به پادشاهان بزرگ و عادل فایز گردد و آن را کیاخره گویند (برهان قاطع).

۴. فرّ در شاهنامه فردوسی، بهروز ثروتیان، دانشگاه تبریز، ۱۳۵۰.

شکستن جادوها یعنی دیوارها و مرزهای مانع حرکت و پیشرفت جلوه می‌کند.»۵

«فر» در ادبیات باستانی ایران، مترادف با «خویش‌کاری» یعنی وظیفه و انجام وظیفه است و هرکسی وظیفه‌ی خود را خوب انجام دهد فر در او قوت می‌گیرد و به محض اینکه کسی در انجام وظیفه‌ی خود کوتاهی کند، فر از او می‌گریزد.»۶

در هر حال، در این عصر است که می‌بینیم آهنگری و شاهی یا تمکن صناعت و ریاست طبیعی توأمان هستند؛ هرچند در دوره‌های تاریخی شاهنامه به بیتی این چنین نیز برمی‌خوریم:

نه خسرو نژادی نه والا سری   پدرت در سپاهان بد آهنگری۷

در دوره‌ی پیشدادی، رئیس طبیعی جامعه، کدخدای و پادشاه و خادم و راهبر مردم بوده‌اند، همچنانکه به کیومرث، هوشنگ و طهمورث بسیاری از کارها و خدمات منتسب است. جمشید نیز کارهای خود را از فره ایزدی دانسته و خود را شهریار و موبد می‌خواند:

منم گفت با فره ایزدی   همم شهریار و هم موبدی۸

بعد از تباه شدن روزگار جمشید به دلیل برگشتن فر و پیوند گسستن بزرگان و سواران از او، سواران به سوی کشور تازیان می‌روند، نه فقط برای یافتن رئیس و بزرگی، بلکه برای یافتن کسی که تمکن صناعت داشته باشد و فره ایزدی بر او بتابد. در این راه، ضحاک پسر مرداس خوشنام را به شاهی برمی‌دارند. جمشید به ناچار تخت و کلاه بزرگی و دیهیم و سپاه به ضحاک می‌سپارد و می‌رود و سرانجام با اره‌ی ضحاک به دو نیم می‌شود و ضحاک نیز بدون هیچ‌گونه تشریفات شادی آفرین و جشن، حکومت هزار ساله‌ای را بر ایران آغاز

---

۵. همان منبع

۶. آدینه، ش ۴۷ (تیر ۱۳۶۹) ص ۱۳ (محمدرضا باطنی).

۷. دهخدا

۸. سعیدی سیرجانی در مورد این خطابه‌ی جمشید به هنگام تاج‌گذاری می‌نویسد (ضحاک ماردوش ص ۵۷): «با قبول دو منصب والا و دردسرخیز شهریاری و موبدی به سودای قدرتی مضاعف، متحمل مسئولیتی سنگین می‌شود که پیش از آن وظیفه سرکوبی اشرار و دفع متجاوزان و حفظ امنیت بر عهده شاهان بود و هدایت خلق تزکیه روان‌ها ـ و احیاناً دفع ستم شاهان ـ پیشه‌ی موبدان.»

می‌کند که در آن آئین فرزانگان نهان شده ، جهان به کام دیوانگان می‌گردد .

هنر خوار شد جادویی ارجمند   نهان راستی آشکارا گزند

شده بر بدی دست دیوان دراز   ز نیکی نبودی سخن جز به راز

در مورد ضحاک ، بیشتر از هر چیز مارهای روییده بر کتف‌ها که خوراکشان مغز سر جوانان است اشتهار دارد حال آنکه سایر صفات و کردار او دست کمی از آن دو مار ندارند : قتل و غارت ، سوختن ، کشتن مردان دلیر ، هتک ناموس و ...

ضحاک چهل سال مانده به پایان حکومت هزار ساله ، عاقبتِ حکومت خود را در خواب می‌بیند و پس از تعبیر آن ، آرام و خواب و خوردش را از دست می‌دهد و نشان فریدون را در گرد جهان ، آشکار و پنهان می‌جوید ، پدر فریدون را می‌کشد ، گاو بر مایه را می‌کشد و ایوان کاخ او را به آتش می‌کشد تا عوامل تجمع ایرانیان به دور فرمانروای ایرانی را منهدم سازد و از بازگشت رسم کئی و آئین و کیش ایرانی جلوگیری کند .

فریدون با مجاهدت و فداکاری‌های مادرش بزرگ می‌شود و به فرمان یزدان پاک از ایوان ضحاک خاک برمی‌آورد و به حکومت رسیدن او را ایزد وسیله‌ای می‌سازد به نام «کاوه» ، آهنگری شجاع و نترس ، سمبل مردم رنجیده .

ضحاک ، بیمناک از فریدون همچنان مشغول انجام فجایع در حق مردمان ایران است و به نیرنگ و دورویی خواهان محضر و سندی که گواه نیکی و خوبی او باشد . از بیم او بزرگان ایران ، سند را امضاء می‌کنند . در اینجاست که دادخواهی کاوه یا دادخواهی مردم ایران زمین ظاهر می‌شود .

مردم ایران بر باد رفتن رسم کئی و آئین و کیش را پذیرفته‌اند . دوشیزگان خوب روی پاک گفتگوی خود را به پرستندگی ضحاک فرستاده‌اند ، جوانان خود را جهت خوراک مارهای ضحاک داده‌اند ، هنر و راستی و نیکی عهدشان به راز آلوده شده و کژی و بدخویی در صدور مملکت‌شان پرورده شده ، و چیزی نگفته‌اند و تحمل کرده‌اند . اما امضای گواهی و محضر چیز دیگری است . ثبت دروغ بزرگی است بر تاریخ .

استاد طوس امضای محضر ضحاک را توسط بزرگان و دادخواهی کاوه آهنگر را صریح و محکم در دو بیت پشت سر هم آورده است :

در آن محضر اژدها ناگزیر   گواهی نبشستند برنا و پیر

هم آنگه یکایک ز درگاه شاه   برآمد خروشیدن دادخواه

کاوه را نزد ضحاک می‌برند. ضحاک از او به تندی می‌پرسد، کیستی و از چه کسی بر تو ستم رفته است؟ کاوه به خروش می‌آید و بر سر می‌زند که من کاوه دادخواهم!

بده داد من کامدستم دوان   همی نالم از تو به رنج روان

اگر داد دادن بود کار تو   بیفزاید ای شاه مقدار تو

ز تو بر من آمد ستم بیشتر   زنی بر دلم هر زمان نیشتر

ستم گر نداری تو بر من روا   به فرزند من دست بردن چرا

مرا بود هژده پسر در جهان   از ایشان یکی مانده است این زمان

ببخشای بر من یکی را نگر   که سوزان شود هر زمانم جگر

شها من چه کردم یکی بازگوی   وگر بی‌گناهم بهانه مجوی

تهدید و تنبیه کاوه در محضر شاه اژدهاوش، آخرین اتمام حجت خیر بر شر است:

به حال من‌ای تاجور در نگر   نیفزای بر خویشتن دردسر

...

ستم را میان و کرانه بود   همیدون ستم را بهانه بود

بهانه چه داری تو بر من بیار   که بر من سگالی بد روزگار

یکی بی‌زبان مرد آهنگرم   ز شاه آتش آید همی بر سرم

تو شاهی وگر اژدها پیکری   بباید بدین داستان داوری

اگر هفت کشور به شاهی تراست   چرا رنج و سختی همه بهر ماست

شماریت با من بباید گرفت   بدان تا جهان ماند اندر شگفت

مگر در شمار تو آید پدید   که نوبت زگیتی به من چون رسید

که مارانت را مغزِ فرزند من   همی داد باید به هر انجمن

آخرین فرزند کاوه را بدو باز می‌دهند و در عوض از او می‌خواهند که سند راستی و نیکی ضحاک را امضاء کند. کاوه سند را می‌خواند و به سوی بزرگان حاضر در دربار می‌گردد:

خروشید که ای پای مردان دیو   بریده دل از ترس کیهان خدیو

همه سوی دوزخ نهادید روی　　سپردید دلها به گفتار اوی
نباشم بدین محضر اندر گوا　　نه هرگز براندیشم از پادشا
خروشید و برجست لرزان ز جای　　بدرید و بسپرد محضر به پای

کاوه سند را پاره می‌کند، پیران و خردمندان مملکت را زیر سؤال می‌برد، تنبه داده و بت‌شکنی می‌کند، و سپس از بارگاه بیرون می‌رود. اما، مهان که این «پر از هول شاه اژدها پیکر» را بر ایران حاکم کرده و سند نیکی او را امضا می‌کنند. همان کسانی که یارای تعبیر خواب شاه را ندارند، حالا که کسی پیدا شده و در مقابل ضحاک می‌ایستد و فریاد می‌زند: نه هرگز براندیشم از پادشا! بر او ایراد می‌گیرند و عملش را زشت می‌شمارند:

چرا پیش تو کاوه خام‌گوی　　بسان همالان کند سرخ روی
همی محضر ما به پیمان تو　　بدرد بپیچد ز فرمان تو
سرو دل پر از کینه کرد و برفت　　تو گفتی که عهد فریدون گرفت
ندیدیم ازین کار ما زشت‌تر　　بماندیم خیره بدین کار در

ولی ضحاک از کاوه و اعمالش اظهار شگفتی می‌کند:

که چون کاوه آمد ز درگه پدید　　دو گوش من آوای او را شنید
میان من و او به ایوان درست　　یکی آهنی کوه گفتی برست

این کوه آهن چه بود؟ ضحاک نمی‌دانست[۹]:

ندانم چه شاید بدن زین سپس　　که راز سپهری ندانست کس

کاوه چون از درگاه بیرون می‌آید، مردم بر او گرد می‌آیند:

همی بر خروشید و فریاد خواند　　جهان را سراسر سوی داد خواند
از آن چرم کاهنگران پشت پای　　بپوشند هنگام زخم درای
همان کاوه آن بر سر نیزه کرد　　همانگه ز بازار برخاست گرد

شعار کاوه آهنگر، اعلام اهریمن بودن ضحاک است و تهییج مردم بر گفتن آن:

بگویید که این مهتر آهرمن است　　جهان آفرین را به دل دشمن است

---

۹. سعیدی سیرجانی در این‌باره می‌نویسد (همان کتاب ص ۱۱۹). کوه آهنی چیزی نمی‌تواند باشد جز تیغ انتقام ملتی ستم رسیده و به جان آمده.

به دور او جمعیتی عظیم گرد می‌آیند و سرانجام به فریدون می‌پیوندند و پس از چندی زمینه‌ی نبرد با ضحاک آماده می‌شود و فریدون، برای کشتن ضحاک، سفارش سلاحی مخصوص می‌دهد و آهنگران را جهت ساختن گرزی گران نزد خود می‌خواند. در این زمان هرچند کئی و صناعت از همدیگر دور شده‌اند ولی فریدون، خود طراح است:

بیارید داننده آهنگران یکی گرز سازند ما را گران
چو بگشاد لب هر دو بشتافتند به بازار آهنگران تافتند

آهنگران همه به خدمت فریدون می‌رسند و فریدون تصویر سلاح ـ گرزه‌ی گاو سر ـ را می‌کشد:

جهانجوی پرگار بگرفت زود وزان گرز پیکر بریشان نمود
نگاری نگارید برخاک پیش همیدون بسان سر گاومیش
بدان دست بردند آهنگران چو شد ساخته کار گرز گران

آهنگران پس از ساختن گرز گران، آن را به نزد فریدون می‌برند و او کار آنها را می‌پسندد و آنها را می‌نوازد:

پسند آمدش کار پولادگر ببخشیدشان جامه و سیم و زر
همی کردشان نیز فرخ امید بسی دادشان مهتری را نوید
که گر اژدها راکنم زیر خاک بشویم شما را سر از گرد پاک

با نوید مهتری آهنگران و نواخت آنان و گرفتن دعای خیر از مردان یزدان‌پرست و مدد از سروش عالم غیب، فریدون روی به سوی ضحاک می‌نهد، در حالی‌که کاوه آهنگر پیشاپیش سپاه است:

براند و بدش کاوه پیش سپاه برافراز راند او از آن جایگاه
برافراشته کاویانی درفش همایون همان خسروانی درفش

پس از پیروزی فریدون بر ضحاک و بر تخت نشستن او و شکسته شدن ایرج به دست برادران و آگاه شدن سلم و تور از وجود منوچهر و آهنگ جنگ این دو با فریدون و منوچهر، می‌توان وجود کاوه آهنگر در دربار فریدون و منوچهر را پی گرفت:

منوچهر چون زاد سرو بلند نشسته چو طهمورث دیوبند
نشسته بر شاه بر دست راست تو گویی زبان و دل پادشاست

از آهنگران کاوه‌ی پر هنر — به پیشش یکی رزم دیده پسر
کجا نام او قارن رزم زن — سپهدار بیدار لشکر شکن

در طول شاهنامه، بارها به نام «قارن کاوه» پسر کاوه‌ی آهنگر برمی‌خوریم که همواره در سپاه خیر حضور دارد و مدافع ایران زمین است.

کجا قارن کاوه جنگ آورد — پلنگ از سنانش درنگ آورد

و آن چرم که آهنگران هنگام زخم درای برتن می‌کنند، همواره جلودار سپاهیان ایران ـ دلیرانی که از تیغ‌شان همواره هوا بنفش رنگ است ـ می‌شود.

گودرزیان که به کاوه منسوب‌اند در تاریخ ایران دلاوری‌هایی نموده‌اند و از آن جمله است: داستان بیژن و منیژه، آوردن گیو کیخسرو را از توران به ایران، جنگ پشن، جنگ یازده رخ و... و از جمله داستان‌هایی که منسوب به گودرزیان است: داستان تازیانه جستن بهرام پسر گودرز است در رزمگاه.

به عقیده یوستی صورت اوستایی کاوه، کاوَ یه، به معنی شاهی از نژاد کی است و بنابراین با واژه کیان و کیانی در فارسی که اوستایی آن کوی است ارتباط دارد. اما به نظر می‌رسد که کریستین سن این اشتقاق را نمی‌پذیرد. درفش کاویان و کاوه را مربوط به دوره ساسانی می‌داند و بر این معتقد است که در اوستا و کتب دینی زرتشتی سابقه نداشته است.

آفرین بر حکیم طوس باد

منابع:

۱. اشعار این مقاله از شاهنامه فردوسی (ژول مول)، تهران، جیبی، ۱۳۶۹ گرفته شده است.

• فرهمندان آهنگر و کاوه آهنگر در شاهنامه فردوسی: گلچرخ، ش. ۱۳، فروردین و اردیبهشت ۱۳۷۵.

| تاریخ و حافظ |

(نگاهی دوباره)

در هر زمان که حقیقت دچار خفقان بوده یا به دلایل مختلف پوشیده شده، برای بیان و افشای آن، تدبیر و چاره‌ای به کار رفته است. کنفوسیوس سال‌نامه‌ی تاریخی چین را با تغییر چند کلمه دگرگون ساخت. نوشته شده بود: ارباب فلان ناحیه فلان فیلسوف را به گناه گفتن فلان سخن به دیار دیگر فرستاد. کنفوسیوس به جای «به دیار دیگر فرستاد.» نوشت «به قتل رساند.»

نوشته شده بود: «فلان امپراطور در توطئه‌ای از پای درآمد.» کنفوسیوس نوشت: «اعدام شد.» کنفوسیوس با این کار راه را برای ارزیابی تازه‌ای از تاریخ هموار کرد. می‌توان دریافت که او در این ارزیابی جدید سهم مردم را زیرکانه افزایش داده و حقایقی را برملا کرده است. اما در

سایر موارد ارزیابی نشده -چه در چین و چه در هرکجای دیگر- سهم حقایق چقدر است؟ آیا تاریخ، آیینه‌ی تمام نمای گذشته و گذشتگان است؟ اصولاً تاریخ چیست؟

قبل از دوره‌ی معاصر بررسی تطوری امور چنین بوده که تاریخ یعنی زندگی افرادی که به زور خود را بر زمان حک کرده‌اند و گویی از سر لطف و چاپلوسی به آن گروه از آدمیان که زورمندند و خوب انعام و پاداش می‌دهند تعلق یافته و باز هم گویی تاریخ یعنی جزئی از یک کل که به ناحق کل خوانده می‌شود.

پس آنچه که بر ما گذشته است یعنی تاریخ حقیقی کجاست و در نتیجه‌ی چه عملکردها و رویدادهایی مخدوش و منحرف شده است؟ حقایق کدامند و در گذشته چه اتفاقاتی رخ‌داده و تطور آن چگونه بوده است و به چه نتایجی منجر شده است؟

مورخان و نویسندگان هر آن چه کرده‌اند، کرده‌اند و آنچه که کرده‌اند همان بوده که ناچار و یا مایل به آن بودند. ولی سؤال این است که در این عصر و زمانه چه بایستی نوشته شود؟ آیا از همان‌گونه که پیشینیان نوشتند یا با پشتوانه‌ی قرن‌ها زجر و شکنجه و قحط و غارت و کشتار و آگاهی‌های روشن همراه با دستاوردهای علمی، صنعتی، اجتماعی و فرهنگی صیقل یافته با اندیشه‌های متعالی ملل مختلف باید از ما چیزی متفاوت با آنچه که آنها بودند بسازد و ما تاریخی به جای بگذاریم که آینده‌گان بتوانند حقیقت را دریابند؟ کدام یک؟

هشیاری و اطلاع ما از حال، آینده‌ای بهتر را برایمان خواهد ساخت ولی نگاهی دوباره به تاریخ و گذشته‌مان و پالایش آن از پیرایه‌های گوناگون و قضاوت مجدد درباره‌ی هر آنچه به عنوان وحی منزل در ذهنمان جای گرفته وظیفه‌ای بس سنگین، واجب و مفید است.

تاریخ مکتوب متأثر از قلم و زندگی و افکار روزمره‌ی همه‌ی آن کسانی‌ست که برایمان شرح حال پادشاهی، تذکره‌ای، یادداشتی، سفرنامه‌ای یا شعری به جا نهاده‌اند و طبعاً این احتمال وجود دارد که از زوائد و اطلاعات سفارشی مصون نباشد.

برشت، کنفوسیوس را به خاطر تغییر در چند لغت، ارزیاب نوین تاریخ می‌خواند. خوب است برخی از فرازهای تاریخ راکه عادتاً یا تعمداً فراز خوانده می‌شوند زیر سؤال ببریم یا فرودها را اگر عقل و منطق اجازه می‌دهند فراز فرض کنیم و نتایج را دوباره بسنجیم.

برای بیان صریح‌تر مقصود از تاریخ چند هزار ساله‌ی ایران به اختصار با ذکر این جملات

یاد می‌کنیم: «ایران در تاریخ پر حادثه‌ی خود راه پر فراز و نشیبی را پیموده، گاه در منتهای عظمت و قدرت و زمانی در حال ضعف و ناتوانی بوده است. هجوم اقوام بیگانه بارها استقلال مردم ایران را به خطر انداخته و پیوستگی او را به گسستگی مبدل ساخته است.» آنها پس از تصرف ایران «مختصات تاریخی خود را تا جایی که می‌توانستند به جامعه‌ی ایرانی تحمیل کرده که درنتیجه اخلاق اجتماعی به پستی گراییده و شهرنشینی فروخفته است.»

بدیهی است که در چنین جامعه‌ای آشفتگی و بحران ژرف فرمانروا می‌شود. «هیچ‌یک از دودمان‌های حاکم ایران نتوانستند بحران را به پایان برسانند. فقط برخی از دودمان‌های قاهر امکان یافتند که با یورش‌ها و کشورگشایی و اسیرگیری و غارت‌گری و غنیمت بری، آرامش و رفاهی نسبی و ناپایدار به بار آورند. چندگاهی بحران داخلی را تخفیف دهند، روستاها و شهرها را انتظامی موقت ببخشند و مجالی برای بهبود فلاحت و صناعت و تجارت فراهم کنند. این بحران عمیق و درنگ‌ناپذیر، جبراً مردم ساده‌ی متعارف را به واکنش‌های مثبت و منفی گوناگونی برمی‌انگیخت گاهی با طرد و تحقیر زندگی اجتماعی و جستجوی حیاتی فردی به مقاومت منفی می‌پرداختند. گاهی دست به شورش می‌زدند و زمانی در دستگاه حکومتی طبقه‌ی حاکم رخنه می‌کردند و حتی به قصد دفع زورگویان بیگانه‌ی حاکم، زورگویان بیگانه‌ی جدید را فرا می‌خواندند.»

ارائه‌ی یک تعریف جامع و مانع از تاریخ از حوصله‌ی این مقاله بیرون است ولی آن چه در زمینه‌ی تاریخ به استثنای تعداد معدودی و آن هم در زمینه‌های محدود ـ بیان شده در واقع بایگانی خاطرات و خطرات است. بدون رد کردن یا ندیده گرفتن زحمات استادان و اندیشمندانی که سال‌ها اسناد و مدارک خاک خورده‌ی کتابخانه‌های شخصی و عمومی را از خاکستر فراموشی زدوده و با تصحیح و تحشیه و اهتمام خود آنهارا به زبان حال ترجمه کرده‌اند، می‌توان گفت که محفوظات آنان بر روی هم به مثابه‌ی یک لوح فشرده هم عمل نکرده است. تاریخ ایران با توجه به گسیختگی تکاملی آن، موارد عدیده‌ای را پیش می‌آورد که بررسی جامع آن از حجم حافظه و توان انسانی به دور است و باید با کمک گرفتن از تکنولوژی، ارتباط‌های معنادار آن را بدون تعصب سنجید و نتیجه‌گیری و تفسیر کرد. بازنگری تاریخ و شناخت علمی آن کاری ساده و فردی نیست. بررسی نحوه‌ی

تضعیف فرمانروایان بیگانه از طریق گرایش به ادیان و مذاهبی غیر از دین و مذهب مختار آنان و مقاومت‌های منفی دیگر مردم این مرز و بوم و خوی‌گیری مجدد با آنچه که در ابتدا وسیله بود و سایر مسائل، سازمانی مجهز می‌طلبد که در راه بررسی انسان و روان انسانی و ظرفیت‌ها و نیازهای روانی ـ شخصیتی او را نباید نادیده بگیرد و هر مسئله‌ی تاریخی را باید دوباره به انسان و انسانیت او رجوع دهد.

«بررسی تاریخ» به طریق سنتی، کالبد شکافی اجسادی است جداگانه در اتاق‌های تشریح دور از هم. در «بررسی مجدد» تاریخ باید روح مرده و فراموش شده‌ی تاریخ را فرا خواند و از نیروی ژرف روان انسانی یاری طلبید اگر چه چهره‌ی شهرها و روستاها و نوع ابزار و وسایل و... تغییر کرده است.

محور تاریخ در گذشته، شخصیت‌های تاریخی بوده‌اند و جمله‌ی «تاریخ را مردان بزرگ ساخته‌اند» نیز جمله‌ای معروف است. در این جا وارد بحث شرایط سیاسی، اجتماعی و فرهنگی منجر به ساخت افراد بزرگ و شخصیت‌ها نمی‌شویم و به نظامی که در جریان تداخل و تأثیر متقابل فرد و جامعه به وجود می‌آید نیز کاری نداریم بلکه اختصاصاً به دو شخصیت تاریخی قرن هشتم می‌پردازیم که مورد خوبی برای اثبات و تکمیل گفته‌های بالاست؛ یکی شاه شیخ ابواسحق آل اینجو و دیگری امیر مبارزالدین محمد آل مظفر که نحوه‌ی نگرش شخصیتی به نام خواجه شمس‌الدین محمد حافظ شیرازی به این دو تن عادتاً و مکرراً یکی را در فراز و دیگری را در فرود احساس و علاقه‌ی ما قرار داده است. از قرن هشتم سخن می‌گوییم چرا که حافظ با اشعار خود بیشتر از هر دوره‌ای با هر شاعر و شخصیتی که در خود داشته است تاریخ عصر خود را برای ایرانی عاشق ایران جالب و جذاب کرده است.

چرا از قرن هشتم و از این سه تن؟ زیرا می‌خواهیم روشن سازیم که علاقه‌ی ما به خواجه حافظ ـ علاقه‌ی تاریخی ما به یک شخصیت ـ باعث می‌شود که اطلاعات و داده‌های او را مقدس شمرده و از دوباره‌نگری و شک پویا در گفته‌های او دوری جوئیم و با حقیقت دانستن کلام او سال‌ها و قرن‌ها از شناختن برخی حقایق دیگر محروم بمانیم.

قرن‌هاست که حافظ در دل‌ها جای دارد و خواهد داشت. خانه‌ای نیست که بدون

دیوان او باشد و کسی نیست که ابیاتی از او در گنجینه‌ی دل و جان خود محفوظ نداشته باشد و روزی نیست که درباره‌ی ابعاد گسترده‌ی شعر و عرفان او مقاله‌ای و کتابی منتشر نشود و یکی از انگیزه‌های پرداختن به چنین بحثی نیز همین عشق و موانست قدیم و پیگیر بوده است.

آن چه که حافظ برای قضاوت ما باقی گذاشته حدود ۵۰۰ غزل و تعدادی قصیده و قطعه و رباعی است که در نسخه‌های مختلف در دست داریم. دیوان او نظم زمانی خاصی که بتواند تحول شخصیت او را مورد بررسی قاطع و جدی قرار دهد ندارد. نظم الفبایی قوافی در عین آسان کردن دستیابی به اشعار دستیابی به حافظ را مشکل می‌کند. تحقیق در احوال او ما را به دوران‌های مختلف زندگ او می‌رساند. ابتدا قاری قرآن و حافظ آن و طلبه‌ی احادیث و کشاف است سپس انیس و مونس خانقاه و صوفی و درویش و آخرالامر عارفی مسندنشین دو قله‌ی قبل و در تمام مراحل انسانی‌ست اسیر نیازهای مادی و ضرورت‌های زندگی و اجبارهای عصر و زمانه‌ی قرن هشتم. انتخاب صنعت ایهام به او بهترین شیوه‌ی ابراز وجود و حفظ اصالت فردی در مقابله با دیکته‌های اجبار و الزام حکومت‌ها و جامعه را می‌دهد و او را از اتهاماتی از آن دست که به سایرین وارد می‌شود نجات داده و به دور می‌دارد ولی نه تا آن حد که از خود او بیشتر مدافع او باشیم.

هنرمندان به سبب احتیاج به هنر دوستان که وجهی از نیاز انسان به انسان است کوشش‌ها کرده‌اند تا مورد لطف جامعه یا بعضی از قشرهای آن قرار گیرند و بی‌تردید هنرمندی که در خدمت هنرپروری به سر می‌برد بیشتر به خواست او هنر می‌آفریند اما شخصیت حافظ او را از مداحی حرفه‌ای به دور داشته و هیچ‌گاه موافق جهان‌بینی ممدوحان خود، جهان را ننگریسته است تا وسیله‌ی تسلط آنان را بر جامعه فراهم آورد. او با پرداختن به مفاهیم کلی، دیوان خود را همه زمانی و همه مکانی کرده است و در این راه بدون لاف مصلح اجتماع بودن هر که را دوست می‌دارد، مدح می‌کند و هر که به مذاق او خوش نمی‌آید به هجو می‌کشد ولی نه هجوی قبیح که به لحن و عادت و سبک خویش هجوی ملیح.

ولی دوستداران و ارادتمندان خواجه‌ی شیراز چه می‌کنند؟ آن‌ها صرفاً به تبع تنفر و دوری او از امیر مبارزالدین از این شخصیت تاریخی متنفر شده‌اند و با مدح حافظ از شاه شیخ ابواسحق او را دوست می‌دارند.

دکتر غنی می‌نویسد: «انسان هر قدر بی‌طرفی و پیروی از عقل و منطق را شعار خود قرار دهد و در مباحث تاریخی بخواهد خالی از حب و بغض باشد و از داخل شدن عواطف و احساسات در احکام و قضاوت‌های خود جلوگیری کند باز بدون این‌که خود بداند مقهور احساسات است. یعنی قلب و احساس مجالی به منطق خشک نمی‌دهد.»

می‌بینیم که هنرپروران طبقه‌ی فائق جامعه نه تنها نقش بارزی در هنر جامعه ایفا می‌کنند که در طی قرون، تاریخ را نیز متأثر از دیدگاه شخصی خود می‌سازند. شناخت تحولات این اقشار برای شناخت تحولات هنری جامعه ضروری است و این سنجش بدون سنجش شخصیت‌ها و افرادی که منظور هنرمند بوده‌اند امکان‌پذیر نیست. برای شخصیت‌های تاریخی نمی‌توان از هنر و تاریخ هنر سود چندانی جست. با بررسی دربار سلاطین غزنوی و اوضاع آن زمان (نیازآنان به تبلیغ و ماندگاریشان توسط شاعران) می‌توان علت به وجود آمدن عنصری و فرخی را دریافت که البته منظور شخصیت ویژه‌ی شعری آنان است نه هنرمند بودنشان. با خواندن اشعار این دو نمی‌توان مثلاً سلطان محمود یا سلطان مسعود را شناخت. دانستن تاریخ عصر حافظ ایهام شعر او را روشن می‌کند ولی ایهام شعر حافظ از حقایق تاریخی نقاب برنمی‌دارد. داد و دهش و فضل و دانش دوستی و شاعری و خوش صورتی شاه شخ ابواسحق دلایل کافی برای سرودن قصیده‌ی مدحیه توسط حافظ بوده است ولی تکیه بر مصرع «جمال چهره‌ی اسلام شیخ ابواسحق» می‌تواند موجد یک خطای تاریخی باشد. مدح امیران ایجاب می‌کرد که قصیده قالب مطلوب شاعران مداح گردد، حال بررسی قصاید تا چه حد ما را به چگونگی حکومت‌های ایران و تاریخ ایران می‌رساند یا «خمریات» تا چه حد مبین اوضاع اجتماعی، سیاسی، فرهنگی آن زمان است همان است که به عنوان خط رابطه‌ی ضعیف بین دو سوی قضیه مطرح می‌شود؛ هنرخواص ذاتا واقع گریز است.

حافظ به هر طریق سعی در حفظ استقلال اندیشه خود دارد و واقف است که مصلحت‌اندیش است و از تضاد درویشی و مصلحت‌اندیشی در رنج:

چون مصلحت اندیشی دوراست ز درویشی　　هم سینه پر از آتش هم دیده پر آب اولی

مدح حافظ از شاه شیخ ابواسحق مدحی است خاص خود او که با مدایح سایر

شعرا متفاوت است. عبید زاکانی در قطعه‌ای در فوت شیخ ابواسحق او را «پشتی دین» می‌خواند. خواجوی کرمانی نیز او را «جمال دین» خوانده است. بررسی کلیشه‌ی «جمال چهره‌ی اسلام» و «جمال چهره‌ی دنیا و دین»، خارج از مقوله‌ی تقلید و دیکته‌ی مجرد اوزان عروضی، می‌تواند حاکی از رواج این اطلاق و احترام و ظاهرسازی حاکم بر آن عصر و زمانه باشد که در هجو نیز بر همین منوال می‌توان قیاس کرد.

جان کلام این که، کار تعصب در دفاع از آنچه دوست می‌داریم، دفاعی که به نظر خود ما صحیح است در بلند مدت کار را به جایی می‌رساند که قلب‌ها و اندیشه‌ها را منحرف می‌سازد یا کار را به آن جا می‌کشاند که در کارهای تحقیقی که احترام و ارزش محقق وابسته به اسناد و مدارک اعلام شده است، محقق چشم‌بسته عشق به محبوب را بر حقیقت ترجیح داده و کار سرنوشت مثلاً امیر مبارزالدین را در کتاب «راز بقای ایران در سخن حافظ» بدان جا کشیده می‌شود که این امیر از سمت راه‌داری آبا و اجدادی خلع و به سمت راه‌زنی منصوب می‌شود و حال با احساس و اندیشه‌ی خوانندگانی که ممکن است به سایر اسناد دسترسی نداشته باشند این کار چه می‌کند، معلوم نیست.

بدیهی است که ۹۲ ساله شدن حافظ برای انطباق کامل دوران حیات او به سراسر قرن هشتم ـ توسط مؤلف همان کتاب ـ به کسی ضرر نمی‌رساند ولی خسارت این‌گونه برخوردها با تاریخ توسط مدعیان «راز بقا» که تاریخ را جولانگاه وسیع و بی‌صاحبی می‌دانند با ایران و آینده‌ی ایران چه خواهد کرد؟

انتساب غزل «خوش آمد گل و زان خوشتر نباشد» به سلطان قطب الدین اویس پسر شاه شجاع و نه سلطان اویس ایلکانی یا مربوط دانستن «عراق و فارس گرفتی به شعر خوش حافظ» به فتوحات شاه شجاع و نه عزیمت امیر مبارزالدین به سمت عراق و هوس تسخیر تبریز، را می‌توان ناچیز گرفت و آن را خطای تاریخ ادبیاتی دانست ولی جدا نکردن مسئله‌ی به دست خود کشتن و اجرای حکم شرعی قصاص و عدم توجه به تفاوت این دو صحیح نیست. مؤلف کتاب مذکور آورده است که: «شاه شیخ ابو اسحق به دست امیر مبارزالدین کشته شد.» در صورتی که امیر حکم به اجرای قصاص نمود. (خطای حقوقی مؤلف با توجه به حقوقدان بودن، مسئولیت ایشان را بیشتر می‌کند.)

«او را تسلیم فرزندان امیر حاجی کرد که به انتقام خون پدر او را بکشند. پسر بزرگ امیر حاجی موسوم به امیر ناصرالدین گفت که ملک شاه شیخ ابواسحق وقتی اسیر ما بود دست به خون او آلودن سزاوار نیست ولی پسر کوچک موسوم به امیر قطب‌الدین سر او را به ضرب شمشیر از تن جدا کرد.»

غرض از اشاراتی کوتاه به این کتاب، توجه دادن به این نکته است که اگر محور بررسی، ایران و تاریخ ایران نباشد کار به کجا ممکن است بکشد.

آگاهی مردم باید فراتر از این باشد که تصور کنند بهتر است بعضی چیزها را ندانند یا برحسب عادت بر بعضی افکار و اعتقادات خویش پا برجا باشند. تصور کنند هر که امیر بوده، بد است و هر که حکومت می‌کند ظالم. چنان که گفته شد تاریخ پر فراز و نشیب ایران و عدم امنیت اجتماعی و جانی و مالی در دوران‌های مختلف گذشته طبیعتاً مردم را به سمت بعضی عملکردها و دستاویزها برده است و یکی از راه‌های مناسب که همیشه پاسخ فوری به دردها و حرمان‌های ناشی از حکومت‌های وقت و حکام جور و ظلمه داده است، شعر بوده است و خواهد بود. ولی آیا وقت آن نرسیده که بعد از شش قرن به گونه‌ای دیگر به حافظ نگاه کنیم؟

حافظ انسان بوده است و نه قدیس و چون انسان بوده نیاز به غذا و پوشاک و مسکن و سایر چیزها داشته لذا «وظیفه بگیر» بوده:

رسید مژده که آمد بهار و سبزه دمید   وظیفه گر برسد مصرفش گل است و نبید

و چون مستمری گیر بوده از عدم پرداخت مقرری (که چندان هم مرتب پرداخت نمی‌شده) گله داشته است:

بدین شعر تر شیرین ز شاهنشه عجب دارم   که سر تا پای حافظ را چرا در زر نمی‌گیرد

حافظ اگرچه مدح شاه و طلب جایزه می‌کرده ولی مداحی و انتجاع را شغل خود نساخته و تنها رفع نیاز را چنین تدبیری دانسته. «در جامعه‌ی آن عصر همه‌ی چشم‌ها به دربار سلطان و همه چیز از مجرای سلطان و حاکم به هر جایی رسیده و چاره‌ای برای نشر هنر، جز توسل به دولتمردان نبوده است.»

اما میل به شهرت هنری نیز در میان بوده است برخی چون سعدی پای به دروازه

نهاده، می‌رفتند و ضمن جهان‌گردی و به اعیان شهرها پیوستن، هنر خود را هم عرضه می‌کردند و برخی چون حافظ که از سفر دریا بیم داشت از حکام وقت مدد می‌جستند تا هنرشان را بپذیرند و بر مردم عرضه کنند.

به یمن دولت منصور شاهی　　　علم شد حافظ اندر نظم اشعار

کوتاه سخن این که حافظ را قدیس یا ملحد یا قلندر ژنده‌پوش یک لاقبا یا مصلح اجتماعی نمی‌دانیم. استادان حافظ‌شناس هم در تحقیقات خود به این نتایج رسیده‌اند ولی چون از بعضی وجوه حافظ بیشتر خوششان آمده همچنان که حافظ از شیخ ابواسحق، یک جنبه را بزرگ‌تر کرده‌اند و سایر وجوه را مسکوت گذاشته‌اند.

جامعه‌ی عصر حافظ مجال دوره‌های طولانی آرامش نداشته لذا تحولات و بحران‌های اجتماعی، عامل مهمی در ایجاد احساس تناقض در اشعار او می‌شود، تناقضی که در دیوان او یکجا حضور دارد. در بررسی احوال حافظ نباید غرق در اوضاع قرن هشتم شویم و به جانب‌داری از یکی از وجوه رفتاری حافظ بپردازیم. هر آن چه حافظ را خوش می‌آمده لزوماً نباید ما را خوش بیاید و آنچه حافظ را پسند خاطر و قبول نمی‌افتاده نباید ما را ناخوش آید.

شیخ ابو اسحق که در ماه‌های محاصره‌ی شیراز به عوض این که هوشیار شود و به چاره بپردازد به غفلت خویش افزوده و به قول روضه‌الصفا «پیوسته بساط نشاط گسترده بر تجرع کاسات مدام و مصاحبت بتان سیم ساق گل اندام» اوقات می‌گذرانده، توسط حافظ «جمال چهره‌ی اسلام» خوانده شده است.

«قطعاً حافظ قادر نبوده مشکلات انسان قرن خود را از دیدگاه اقتصاد و جامعه‌شناسی مثل فلاسفه‌ی قرن بیستم بشناسد و تحلیل کند ولی ظلم را می‌شناخته و به رغم خفقان فکری‌ای که برجامعه حاکم بوده زبان به اعتراض می‌گشوده.»

اما نکته در این جاست که اعتراض او کلاً بر امور مألوف مورد اعتراض بوده و بعضی امور نیز از نظر او طبیعی بوده است. اشتباهات سیاسی ابواسحق، رنجاندن مردم شیراز، کشتن دو نفر از بزرگان بر اثر بدگمانی و موارد مشابه در دیدگاه حافظ نسبت به او اثری نداشته است.

ابن بطوطه در جلد اول سفرنامه‌ی خود تحت عنوان «ذکر سلطان شیراز» به این صورت

خصوصیات شیخ ابو اسحق را باز می‌گوید: «..تقریبا ۵۰۰۰۰ قشون مرکب از ترک و فارس دارد. نزدیکان او اهل اصفهانند. به اهل شیراز اطمینان ندارد. لذا آنها را به خدمت نمی‌گمارد و به خود نزدیک و مقرب نمی‌سازد. به احدی از شیرازیان اجازه‌ی حمل سلاح نمی‌دهد. زیرا شیرازیان صاحب جرأت و نسبت به ملوک جسوراند و هرگاه در دست یک نفر شیرازی سلاحی بیابند مجازاتش می‌کنند و...»

به هر صورت حافظ شاعر بوده نه مورخ و همچنان باید تاکید کنیم که در تحلیل و داوری نهایی تاریخ نسبت به شخصیت‌ها باید از محور قراردادن مدح و ذم پرهیز کنیم و علاقه‌ی خود را نسبت به راوی تحت کنترل درآوریم.

بررسی این که اصولاً امیر مبارزالدین برای ایران چه کرده یا تا چه حد خادم یا خائن بوده از ورای ابیاتی که در تحقیر و سرزنش او آمده است، درست نیست. محتسب بودن امیر مبارزالدین چگونه بوده است؟ ظرفا و شعرا در قرن هشتم چه کسانی بودند و مردم محله‌ی موردستان و کازرون چه کسانی؟

نام بردن از این امیر بدین‌گونه: «خواجه حافظ از سخت‌گیری‌های خارج از اندازه و به خود بستن‌های بی‌مزه‌ی این مرد مزدور و روی کار آمدن ظاهر پرستان ریاکار مکرر نالیده و...» کار بررسی‌های تاریخی را تا چه حد جدی می‌کند یا از مورخین حال و آینده چه باید انتظار داشت؟ در اختیار داشتن قلم تا چه حد انسان را محق می‌دارد که نظراتش را بر تاریخ تحمیل کند چه به صورت هجو، طنز یا جد؟

در هر حال باید از محور قرار دادن هجو احتراز جست چراکه «هجو در همه جا انگیخته از مسائل و معضلات اجتماعی نیست که با نفسانیات شاعران نیز ارتباط دارد و این زمینه بیش و کم در بیشتر شاعران دیده می‌شود.» هر چند در مدح میزان مداخله‌ی نفسانیات افزایش می‌یابد. اما هر دو به دلیل اغراق‌ها و لفاظی‌های خاص سبکی خود موضوع را در فراز یا در فرود حقایق قرار می‌دهند.

اشاره به این نکات ابداً به معنای زیر سوال بردن اعتبار حافظ نیست. اصل مهم این است که در بررسی تاریخ دقت و بی‌نظری باید داشت. کلمات بار خود را دارند و چنان که در ابتدا گفته شد، تغییر فقط یک کلمه تاریخ را تغییر می‌دهد. نحوه‌ی نگرش و انتخاب کلام

در بیان و ثبت تاریخ و دقایق آن از اهمیت زیادی برخوردار است. می‌گویند شاه شجاع پسر امیرمبارزالدین، پدر را هجو کرده است. پدری که به کمک دیگران کور نمود. شاه شجاعی که در سرمستی امر کرد که «به قلعه بروند و چشم سلطان شبلی ـ پسرش ـ را به تکحیل میل مکحل گردانند.»

اما همین شاه شجاع ممدوح حافظ بوده لذا همگان او را دوست دارند و با اسناد به شعر او امیر مبارزالدین را تحقیر و سرزنش می‌کنند:

در مجلس دهر ساز مستی پست است   نه چنگ به قانون و نه دف بر دست است
رندان همه ترک می پرستی کردند   جز محتسب شهر که بی می مست است

به راستی امیر مبارزالدین که بود؟ بررسی جایگاه او کاری است ظریف و مهم و راه‌گشای بررسی‌های مشابه در آینده...

در این مختصر مجال بررسی شخصیت‌های نامبرده نیست ولی اگر دقت شود ملاحظه می‌کنیم که در بیشتر تأویلات معاصرین بی‌نظری لحاظ نشده است. ردیف کردن کلمات و جملات با معانی متضاد در مقوله‌های شعری و مطالب عرفانی کاری است ممکن ولی در یک بحث تحقیقی معنایی ندارد و به کنایه صحبت کردن و جملات شاعرانه آوردن، زیبنده‌ی یک بحث تاریخی نیست مگر با ظرافت و دقت خاص که خواننده را به پیگیری علاقه‌مند سازد و زمینه‌ی هیچ‌گونه پیش‌داوری دور از واقع در ذهن او پدید نیاورد.

به هر حال می‌دانیم که تعیین حق به جانب بودن کاری است دشوار ولی در جدال بین خیر و شر و حق و ناحق همواره این مردم بوده‌اند که وضعیت زیر را جهت حفظ و بقای خود اختیار کرده‌اند:

«...شیراز بدون جنگ و جدال به تصرف هواداران شاه شیخ ابواسحق در آمد و آنها به کشتار دوست‌داران آل مظفر پرداختند. رئیس ناصرالدین عمرکلو (کلانتر) طرفدار جدی امیر مبارزالدین محمد در بیغوله‌ای پنهان شد و اهالی محله موردستان که هواخواه امیر بودند در موقع محاصره‌ی شیراز به امیر شیخ خیانت کرده بودند، مورد تعرض واقع شدند. به طوری که بسیاری از مردم آن محله با چادر زنانه فرار نموده خود را به محله‌ی کازرون که به واسطه‌ی دوستی آنها با شیخ ابواسحق از تعرض مصون بود رسانیده نزد

دوستان و خویشان مخفی شدند. بعداز دوسه روز شاه شجاع و شاه سلطان از طرف دروازه‌ی اصطخر رو به شهر آوردند رئیس ناصرالدین عمرکلو از بیغوله درآمده خود را به آنها رسانید یعنی با ضرب تبرزین قفل دروازه را شکسته آنها را وارد شهرکرد. اهالی دروازه‌ی کازرون به جنگ ادامه دادند و شاه شجاع جماعت بسیاری از مردم آن محله رابه قتل رسانید. رئیس ناصرالدین عمر هم به ساکنین این محله آزار بسیار رسانید و به طوری آن محله را خراب کرد که مدت یک سال و نیم یک نفر درآن محله نبود. در آن روز برعکس چند روز پیش محله‌ی موردستان مأمن و ملجا محسوب می‌شد و به قول صاحب تاریخ مطلع السعدین جماعتی که صبح با چادر زنانه از حمله‌ی موردستان به محله کازرون آمده بودند همان چادر را بر سرخویشان دروازه‌ی کازرون نموده و به محله موردستان آوردند.» و راز بقای ایران را تنها درسخن شاعران می‌توان پی گرفت همچنان‌که در صبر و تحمل و شکیبایی.[۱]

---

۱. تاریخ و حافظ (نگاهی دوباره): سروش، س. ۱۲،ش. ۵۱۹، ۹ تیر۱۳۶۹.

| آشنایی حافظ با مولوی |

یکی از راه‌های فهم سخن هر شاعر و درک ارزش افکار و اشعار او، بررسی میزان آشنایی شاعر با آثار متقدمان و میزان تأثیرپذیری از آنها و همچنین تأثیر بر افکار شاعران بعدی است. تمام کسانی که به حافظ عشق می‌ورزند و در پی لذت بردن از زیبایی‌های کلامی او و راه یافتن به افکار متعالیش هستند به ناچار در راه شناخت این مرغ عالم ملکوت و شناخت آبشخور اندیشه و معلمان او، در پی شناخت کسانی هستند که به نحوی بر شاعر تأثیرگذار بوده‌اند. بررسی این تأثیر و میزان آن از دو راه ممکن است توجه به صورت یعنی توجه به غزل‌هایی که حافظ استقبال کرده است؛ و از راه معنی یعنی تحقیق در معانی و مضامینی که ممکن است او مستقیماً از پیشینیان گرفته باشد یا به صورت توارد در سخنش آمده باشد.

دکتر غلامحسین بیگدلی بر این باور است که: «... محمد گلندام برای جمع‌آوری اشعار حافظ وعده‌ای می‌دهد که در ازای هر غزل یافته شده یک سکه طلا بدهد و برای همین از همان روز نخست زرپرستان اشعار و غزلیات خوب دیگران را به نام خواجه حافظ قالب می‌زنند و زر می‌ستانند و اشعار بسیاری از اوحدی مراغی، نزاری قهستانی، سلمان ساوجی، انصاری هروی، ملک جهان خاتون، سعید هروی، امیرخسرو دهلوی، مسعود سعد سلمان، عبدالمجید آصفی بلخی، بهاءالدین زنگانی، سعدی شیرازی، خواجوی کرمانی، عماد فقیه کرمانی، کمال غیاث شیرازی، ابوالعلاء ششتری، شاه نعمت‌الله ولی و امیر معزی و غیره به صورت بیت یا کل غزل به نام حافظ وارد دیوان وی کردند که باید به تدریج تنقیح شوند.»[۱] علاوه بر این موارد، از تأثیر شاعرانی چون رودکی، سنایی، انوری، خاقانی، ظهیر فاریابی، نظامی، عطار، عراقی، عبید زاکانی، کمال خجندی و خیام[۲] و ابن یمین فریومدی سخن‌ها گفته شده است.[۳]

البته به نظر نمی‌رسد که تنها زرپرستان عاملِ افزودن اشعار دیگران به دیوان حافظ باشند بلکه محتمل است که آن اشعار را نساخ یا خوانندگان متأخر به «مناسبتی از مناسبات مانند: اشتراک آن بیت مفروض در وزن و قافیه با اشعار خواجه یا تقارب در مضمون و سبک و اسلوب مابین آن دو یا صاف و ساده در نتیجه سهو و اشتباه از راه مسامحه و مساهله و اعتماد ایشان به شهرت کاذبه در جزو اشعار خواجه داخل کرده باشند.[۴]

هرچه زمان می‌گذرد و حافظ شناسان، بیشتر به بررسی بیت الغزلهای معرفت او می‌پردازند، دیوان او بیش از پیش از اشعار الحاقی و منسوب پاک می‌شود که شرح کامل تلاش این حافظ‌پژوهان را در مقالات متعدد و بخصوص مجموعه «حافظ‌شناسی» هم

---

۱. حافظ شناسی، ج ۴، به کوشش نیاز کرمانی تهران پاژنگ ۱۳۶۶، ص ۱۷۴. آقای عبدالعلی دستغیب به گلندام اعتقادی ندارند.

۲. نگاه کنید به حافظ‌نامه نوشته بهاءالدین خرمشاهی بخش اول تهران شرکت انتشارات علمی و فرهنگی، سروش، ۱۳۶۷.

۳. نگاه کنید به حافظ شناسی ج ۹، ص ۶۶.

۴. همان منبع، ص ۱۴۰.

می‌توان پی گرفت. درباره ی رباعیات موجود در نسخه‌های متعدد دیوان او نیزکار شده که تعدادی از این رباعیها را قطعاً و بدون تردید ازکمال‌الدین اسمعیل اصفهانی، ابن سینا، عایشه سمرقندی (یا خاقانی)، سلمان ساوجی، اثیرالدین فتوحی مروزی و ناصر بخارایی دانسته‌اند.[۵]

تضمین در اشعار شاعران بسیاری وجود داردکه یا شاعر نام شاعر اول را در شعر خود تضمین کرده یا به علت اشتهار بیش از حد آن شعر از بردن نام شاعر خودداری کرده است. چون در تضمین لازم نیست که شاعر دوم عین ابیات یا مصاریع شاعر اول را به عین و یا به لفظ و بدون هیچ تغییر و تصرفی در شعر خود محفوظ بدارد این قضیه موجب تشابه شعر یک شاعر با شاعر دیگر می‌شود. گاه این تشابه به علت انتخاب مفهوم و مضمون مشابه است. بسیار دیده شده است که یک مضمون واحد را چند شاعر به نظم کشیده باشند. «توارد یا توافق در فکر گاهی منشأ این تشابهات است که تصور کنند. یکی از دیگری اقتباس کرده است ولی ما می‌دانیم که بسیاری از عقاید و آراء فلسفی هستند که صاحبان آنها به هیچ وسیله‌ای نسبت به هم ارتباط و آشنایی نداشته‌اند ولی با یکدیگر مشابه درآمده‌اند و این قیاس در جهان علم و ادب امثله بسیار دارد... تشخیص مورد توارد از تأثیر و تأثر بی‌حد مشکل‌ست و تا دلیل قاطعی بر آن نباشد که فکری را یک نفر از دیگری گرفته است نمی‌توانیم تصدیق کنیم که تأثیر و تأثر حقیقی مابین ایشان واقع شده است.»[۶]

---

۵. نگاه‌کنید به حافظ شناسی، ج ۸، مقاله «این رباعیها از حافظ نیست»؛ حافظ شناسی، ج ۵ ص ۶۹؛ حافظ شناسی ج ۹ ص ۱۴۲. قطعه ذیل را منسوب به امیر معزی نیز دانسته‌اند.

سال و فال و مال و حال و اصل و نسل و تخت و بخت — بادت اندر شهریاری برقرار و بردوام

سال خرم فال نیکو مال وافر حال خوش — اصل ثابت نسل باقی تخت عالی بخت رام

در حافظ‌نامه، بخش اول، تأثیرات پیشینیان در قصاید، قطعات، و ساقی‌نامه حافظ نیز به تفصیل مطرح شده است. بخصوص تأثیر محتوایی، صوری و ساختاری آنان که به دلیل شواهد متعدد، محرز و معتنابه بوده است.

۶. دست‌نوشته شادروان دکتر حسن سادات ناصری (فرصت را برای تشکر از همسر ایشان که دست‌نوشته را در منزل‌شان برای ساعتی در اختیار من قرار دادند، مغتنم می‌شمارم.)

از جالب‌ترین امثله تشابه در انتخاب مضمون، این غزل معروف حافظ است:

زلف آشفته و خوی کرده و خندان لب و مست　　پیرهن چاک و غزلخوان و صراحی در دست

نرگسش عربده جوی و لبش افسوس‌کنان　　نیم شب دوش به بالین من آمد بنشست

حافظ شناسی به نقل از دکتر خانلری در مورد این غزل می‌نویسد: نه در قالب شعری یعنی وزن و قافیه، حاصل اندیشه‌ی ابتکاری حافظ است و نه در معنی و مضمون و اسلوب بیان؛ بلکه دنباله‌ی یک سلسله تکرار و تقلید و تصحیح و تکمیل است که از سنایی آغاز شده و به او ختم شده است: (فقط مطلع‌ها ذکر می‌شود).

سنایی:

شور در شهر فکند آن بت زنارپرست　　چون سحرگه زخرابات برون آمد مست

انوری:

باز دوش آن صنم باده‌فروش　　شهری از ولوله آورد به جوش

ظهیر فاریابی:

یار میخواره‌ی من دی قدح باده به دست　　با حریفان زخرابات برون آمد مست

عطار:

نیم‌شبی سیم برم نیم مست　　نعره‌زنان آمد و در را شکست

خواجو:

سحرگه ماه عقرب زلف من مست　　درآمد همچو شمعی شمع در دست

و باز هم حافظ:

در دیر مُغان آمد یارم قدحی در دست

مست از می و میخواران از نرگس مستش مست[7]

پدید آمدن این شاهکار ذوق و هنرکه درادبیات فارسی نظیرش هم نیست (= زلف آشفته...) حاصل دو قرن و نیم[8] زمان و کوشش ذهن و طبع سخنوران بزرگی است که درمیان آنان می‌توان ازمولانا و عراقی و شاه نعمت‌الله ولی که دکتر خانلری به آن اشاره نکرده‌اند، نام برد:

---

۷. حافظ شناسی ج ۶، ص ۲۶.

۸. از وفات سنایی ۵۴۵ ه.ق تا وفات حافظ ۷۹۲ ه.ق.

مولوی:

دوش آن جانان ما افتان و خیزان یک قبا، مست آمد با یکی جامی پر از صرف صفا

جام می‌می‌ریخت ره ره زانک مست مست بود

خاک ره می‌گشت مست و پیش او⁹ می‌کوفت پا

(غزل ۱۵۳)

عراقی:

از پرده برون آمد ساقی قدحی در دست هم پرده ما بدرید هم تو به ما بشکست¹⁰

شاه نعمت‌الله ولی:

ماه ما از در درآمد نیم شب آفتاب ما برآمد نیم شب¹¹

دکتر محمد امین ریاحی درباره‌ی ابیات سوم و چهارم غزل حافظ که در آن معشوق، خوابناکی عاشق را سرزنش می‌کند، معتقدند که در سخن هیچ‌یک از آن هفت شاعر نیست (بدون احتساب مولوی) و این نکته که جان غزل اوست از همام تبریزی است:

چشم مستش دوش دیدم به خواب کرده بود از ناز آغاز عتاب

گفت: کای مشتاق خوابت می‌برد هل یکون النوم بعدی مستطاب

شرم بادت اینهمه دعوی چه سود چشم عاشق را بود پروای خواب

هر که در هجران بیاساید دمی جاودان از دوست ماند در حجاب¹²

از دیگر مضامین مورد توجه شاعران، ریختن شراب بر خاک است:

منوچهری:

جرعه‌ای بر خاک همی ریزم از جام شراب جرعه بر خاک همی ریزند مردان ادیب

---

۹. کلیات شمس تبریزی... فروزانفر، تهران امیرکبیر، ۱۳۶۳ (غزل ۱۵۲؛ و غزل ۱۷۷۰):

آمد سرمست سحر دلبرم بی‌خود و بنشست به مجلس برم

گرم شد و عربده آغاز کرد گفت تو نقشی و من آزرم

۱۰. کلیات شیخ فخرالدین ابراهیم همدانی متخلص به عراقی به کوشش سعید نفیسی، تهران، سنایی، بی‌تا (ص ۱۴۷).

۱۱. کلیات اشعار شاه نعمت‌الله ولی به سعی دکتر جواد نوربخش، تهران، خانقاه نعمت‌اللهی، ۱۳۶۹ ص ۴۲.

۱۲. حافظ‌شناسی ج ۹. ص ۶۵.

خاقانی:

دوستان تشنه لب را زیر خاک　　　از نسیم جرعه‌دان یاد آورید

مولوی (در مثنوی، در چند جا):

یک قدح می‌نوش کن بر یاد من　　　گر همی خواهی که بدهی داد من

یا به یاد این فتاده‌ی خاک بیز　　　چونک خوردی جرعه‌ای بر خاک ریز

عراقی:

از خمستان جرعه‌ای بر خاک ریخت　　　جنبشی در آدم و حوا نهاد

خواجو:

گر باده‌پرستان همه از میکده رفتند　　　سرمست مرا بر در میخانه رها کن

جرعه‌ی بر خاک میخواران فشان　　　آتشی در جان هشیاران فکن

و حافظ:

اگر شراب خوری جرعه‌ای فشان بر خاک　　　از آن گناه که نفعی رسد به غیر چه باک[۱۳]

درباره‌ی کتابخوان بودن حافظ و اهل تحقیق بودن او، آشناییش با قرآن و کشف کشاف، سخن‌ها گفته شده است. نام بردن او از شعرای مختلف در اشعارش نیز دلیل انس او با شعر آن شاعران است ولی از میزان آشنایی او با مولانا اطلاع دقیقی در دست نیست که این جستار سعی بر ارائه‌ی دلایلی مبنی بر این آشنایی است. «مولانا در بلاد اسلامی شرق و به ویژه ایران مشهور بوده است و ذکر جمیلش زبانزد همگان و آثار شریفش مورد استشهاد ارباب تألیف و تصنیف و ابیات و اشعار گهربارش در خور تضمین و اقتباس بزرگان سخن واقع می‌شده و از این رهگذر سخنران بزرگ فارس نیز با معنویت مولانا و آثار و افکار آسمانی او به ناگزیر آشنایی داشته است.»[۱۴] شرح حال مولانا در کتاب‌هایی چون تاریخ گزیده تألیف حمدالله مستوفی (۷۳۰ هـ.ق)؛ کتاب مسامره‌الاخیار و مسایره‌الاخیار (۷۲۳ هـ.ق)؛ کتاب الکواکب المضیئه از ابومحمد یحیی‌الدین عبدالقادر ابن ابی الوفا محمد بن محمد بن نصرالله‌بن سالم قرشی مصری حنفی (۶۹۶-۷۷۵ هـ.ق) از مشاهیر فقهای حنفیه سده هشتم؛ در سفرنامه‌ی ابن بطوطه؛ در کتاب

---

۱۳. همان منبع ص ۱۵۶.

۱۴. مجله وحید، دوره ۶ ش ۵ ص ۳۹۴.

مکاتبات رشیدی از خواجه رشیدالدین فضل‌الله؛ تاریخ‌نامه‌ی هرات تألیف سیفی هروی (تألیف بین ۷۲۱ تا ۷۲۹ ه.ق)؛ مناقب العارفین احمد افلاکی؛ ولدنامه، و. .. مسطور است. بزرگانی چون سعدی نیز معاصر مولانا بوده‌اند[15] و با افکار و آثار او آشنایی داشته‌اند و با اقتباس و بهره‌وری سعدی از سخنان مولوی و آشنایی حافظ با سعدی از این نظر هم می‌توان به امکان آشنایی حافظ با افکار مولوی رسید، فخرالدین عراقی نیز که در سال ۶۷۲ در محضر شیخ صدرالدین قونوی به تحصیل اصول عرفان مشغول بوده با مولانا دیدار کرده است.[16] دکتر حسن سادات ناصری در مطالعه و دقت در کلیات عراقی بعضی نزدیکی‌ها میان غزلیات او و مولانا مشاهده کرده است و همچنین تشابه بسیاری بین مضامین امیرحسینی هروی (۶۴۱تا۶۴۶-۷۱۸ ه.ق) با مولوی یافته است.[17] البته ایشان این نکته را تذکر داده‌اند: «با وجود آنکه در آثار و افکار این دو گوینده مشابهات عجیب کشف کرده‌ایم به دلایلی که ذکر همه آنها به درازا می‌کشد به طور قطع و یقین عقیده نداریم که این تشابهات ناشی از تأثیر افکار مولوی در حافظ باشد. بلکه می‌توانیم این معنی را اراده کنیم که چون هر دو تربیت شده یک مکتب تصوف‌اند (تصوف ادبی) نوع تعلیمات یا الهاماتشان یکی است ولی از یک نکته نباید غافل بود که کتاب مثنوی معنوی و غزلیات وی از زمان مولوی به بعد از بزرگترین کتب صوفیان صفا بوده است.»[18]

در بررسی تشابهات اندیشه مولانا و حافظ یا مقایسه بین این دو کار اندکی صورت گرفته است.[19] دکتر حسینعلی هروی، نوشته است: «با وجود اشتراک این دو شاعر در جسارت افکار و بی‌پروایی در بیان مطالب؛ مطلقاً رد و نشانی از تأثیر مولانا در حافظ دیده نمی‌شود با اینکه حافظ مصرع «بوی جوی مولیان» رودکی را عیناً تضمین کرده، مطالب شاهنامه را صراحتاً نقل کرده، بعضی مصراعهای سعدی را آورده، از نظامی، عراقی نام برده و با اندک تأملی می‌توان دریافت که به عطار و شاه نعمت‌الله ولی و سلمان ساوجی و عماد فقیه و خواجو و کمال

---

۱۵. همان منبع ش ۶ صص ۶۰۷-۵۹۴.

۱۶. برای مطالعه‌ی تأثیرپذیری سعدی از مولانا نگاه کنید به مجله وحید، دوره ۶ ش ۱۱. صص ۹۸۷-۹۷۷.

۱۷. کلیات شیخ فریدالدین ابراهیم همدانی متخلص به عراقی به کوشش سعید نفیسی، تهران سنایی ص ۱۴.

۱۸. نگاه کنید به مجله وحید، دوره ۹ ش ۸ ص ۱۱۷۱.

۱۹. دست‌نوشته دکتر سادات ناصری.

خجندی نظر داشته و به کلیله و دمنه اشاره دارد، هیچگونه نشانه‌ای که دلیل قطعی بر توجه او به مولانا باشد در دیوانش دیده نمی‌شود و این بسیار شگفت‌انگیز است.»[۲۰]

آقای بهاءالدین خرمشاهی نیز در این باره می‌نویسند: «جای بسی تعجب است که شاعر عظیم‌الشأنی چون مولوی ـ چه در مثنوی و چه در غزل‌ها ـ تأثیری بر حافظ نداشته است. این حکم بنده از سر تحقیق نیست. بیشتر حدس‌آمیز و برخاسته از بررسی اجمالی و ارزیابی شتابزده است.»[۲۱]

بررسی مقایسه‌ای بین این دو رکن ادب و عرفان ایران از هر زاویه و از هر نگرش برای شناساندن ادب و عرفان ایران لازم و ضروری است به شرط آنکه محقق در بیان تشبیهات یا بر شمردن وجوه افتراق در فکر تفضیل یکی از این دو تن برنیاید و با جبهه‌گیری سعی در تخفیف یکی و ترفیع دیگری ننماید چنانکه در یکی از ارجاعات این بررسی دیده می‌شود.

اگرچه بهانه‌ی بررسی این مقاله، مقایسه‌ی غزلیات حافظ و مولانا بوده است ولی چون تأثیر مولانا بر حافظ یا تشابهات اندیشه این دو مورد نظر است، بی‌مورد نخواهد بود که از مقایسه‌ی مولانا در مثنوی و حافظ نیز سخنی گفته شود. دکتر عبدالحسین زرین‌کوب می‌نویسند: «اگرچه حافظ از دیوان شمس نامی نمی‌برد ولی در بعضی موارد ظاهراً تأثیر پذیرفته است. در واقع نشان آشنایی با مولوی که گاه در کلام او هست، نه فقط در یک جا که مثل او زبان بی‌زبانان را از نی می‌شنود:

حافظ:

زبانت در کشای حافظ زمانی   حدیث بی‌زبانان بشنو از نی

مولوی (نی‌نامه):

هر که او از همزبانی شد جدا   «بی‌زبان» شد گرچه دارد صد نوا

---

۲۰. شرح غزلهای حافظ، دکتر حسینعلی هروی تهران نشر نو، ۱۳۶۷ (ج ۱ ص ۱۷۶).

۲۱. در مورد تشابهات و مقایسه نگاه کنید به مقاله «همسخنی حافظ و مولانا» حمزه‌علی فرهادیان نشر دانش ص ۹ (ش ۳ فروردین ـ اردیبهشت ۱۳۶۸)؛ و مقاله «دواعی و موانع شعرگفتن مولوی و حافظ» عبدالکریم سروش. کیهان فرهنگی ص ۵ ش ۱۱ (بهمن ۱۳۶۷)؛ و «حاشیه‌ای بر دواعی و موانع شعرگفتن مولانا و حافظ». منصوره معینی. کیهان فرهنگی ص ۶ ش (فروردین ۱۳۶۸)؛ و مقاله تأثیر «احادیث در شعر حافظ»، حافظ‌شناسی ج ۱۳ ص ۴۸.

در یک مورد نیز در اشارت به موی سپیدی که در بین موهایش هست طوری از «انتخاب» صحبت می‌کند که گویی که به یک حکایت معروف مثنوی نظر دارد:

آن یکی مرد دو مو آمد شتاب   پیش یک آئینه‌دار مستطاب
که ز ریش من سپیدی کن جدا   که عروس نوگزیدم‌ای فتی
ریش او ببرید و کل پیشش نهاد   که «تو بگزین» چون مراکاری فتاد

حافظ:

سوادنامه موی سیاه چون طی شد   بیاض کم نشود گر صد «انتخاب» رود.

دکتر سادات ناصری در میان رباعیات مولانا و غزلیات حافظ نیز مشابهت‌های مضمونی و ترکیبی و تشبیهی دیده که به چند مورد آن اشاره می‌شود:

مولوی:

این فتنه که اندر دل تنگست زچیست   وین عشق که قد ازو چو چنگست زچیست
وین دل که درین قالب من در شب و روز   با من ز برای او بجنگست زچیست

حافظ:

در اندرون من خسته دل ندانم چیست   که من خموشم و او در فغان و در غوغاست

مولوی:

ای ظل تو از سایه طوبی خوشتر   وی رنج تو از راحت عقبی خوشتر
پیش از رخ تو بنده‌ی معنی بودم   ای نقش تو از هزار معنی خوشتر

حافظ:

ظل ممدود سرزلف توام بر سر باد   کاندرین سایه قرار دل شیدا باشد

مولوی:

دلدار چنان مشوش آمد که مپرس   هجرانش چنان پر آتش آمد که مپرس
گفتم که مکن گفت مکن تا نکنم   این یک سخنم چنان خوش‌آمد که مپرس

حافظ:

درد عشقی کشیده‌ام که مپرس   زهر هجری چشیده‌ام که مپرس
من به گوش خود از دهانش دوش   سخنانی شنیده‌ام که مپرس

مولوی:

ای باد بیا و بر دلم برمی‌زن   وی زهر بیا و از رخم زر می‌زن

آنها که میان ما جدایی جستند   دیوار بدو نمای و گو سر می‌زن

حافظ:

سر تسلیم من و خشت در میکده‌ها   مدعی گر نکند فهم سخن گو سر و خشت

و اما در مورد غزلیات؛ دکتر زرین‌کوب به چهار مورد هم‌سخنی حافظ و مولانا از لحاظ
لفظ و معنی اشاره کرده‌اند:

مولوی:

مرا عهدیست با شادی که شادی آن من باشد

مرا قولیست با جانان که جانان جان من باشد

حافظ:

مرا عهدیست با جانان که تا جان در بدن دارم   هواداران کویش را چو جان خویشتن دارم

مولوی:

عشق کار نازکان نرم نیست   عشق کار پهلوانست ای پسر

حافظ:

خیال زلف تو پختن نه کار خامانست   که زیر سلسله رفتن طریق عیاریست

مولوی:

تشنگان ره شوقیم و به امید نجات   پیش سرچشمه حیوان به نیاز آمده‌ایم

حافظ:

سبزه‌ی خطّ تو دیدیم وز بستان بهشت   به طلبکاری این مهرگیاه آمده‌ایم

مولوی:

کیست که بنمایدم راه خرابات را   تا بدهم مزد او حاصل طامات را

کاش دهندی بهشت عاریتم زاهدان   تا به گرو کردمی وجه خرابات را

حافظ:

خیز تا خرقه‌ی صوفی به خرابات بریم   شطح و طامات به بازار خرافات بریم

سوی رندان قلندر به ره آورد سفر　　　دلق بسطامی و سجاده‌ی طامات بریم

از دیگر بررسی‌های دکتر سادات ناصری:

مولوی:

ز شمس دین طرب نوبهار بازآید　　　نشاط بلبل از سبزه‌زار بازآید

حافظ:

زهی خجسته زمانی که یار بازآید　　　به‌کام غمزدگان غمگسار بازآید

مولوی:

چشمها وا نمی‌شود از خواب　　　چشم بگشا جمله را دریاب

(مشارکت در قوافی)

مولوی :

عقل شد گوشه‌ای و می‌گوید　　　عقل اگر آن تست هین دریاب

شمس تبریز جان من افزود　　　وی عجب جان من مرو بشتاب

حافظ:

تخت زمرد زدست گل به چمن　　　راح چون لعل آتشین دریاب

این چنین موسمی عجب باشد　　　که ببندند میکده به شتاب

مولوی:

ای منور از جمالت دیده و جانم چو شمع　　　از دربختم درآ تا جان برافشانم چو شمع

حافظ:

در وفای مهر تو مشهور خوبانم چو شمع　　　شب‌نشین کوی سربازان ورندانم چو شمع

در مقایسه بین غزلیات مولوی و حافظ به نمونه‌های فراوانی از تشابه در قوافی، مشابهت در ترکیب یا تشبیه می‌توان رسید. آقای حمزه‌علی فرهادیان نمونه‌هایی را بر شمرده‌اند که برای جلوگیری از اطناب به آن مقاله ارجاع می‌دهیم و از ذکر مجدد آنها چشم می‌پوشیم. در ادامه به تعدادی دیگر از ابیات مقایسه شده اشاره می‌شود با این تذکر که فرض ما صحت انتساب اشعار به مولوی است به این امید که بررسی وسیع‌تری توسط صاحب‌نظران انجام شود:

مولوی:

من ازکجا پند ازکجا باده بگردان ساقیا   آن جام جان‌افزای را برریز بر جان ساقیا

(غزل ۹)

حافظ:

صلاح کار کجا و من خراب کجا   ببین تفاوت ره کز کجاست تا به کجا

دلم ز صومعه بگرفت و خرقه سالوس   کجاست دیر مُغان و شراب ناب کجا

مولوی:

این خانه که پیوسته در و بانگ چغانه‌ست

از خواجه بپرسید که این خانه چه خانه‌ست

این صورت بت چیست اگر خانه کعبه‌ست

وین نور خدا چیست اگر دیر مغانه‌ست

(غزل ۲۳۲)

حافظ:

در خرابات مغان نور خدا می‌بینم   وین عجب بین که چه نوری ز کجا می‌بینم

جلوه بر من مفروش ای مالک الحاج که تو   خانه می‌بینی و من خانه خدا می‌بینم

مولوی:

عشق اندر فضل و علم و دفتر و اوراق نیست

هرچه گفت‌وگوی خلق آن ره ره عشاق نیست

(غزل ۳۹۵)

حافظ:

بشوی اوراق اگر همدرس مایی   که علم عشق در دفتر نباشد

مولوی:

نوبت کهنه‌فروشان درگذشت   نوفروشانیم واین بازار ماست

(غزل ۴۲۴)

حافظ:

نو به زهد فروشان گرانجان بگذشت — وقت رندی و طرب کردن رندان پیداست

مولوی:

جهان و کار جهان سربه‌سر اگر با دست — چرا زباد مکافات داد و بیدادست

تو با خبر نشوی گر کنم بسی فریاد — که از درون دلم موجهای فریادست

(غزل ۴۹۱)

حافظ:

بیا که قصر امل سخت‌ست بنیادست — بیار باده که بنیاد عمر برباد‌ست

نشان عهد و وفا نیست در تبسم گل — بنال بلبل بیدل که جای فریادست

مولوی:

اگر برگور من آیی زیارت — ترا خرپشته‌ام رقصان نماید

میا بی‌دف به گور من، برادر! — که در بزم خدا غمگین نشاید

(غزل ۶۸۲)

حافظ:

بر سر تربیت من بامی و مطرب بنشین — تا به بویت زلحد رقص‌کنان برخیزم

مولوی:

روح قدسی را بپرسیدم از آن احوال گفت — بی‌خودم من، می‌ندانم، فتنه‌ی آن پیر بود

(غزل ۷۳۲)

حافظ:

زیرکی راگفتم این احوال بین خندید وگفت — صعب روزی، بوالعجب کاری، پریشان عالمی

مولوی:

مطربا این پرده زن کز ره زنان فریاد و داد — خاصه این ره زن که ما را اینچنین برباد داد

(غزل ۷۳۴)

حافظ:

مطربا پرده بگردان و بزن راه عراق — که بدین راه بشد یار وز ما یاد نکرد

مولوی:

بس کن و بیش مگو گرچه دهان پرسخنست　　زانک این حرف و دم و قافیه هم اغیارند

(غزل ۷۷۵)

حافظ:

اگرچه عرض هنر پیش یار بی‌ادبیست　　زبان خموش ولیکن دهان پر از عربی‌ست

مولوی:

بگذر از باغ جهان یک سحرای اشک بهار　　تا ز گلزار و چمن رسم خزان برخیزد

(غزل ۷۸۱)

حافظ:

ای گلبن جوان بر دولت بخور که من　　در سایه تو بلبل باغ جهان شدم

مولوی:

پیش او ذره صفت هر سحری رقص کنم　　اینچنین عادت خورشیدپرستان باشد

(غزل ۷۹۷)

حافظ:

بر هواداری او ذره صفت رقص‌کنان　　تا لب چشمه خورشید درخشان بروم

مولوی:

ساقی بیار باده که ایام می‌رود　　تلخی غم ز لذت آن جام می‌رود

(غزل ۸۶۵)

حافظ:

ساقی بیار باده که ماه صیام رفت　　در ده قدح که موسم ناموس و نام رفت

مولوی:

الست گفت حق و جانها بلی گفتند　　برای صدق بلی حق راه بلا بگشاد

(غزل ۹۳۰)

حافظ:

مقام عیش میسر نمی‌شود بی‌رنج　　بلی به حکم بلا بسته‌اند روز الست

مولوی:

سرک فروکش و کنج سلامتی بنشین　　　زدست کوته ناید هوای سروبلند

(غزل ۹۳۷)

حافظ:

پای ما لنگست و منزل بس دراز　　　دست ما کوتاه و خرما بر نخیل

مولوی:

تا می‌دل خورده‌ام ترک جگرکرده‌ام　　　چونک زدم در لحد زان قدحم کن جهیز

(غزل ۱۲۰۰)

حافظ:

پیاله برکفنم بند تا سحرگه حشر　　　به می‌زدل ببرم هول روز رستاخیز

مولوی:

از شهر تو رفتیم و ترا سیر ندیدیم　　　از شاخ درخت تو چنین خام فتیدیم

(غزل ۱۴۹۰)

حافظ:

شربتی از لب لعلش نچشیدم و برفت　　　روی مه پیکر او سیر ندیدیم و برفت

مولوی:

من چو در سایه آن زلف پریشان جمعم　　　لازمم نیست که من راه پریشان بکشم

(غزل ۱۶۳۰)

حافظ:

در خلاف آمد عادت به طلب کام که من　　　کسب جمعیت از آن زلف پریشان کردم

مولوی:

تو جگرگوشه مایی برو! الله معک　　　من چو دل یافته‌ام سوی جگر می‌نروم

(غزل ۱۶۵۳)

حافظ:

ای دل ریش مرا با لب تو حق نمک　　　حق نگهدار که من می‌روم الله معک

مولوی:

دعوی عشق وانگه ناموس و نام و ننگ   ما ننگ را خریده و از عار فارغیم

(غزل ۱۷۱۰)

حافظ:

از ننگ چه گویی که مرا نام زننگست   و زنام چه پرسی که مرا ننگ زنامست

مولوی:

غم بیهوده در جهان نخوریم   می‌آسوده در قدح ریزیم

گر ستیزه کند فلک با ما   بر مرادش رویم و نستیزیم

(غزل ۱۷۶۶)

حافظ:

بیا تا گل برافشانیم و می در ساغر اندازیم
فلک را سقف بکشافیم و طرحی نو در اندازیم
اگر غم لشکر انگیزد که خون عاشقان ریزد
من و ساقی به هم تازیم و بنیادش براندازیم

مولوی:

ایها الساقی ادرکاس الحُمَیا نِصفَ مَنْ   اِنّ عشقی مثلُ خمراِنّ جسمی مثل دَنّ

(غزل ۱۹۷۸)

حافظ:

الا یا الساقی ادرکأساً و ناولها   که عشق آسان نمود اول ولی افتاد مشکلها

مولوی:

نوبهاران چو مسیحست فسون می‌خواند   تا برآیند شهیدان نباتی زکفن

(غزل ۲۰۰۳)

حافظ:

با صبا در چمن لاله سحر می‌گفتم   که شهیدان که‌اند اینهمه خونین کفنان

مولوی:

بوی کباب می‌زند از دل پر فغان من　　　بوی شراب می‌زند از دم و از فغان تو

(غزل ۲۱۵۲)

حافظ:

بوی دل کباب من آفاق راگرفت　　　این آتش درون بکند هم سرایتی

مولوی:

مزن فال بدی زیرا به فال سعد وصل آید

مگو دورم زشاه خود که نیک اندر جواری تو

(غزل ۲۱۶۸)

حافظ:

رخ تو در نظر آمد مراد خواهم یافت　　　چراکه حال نکو در قفای فال نکوست

مولوی:

رو رو دلا با قافله تنها مرو در مرحله　　　زیراکه زاید منتها این روزگار حامله

(غزل ۲۲۸۰)

حافظ:

قطع این مرحله بی‌همرهمی خضر مکن　　　ظلماتست بترس از خطر گمراهی

مولوی:

مسلمانان مسلمانان زبان پارسی گویم

که نبود شرط در جمعی شکر خوردن به تنهایی

(غزل ۲۵۶۱)

حافظ:

شکر شکن شوند همه طوطیان هند　　　زین قند پارسی که به بنگاله می‌رود

مولوی:

درین دریا و تاریکی و صد موج　　　تو اندرکشتی پربار چونی

(غزل ۲۶۷۰)

حافظ:

شب تاریک و بیم موج و گردابی چنین هائل   کجا دانند حال ما سبکباران ساحلها

مولوی:

قدح چو آفتابت چو به دور اندرآید   برهد جهان تیره زشب وزشب شماری

(غزل ۲۷۴۷)

حافظ:

ز آفتاب قدح ارتفاع عیش بگیر   چراکه طالع وقت آنچنان نمی‌بینم

مولوی:

حلاوت غم معشوق را چه داند عاقل   چو جولهست نداند طریق جنگ و سواری

(غزل ۳۰۴۱)

حافظ:

ناصحم گفت که جز غم چه هنر دارد عشق   بروای خواجه عاقل هنری بهترین ازین

مولوی:

جنت حسنت چو تجلی کند   باغ شود دوزخ بر هر شقی

(غزل ۳۱۷۳)

حافظ:

در ازل پرتو حسنت زتجلی دم زد   عشق پیدا شد و آتش به همه عالم زد

مولوی:

ای ماه عذار من وای خوش قد و قامت   برخیزکه برخاست زعشق تو قیامت

(ترجیع‌بند ۱۲)

حافظ:

چه قیامت است جاناکه به عاشقان نمودی   رخ همچو ماه تابان قد سرو دلربا را

مولوی:

سه بوسه زتو وظیفه دارم   ای بر رخ من سحر گزیده

(ترجیع‌بند ۳۷)

حافظ:

سه بوسه کز دو لبت کرده‌ای وظیفه من   ادا اگر نکنی قرض‌دار من باشی

مولوی:

هزار عقل و ادب داشتم من‌ای خواجه   کنون چومست و خرابم صلای بی‌ادبی

حافظ:

هزار عقل وادب داشتم من‌ای خواجه   کنون که مست و خرابم صلاح بی‌ادبیست

منبع :

● آشنایی حافظ با مولوی: گلچرخ، ش. ۱۵، آذر، ۱۳۷۵.

| مقایسه نگاه شاملو و فروغ به اتاق، |
خانه، کوچه، خیابان، شهر

«هستی انسان یک هستی مکانی است. یک هستی ـ در ـ مکان است و در ـ عالم ـ بودن دازاین منوط به در ـ مکان ـ بودن اوست. همان‌گونه که هستی انسانی یا دازاین در مکان قرار دارد بدون مکان نیز عالم او بر هیچ پایه‌ای استوار نمی‌شود. در جایی بودن یک ویژگی نیست که انسان گاهی آن را داشته باشد وگاهی نداشته باشد و آنچه این در جایی بودن را محقق می‌سازد همان مکان ساختنی است و مهمترین مکان ساختنی، خانه است و مجموع آنها شهر. خانه مظهر یگانه و حقیقی مکان سکناست. با خانه، انسان هستی و یا حیات خود را کامل می‌سازد. خانه یک (این‌جا)ی واقعی و منحصر به فرد را برای ما می‌سازد و هستی را وا می‌دارد که در (اکنون) رخ دهد.

خانه به عنوان مکان، حس ریشه‌دار بودن را القا می‌کند چراکه متعلق به جای خاصی است. آرزوهای انسان هر چه می‌خواهد باشد، باشد، انسان فقط با سکناگزیدن در یک مکان معماری و به ویژه خانه می‌تواند برای برآورده ساختن آرزوها و امیال خود بکوشد. از این رو، خانه و هر مکان معماری با آرزوهای انسانی بیگانه نیست. بناها و ساختمان‌هایی که می‌سازیم ما را از نیستی و سلب‌های طبیعی دور می‌کنند. بناها به ما ایمنی طبیعی و انسانی می‌بخشند و نیازهای طبیعی ما در دوری از گزندها و طردها در «صورت بناها» پاسخ ایده‌آل می‌جویند.

یک خانه تنها یک سکناگاه و مأوای طبیعی به حساب نمی‌آید بلکه به نحو رمزگونه‌ای مأوا خانه ماست.

«خانه‌ها در حافظه‌های ملت‌های گوناگون به یکسان ترسیم نمی‌شود و افراد هر ملتی خانه را در خاطره‌های خود به شیوه‌ی خاصی معنی‌دار می‌سازند.»[١]

به نظر بدیهی می‌نماید که شاعران زن و مرد یک سرزمین نیز در واگویی رمز مأوا خانه با دیگران و یکدیگر متفاوت باشند.

در این فرض‌های متکی بر هستی انسان در جستجوی تفاوت نگاه دو جنس Sex Difference از بخشی از یک تحقیق که به مقایسه نگاه شاعران زن و مرد ایران به مکان‌هایی چون اتاق، خانه، کوچه، خیابان، شهر می‌پردازد، مقایسه‌ی نگاه فروغ فرخزاد و احمد شاملو را در اشعارشان در آغاز انتشار می‌دهم، هرچند درگذشت زود هنگام فروغ این مقایسه را از لحاظ سن تا حدودی دچار اشکال می‌کند.

در آغاز به دنبال حضور فیزیکی این مکان‌ها در شعر شاعران گشتم. با خشت و آجر و سنگ و سیمان. با چهارراه‌ها با بوق با جوی آب، با دوده و سپس با ترس، با خشونت یا لذت‌هایی که هرکس به نوعی در کوچه و خیابان‌های ایران امروز با آن روبه‌روست. می‌خواستم بدانم خانه‌ی شاعر امروز ایرانی چگونه است؟ اتاقش چه مفهومی برای او دارد؟ احساس امنیت شاعر ایرانی تا چه حد است؟ اگر از خیابان و شهر می‌هراسد، خانه‌اش مأمن او هست یا نه؟ در اتاقش چه خیالی می‌ورزد؟ در خیابان‌ها و کوچه‌های شهر چه می‌بیند؟ چه او را وحشت‌زده می‌کند و می‌رماند، می‌گریاند، می‌شوراند؟

---

١. شعر خانه‌ی ما، سید موسی دیباج.

مقایسه‌ای از این دست شاید بیشتر در دنیای شاعران ممکن باشد چراکه شاعران «دست می‌نهند به جراحات شهر پیر». چراکه شاعران «دردهای شهر و دیار خویش را فریاد می‌کنند.»

این بررسی، بررسی‌یی مضمونی است و به ارزش‌های زیبایی‌شناختی اشعارکاری ندارد بخصوص که این دو تن سال‌هاست که از مرز تاریخ گذشته‌اند.

این تحقیق درکار اصلی خود که به بررسی و مقایسه بیست تن از شاعران مطرح زن و مرد ایران می‌پردازد «خواهان بررسی نظریه‌های عدم تساوی و تفاوت جنسی است. تفاوت جنسی به مجموع پژوهش‌هایی اشاره دارد که طیف وسیعی را از تفاوت‌های میان دو جنس در نگرش‌ها و قابلیت‌ها تا تحقیق برای یافتن سرچشمه‌های آن‌ها در چارچوب جامعه پذیری نقش جنسی در بر می‌گیرد.

در فمینیسم دو نگرش پایه نسبت به تفاوت جنسی وجود دارد. نظریه‌پردازانی هستند چون آیشلر "Eichler"که علیه استفاده از مقیاس‌های مردانه/ زنانه موضع می‌گیرند به این دلیل که چنین مقیاس‌هایی به طور علمی کلیشه‌های نقش جنسی «ساخته مذکر» را درباره‌ی این‌که رفتار درست «زنانه» یا «مردانه» چیست، تقویت می‌کند. بنا بر استدلال او مطالعاتی که عوامل علت و معلولی را بر پایه تفاوت‌های جنسی قرار می‌دهد بسیار ساده‌انگارانه است مگر این‌که متغیرهای میانجی دیگری را هم مطالعه و بررسی کند. به ناچار، اکثر مطالعات به این نتیجه می‌رسد که تفاوت‌هایی ذاتی میان دو جنس وجود دارد. او می‌گوید مردان و زنان دارای روان‌شناسی‌های متفاوتی هستند چون به دلیل شرطی‌سازی و تجربه اجتماعی متفاوت، توقعات متفاوتی نیز دارند. سایر فمینیست‌ها از تفاوت جنسی تجلیل می‌کنند. الن موئرز "Ellen Moers" استدلال می‌کند تفاوت‌های جنسی روشنی در ادبیات وجود دارد، برای نمونه در واژه‌گان و نحو (استفاده بیشتر زنان از حذف به قرینه)، در ایجاد پیوند (زنان به چیزهای طبیعی نزدیک‌ترند) یا در ژانرهای خاص ادبی (زنان داستان‌های گوتیک یا رمانتیک می‌نویسند و می‌خوانند.)

نظریه فمینیستی فرانسوی نیز از تفاوت استقبال می‌کند. به نظر ژولیا کریستوا "Julia Kristeva" در ارتباط اشخاص با میثاق نمادین، تفاوت‌های جنسی وجود دارد، تفاوتی در

ارتباط با قدرت، زبان و معنی. چنانکه مشاهده می‌شود این بحث‌ها و نتیجه گیری‌ها مربوط به حوزه‌ی ایران نیست و اگر چه قابل تعمیم به نظر می‌رسند ولی دوباره سنجی آنها ممکن است تفاوت‌های تاریخی، فرهنگی، اجتماعی، و سیاسی ایران را به نمایش بگذارد. و نگارنده در این تحقیق تا به پایان نرسیدن کار روی شعر سایر شاعران از نتیجه گیری معذور است.

اتاق شاملو

در بررسی ۱۵ مجموعه شعر از ۱۸ دفتر شاملو در می‌یابیم که او در موارد اندک اشاره به اتاق(۸ مورد) درکل اشعارش (۳۷۳ شعر)، غم‌انگیزترین تصویر را از وضعیت روحی‌اش در اتاق‌اش درکتاب «مدایح بی‌صله» ارائه می‌کند، در شعر پیغام (۱۳۶۰/۴/۲۰)، درآن جاکه نوه‌اش ماهان را نزد مختومقلی ترکمن می‌فرستد:

می بینی؟/کار من این شده است/که بیایم به اتاق‌ام هر شام
و به خاموشی خورشیدی دیگر/کلماتی دیگرگریه کنم

شاعر حتی در جوانی نیز از دیدن رنگ قرمز بر پرده‌ی قلمکار اتاق‌اش به یاد خون مردان مبارز می‌افتد. (قطعنامه، سرود مردی که خودش راکشته است ـ ۳۰ /۱۳۳۰/۴)

شاملو فقط در یکی از شبانه‌هایش که در سال ۱۳۳۳ در زندان قصر سروده است از احساس عاطفی خود سخن می‌گوید:

در اتاق تاریک/شبحی می‌کشد از پنجره سر،/در اجاق خاموش
شعله یی می‌جهد از خاکستر./من در این بستر بی خوابی راز
نقش رؤیایی رخسار تو می‌جویم باز. (هوای تازه، ص ۱۴۱)

در «ققنوس در باران» و شعر سه سرود برای آفتاب (چلچلی، ۴۴/۱۰/۲۰)، جایی که می‌خواهد از قلب دربه‌درش بگوید باز هم به مفاهیم اجتماعی نظر می‌کند:

قلبم را در مجری کهنه‌ئی/پنهان می‌کنم/در اتاقی که دریچه‌ئیش/نیست.

و پس از آن دیگر اثری از اتاق در اشعار شاعر نمی‌یابیم مگر یادی از بیماری که در بیمارستان لاری بوازیه در پاریس می‌میرد (حدیث بی‌قراری ماهان ـ سراسر روز، ۱۳۵۱)

و در شعری که برای زیور داستان کلیدر، سروده است: زنی در اتاقی که در آن مردی هرگز عریان نکرده حسرت جانش را، برگهواره‌ی خالی زار می‌زند. (مدایح بی‌صله ـ کویری۱۳۶۴)

در میان این موارد اندک اشاره به اتاق، در «هوای تازه» (نمی‌رقصانمت چون دودی آبی رنگ، ۱۳۳۰) تصویری از اتاقش می‌دهد که به سرعت با آمدن تصویر مرگ کودکان، بر خاک مرده‌ی مرطوب، در ذهن شاعر سیاه می‌شود:

وگر انگیزه‌ی عشق است رقص شعله‌ی آتش به دیوار اتاق من

وگر در کوچه می‌خواند به شوری عابر شبگرد

دو کودک در جلوِ خان کدامین خانه با رؤیای آتش می‌کنند تن گرم؟

سه کودک بر کدامین سنگفرش سرد؟

و صد کودک به نمناک کدامین کوی؟

که این تقابل درد و بی‌دردی، نشان دهنده‌ی رنج شاملوست و آواز عابر یا شعله‌ی آتش به دیوار اتاق جواب‌گوی نیازش نیست. حاصل آن که شاملو در اتاق هم به بیرون نظر دارد و از حدیث نفس گریزان است و به مجرد جوانه زدن احساسات فردی‌اش، وجدان اجتماعی برای دریافت سهم خود از ذهن شاعر سر می‌کشد و عشق و نقش رویایی رخسار معشوق را مخدوش می‌کند.

اتاق فروغ

در ۵ دفتر شعر فروغ، اتاق با فراوانی ۱۱ در کل ۱۲۴ شعر وی حدود ۹ درصد توجه شاعر را در فضای خصوصی به خود جلب کرده است.

اولین ملاقات ما با واژه‌ی اتاق در دفتر «اسیر»، شعر خسته، سروده‌ی سال ۱۳۳۱ است. در این شعر شاعر به خود پند می‌دهد:

در ظلمت آن اتاقک خاموش/ بیچاره و منتظر نمی‌مانم

هر لحظه نظر به در نمی‌دوزم/ وان آه نهان به لب نمی‌رانم

تصویری دیگر را در همین دفتر و شعر صبر سنگ می‌یابیم که در آن، اتاقک خاموش به اتاق ساکت سرشار تبدیل شده است:

باز تصویری غبارآلود/زان شب کوچک ، شب میعاد

زان اتاق ساکت سرشار/از سعادت‌های بی‌بنیاد

گویا پس از این اشعار است که شاعر از آن اتاق چنان می‌رمد که دیگر به هیچ اتاقی دل نمی‌بندد لذا در دفتر «دیوار» از واژه‌ی اتاق خبری نیست .

در دفتر «عصیان» و شعر دیر ، باز هم شاعر است و اتاق کوچک غمگین خودش . این شعر را در مونیخ در ژوئن ۱۹۵۷/ ۱۳۳۶ ش . سروده است :

گوئی که می‌تپد دل ظلمت/در آن اتاق کوچک غمگین

شب می‌خزد چو مار سیاهی/بر پرده‌ی نازک رنگین

در ژوئیه ۱۹۵۷ در مونیخ ، شاعر باز هم «اتاق درهم مغشوش» را به یاد می‌آورد که ستارگان سپید اشک را در شب مژگان‌اش به سوسو وا می‌دارد ، و این دو اتاق در شعر گره به هم گره می‌خورند .

در شعر بازگشت سروده‌ی همان سال در تهران ، اتاق کوچک شاعر از بانگ کودکانه‌ی «کامی» پسرش خالی ولی از یاد او پر است .

نگهم جستجوکنان پرسید:/«در کدامین مکان نشانه‌ی اوست؟»

لیک دیدم اتاق کوچک من/خالی از بانگ کودکانه‌ی اوست

در شعر بعدها در همین دفتر ، شاعر اتاق خود را پس از مرگ‌اش توصیف می‌کند :

بعد من ناگه به یکسو می‌روند/پرده‌های تیره‌ی دنیای من

چشم‌های ناشناسی می‌خزند/روی کاغذها و دفترهای من

در اتاق کوچکم پا می‌نهد/بعد من ، با یاد من بیگانه‌ای

در برآئینه می‌ماند به جای/ تار موئی ، نقش دستی ، شانه‌ای

(مونیخ ، زمستان ۱۳۳۷/۱۹۵۸)

به هر حال شاعر پس از سفر دور و دراز از آن روزها سفرهای بسیار دیگری دارد ، ولی همواره بین امنیت آن اتاق گرم و ناشناختگی فردا ـ حجم سفید لیز ـ در تردد است :

آنروزها رفتند/آن روزهای برفی خاموش

کز پشت شیشه ، در اتاقی گرم/هر دم به بیرون ، خیره می‌گشتم

پاکیزه برف من، چو کرکی نرم/آرام می‌بارید
بر نردبام کهنه‌ی چوبی/بر رشته‌ی سست طناب رخت
بر گیسوان کاج‌های پیر و فکر می‌کردم به فردا، آه
فردا ـ
حجم سفید لیز. (تولدی دیگر)

و از پسِ این سفر در اتاق‌های او و اتاقِ کوچک خودش است که اتاق به بزرگی تنهائی می‌شود:

در اتاقی که به اندازه‌ی یک تنهائی ست/ دل من
که به اندازه‌ی یک عشق است
به بهانه‌های ساده‌ی خوشبختی خود می‌نگرد. (تولدی دیگر)

و سرانجام در «ایمان بیاوریم به آغاز فصل سرد» و در شعری به همین نام، اتاق را یک‌سر به تنهایی تسلیم می‌کند:

سلام ای غرابت تنهائی/اتاق را به تو تسلیم می‌کنم
چراکه ابرهای تیره همیشه/پیغمبران آیه‌های تازه‌ی تطهیرند
و در شهادت یک شمع/راز منوری ست که آن را
آن آخرین و آن کشیده‌ترین شعله خوب می‌داند.

پس از تطهیر و شهادت، دیگر اتاق، اتاق دلدار و اتاق خود شاعر نیست که اتاق، محل زندگی مردمی است که آرزوهایی دارند از آن دست که در شعر کسی که مثل هیچکس نیست ظاهر می‌شود و در لایه‌های پنهان‌تر شعر، «منزل» می‌تواند «وطن» باشد، و «اتاق‌های ما» نیز «همه چیز ما».

من خواب دیده‌ام که کسی می‌آید/کسی می‌آید
و صورتش/از صورت امام زمان هم روشن‌تر
و از برادر سید جواد هم/که رفته است
و رخت پاسبانی پوشیده است نمی‌ترسد
و از خود خود سید جواد هم که تمام اتاق‌های منزل ما/مال اوست نمی‌ترسد.

و بدین‌سان شاعرِ اتاق‌های کوچک، اتاق کوچک غمگین، اتاق کوچک من، اتاق

کوچکم، اتاق ساکت سرشار، و اتاق گرم از اتاقش به در می‌آید و به اتاق مردمان توجه می‌کند. عبور فروغ از اتاق کودکی به اتاق عشق دخترانه و از اتاق عشق مادرانه تا اتاق فردی مستقل و در خود فرو رفته و سرانجام به اتاق شاعری اجتماعی، آنچنان سیری دارد که صداقت آن تن انسان را می‌لرزاند و در این میان رشد روانی - جنسی و روانی - اجتماعی طبیعی‌تری را نسبت به شاملو نشان می‌دهد. او همه چیز را در مورد خود می‌پذیرد و از احساس خطاکاری بری است و به خود رحمت دارد و چون شاملو از انکار و فرافکنی سود نمی‌جوید.

خانه‌ی شاملو

خانه با ۴۲ بار تکرار، نشان از توجه شاملو به مفاهیم کلی دارد: خانه نسبت به اتاق، و شهر نسبت به کوچه و خیابان (۴۱ بار). خانه‌ی شاملو با این بسامد، چهار دیواری‌یی نیست که شاعر در آن سکنا کرده باشد، او از این معنای ظاهری در می‌گذرد و به وطن نظر می‌افکند.

به این مفهوم در این خانه‌ی تاریک، دل‌گیر، خاموش، سرد و تار که مکرر در کل اشعارش نقاشی می‌شود، همه چیز با او سرکین و عناد دارد. یأس و سکون در این خانه‌ی ویران حرکت می‌کند و شاعر در سکوت این غمخانه به مرگ خوانده می‌شود. خشت‌های این خانه سر به زانوی غم نهاده‌اند و ستون‌ها در غم بیش و کم زندگی پای دراز کرده‌اند. در ایوان این خانه هر شب اشباح عزا می‌گیرند و زنان بیوه به ناچار. (باغ آینه، مثل این است که...)

در آتش روز این خانه سیاهی شب پنهان است و غم فردا و آینده از اول شب در انتظار مردمان. بر این خانه‌ی ویران - بر هیکل زندگی - حتی مرگ، اشک حسرت می‌ریزد، بر این خانه یعنی وطنی که هر چه در آن هست رنج دیروز است و غم فردا.

خانه‌ی شاعر، اگر چه وطن اوست اما بام و سرای‌اش هرگز از کلبه‌ی حصیر سفالین بام شن - چوها جدا نبوده است. (قطعنامه، سرود بزرگ)

قلب شاعر با هر کس است که صلح را پناه باشد و دشمن «آن کس که برای یک لقمه در دهان و سه نان در کف/و آن کس که برای یک خانه در شهر و سه خانه در ده/با قبا و نان و خانه‌ی یک تاریخ چنان کند که تو کردی، رضا خان» (قطعنامه، قصیده برای انسان بهمن- ۱۴ بهمن ۱۳۲۹)

و فریاد شاعر ـ شاعری که شعر از زندگی‌اش جدا نیست ـ نه تنها بر سر سلطان‌ها کشیده می‌شود که بر سر آن‌ها که در سایه‌ی ظفرمندان رجز می‌خوانند نیز:

از کدامین فرقه‌اید؟/ بگویید/ شما که فریاد بر می‌دارید...

یا که در معرکه‌ی جدال/ از بام بلند خانه‌ی خویش

سنگپاره بپرانید/ تا بر سر کدامین کس فرود آید

(آیدا: درخت و خنجر و خاطره، در جدال آینه و تصویر ۴۳/۷/۳۰)

پس، در واژه‌نامه‌ی شاملو، خانه علاوه بر سرزمین و وطن، می‌تواند موقعیت سیاسی ـ اجتماعی یا تفکر ایدئولوژیکی نیز باشد. ولی چه تواند کرد شاعری که خانه‌اش در انتهای جهان در مفصل خاک و پوک است؟ (شکفتن در مه، عقوبت)

شاعر در سرایش مختصات عصر و زمانه‌ی خویش در طول سال‌ها شاعری به تعهد نخستین‌اش پایدار مانده است. بررسی آماری فضاها در شعر شاملو نشان می‌دهد که در طول ۵۰ سال سرایش شعر همواره توجهش به فضای عمومی در سطح بالاتری از خصوصی قرار داشته که در مقاطع تاریخی مهم، این گرایش افزایش نیز یافته است. سال چاپ «لحظه‌ها و همیشه» یعنی ۱۳۴۳ که مربوط به وقایع قبل از آن است با توجه ۸۳ درصد به فضای عمومی و «آیدا: درخت و خنجر و خاطره» و «ققنوس در باران» و «دشنه در دیس» با ۸۰ درصد و «در آستانه» و «حدیث بی قراری ماهان» با ۷۵ درصد گویای خاموش این توجه هستند. شاملو سراینده‌ی روزگار غریبی است که درک کرده است. شاعر متولد ۱۳۰۴ است. او رضا شاه را درک کرده است؛ دو جنگ جهانی را درک کرده است، محمدرضا شاه را درک کرده است؛ سال ۳۲ و سال‌های پس از آن را درک کرده است؛ انقلاب را درک کرده است و فاصله‌ی آن را تا آخرین شعری که نوشته است. درک کرده است، از سر نگذرانده است و هر بار، بن بست.

دهان‌ات را می‌بویند/ مبادا گفته باشی دوست‌ات می‌دارم.

دل‌ات را می‌بویند/ روزگار غریبی‌ست، نازنین

(ترانه‌های کوچک غربت ـ در این بن بست ۱۳۵۸/۴/۳۱)

ولی او مأیوس نمی‌شود: نه/ نومیدْ مردم را/ معادی مقدر نیست (ترانه‌های کوچک غربت، خطابه‌ی آسان درامید ۵۹/۴/۲۳) ولی چه کسانی می‌توانند خانه را روشن کنند؟

کاشفان چشمه/کاشفان فروتن شوکران/جویندگان شادی

در مجری آتشفشان‌ها/در برابر تندر می‌ایستند/ خانه را روشن می‌کنند.

و می‌میرند (دشنه در دیس، خطابه‌ی تدفین، اردی بهشت ۱۳۵۴)

در شعر شاملو تمام عناصر مربوط به خانه را می‌توان دید: سکوی دم خانه، بام، در، درگاه، دروازه، کلید، بهارخواب، پستو، دیوار، دریچه، ایوان، حیاط، باغچه که همه به کار آفرینش فضای مطلوب شاعر می‌پردازند.

به این شعر توجه کنید که چگونه اضطراب در آن موج می‌زند: (باغ آینه، نیم شب)

پنجه‌ی سرد باد در اندیشه‌ی گزندی نیست./من اما هراسانم

گویی بانوی سیه جامه/ فاجعه را/ پیشاپیش/بر بام خانه می‌گرید.

و پنجه‌ی بی‌خیال باد، در این انبان خالی/در جست و جوی چیزی است

شاملو در سال ۱۳۲۶ برای اولین بار ازدواج می‌کند و ازدواجش در سال ۱۳۳۶ با وجود چهار فرزند به طلاق می‌انجامد. در همان سال برای بار دوم ازدواج می‌کند که چهار سال بیشتر دوام نمی‌آورد. در ۱۴ فروردین ۱۳۴۱ با آیدا آشنا می‌شود و در سال ۱۳۴۳ با یکدیگر ازدواج می‌کنند.

شاید خانه‌ی آرمانی شاعر را در «آیدا در آینه» و در سرود آن کس که از کوچه به خانه باز می‌گردد، (اردیبهشت ۱۳۴۲) بتوانیم بیابیم:

خانه‌ئی آرام و/ اشتیاق پرصداقت تو/ تا نخستین خواننده‌ی هر سرود تازه باشی

چرا که هر ترانه/فرزندی است که از نوازش دست‌های گرم تو

نطفه بسته است... میزی و چراغی،

کاغذهای سپید و مدادهای تراشیده و از پیش آماده،/و بوسه‌ئی

صله‌ی هر سروده‌ی نو.

شاعر رسته از اضطراب و هراس با این ازدواج به آرامش و سعادت می‌رسد ولی شعر در ادامه می‌گوید که هنوز زندگی را در رویاهای خویش دنبال می‌گیرد. رویاها و امیدهای او کدام‌اند؟ به این سوال در جای خود پاسخ خواهم گفت.

در شعر دربسته (باغ آینه، چاپ ۱۳۳۹) شاعر از ساخت فضای خانه، آن هستی مورد انتظارش را آرزو می‌کند:

دیرگاهی‌ست که دستی بداندیش /دروازه‌ی کوتاه خانه ما را/ نکوفته است .

در چنین خانه‌ی امنی ، زمزمه‌های ملال‌آور به سرودی دیگر تبدیل می‌شوند . خانه‌ای که باغچه دارد و حیاطش از عطر گل‌ها سرمست است . خانه در فضایی دور از شهر واقع است : زنبور و خرگوش و حربا ، گیاه‌های پر شیر بیابانی . آیا شاعر تا سال ۱۳۶۸ که به خانه‌ی کرج رفت باید برای داشتن چنین فضایی صبر می‌کرد ؟

شاملو ، نفس تازه کردن را برای گذر توفان ـ چه کوتاه و چه طولانی ـ قرار گرفتن در کنار عشق و خانه و کار کردن و امید ورزیدن می‌یابد . او به امید این چنین روزی می‌زیست و انتظار می‌کشید :

روزی که دیگر درهای خانه‌شان را نمی‌بندند

قفل /افسانه‌ئیست /و قلب /برای زندگی بس است

و من آن روز را انتظار می‌کشم /حتی روزی /که دیگر نباشم .

(هوای تازه ، افق روشن ۱۳۳۴)

خانه‌ی فروغ

خانه با تکرار در ۲۵ شعر ، بیشترین محل توجه فروغ است و دفتر «تولدی دیگر» با فراوانی ۷ بیشترین واژه‌ی خانه را داراست .

حیاط ، در و دیوار ، باغچه ، پشت بام ، حوض ، ناودان و درخت از ضمائم خانه در شعر فروغ است .

شاعر از خانه به مفهوم محل سکنا تا به مفهوم وطن همان راهی را می‌پیماید که در مورد واژه‌ی اتاق پیموده است .

خانه‌های آغازین او جایی بودند که در آنجا روزی صدای در می‌پیچید و شاعر از شادی پر می‌گشود تا برای شهزاده‌ای مغرور در بازکند و با او به شهر رویاها برود . (دیوار ـ رویا)

خانه‌هایی که در سکوتشان ، نفس‌های عشاق و «ناله‌های شوقشان لرزان و وهم انگیز» می‌پیچید . (دیوار ـ قصه‌ای در شب)

خانه‌هایی که گردآلود و تیره و دلگیر بودند . (عصیان ـ بازگشت)؛ خانه‌هایی که «با

روشنایی‌های رویایی/یک به یک درگیرودار بوسه‌ی بدرود» بودند درحالی‌که «ناودانها ناله سرداده درظلمت/درخروش ازضربه‌های دلکش باران».

شاعرازآن خانه‌هایی‌که دردفترعصیان می‌شود، دید: «خانه‌هایی برفرازش اشک اخترها و وحشت زندان و برق حلقه‌ی زنجیر» گذرمی‌کند و به خانه‌ای‌که مختصاتش در شعرجمعه درکتاب «تولدی دیگر» آمده است، می‌رسد:

خانه‌ی خالی/خانه‌ی دلگیر/خانه‌ی دربسته برهجوم جوانی
خانه‌ی تاریکی و تصورخورشید
خانه تنهایی و تقأل و تردید/خانه‌ی پرده، کتاب، گنجه، تصاویر

شاعرازاین‌که زندگی‌اش چون جویبارغریبی دردل این خانه‌های خالی دلگیرمی‌گذرد، ابرازتأسف می‌کند. خانه‌ای‌که گاه به شکل زیرمجسم می‌شود:

من به یک خانه می‌اندیشم/با نفس‌های پیچک‌هایش، رخوتناک
با چراغانش روشن، همچون نی‌نی چشم/با شبانش متفکر، تنبل، بی‌تشویش
و به نوزادی با لبخندی نا محدود/مثل یک دایره‌ی پی‌درپی برآب
و تنی پرخون، چون خوشه‌ای ازانگور
(همان منبع، درغروبی ابدی)

از «آن خانه‌های تکیه داده درحفاظ سبز پیچک‌ها به یکدیگر». خانه‌ای‌که شاعردر حالی‌که به زندگی‌اش خیره شده است، می‌خواهد به آن پناه ببرد:

مرا پناه دهید ای چراغ‌های مشوش/ ای خانه‌های روشن شکاک
که جامه‌های شسته درآغوش دودهای معطر
بربام‌های آفتابیتان تاب می‌خورند
(همان منبع، وهم سبز)

درادامه خواسته‌ی بزرگی برای شاعرمطرح می‌شود، خانه‌ای‌که در «تولدی دیگر» و شعرهدیه با شاعرانگی، ازآن حرف می‌زند:

من ازنهایت شب حرف می‌زنم
من ازنهایت تاریکی

و از نهایت شب حرف می‌زنم
اگر به خانه‌ی من آمدی برای من ای مهربان چراغ بیار
و یک دریچه که از آن
به ازدحام کوچه‌ی خوشبخت بنگرم

و سرانجام خانه‌ای که در شعردلم برای باغچه می‌سوزد مختصات آن را تاریخی می‌کند. مختصات وطن را:

کسی به فکرگل‌ها نیست/کسی به فکر ماهی‌ها نیست
کسی نمی‌خواهد/باورکند که باغچه دارد می‌میرد
که قلب باغچه در زیرآفتاب ورم کرده است/که ذهن باغچه دارد آرام آرام
از خاطرات سبز تهی می‌شود/وحس باغچه انگار
چیزی مجردست که در انزوای باغچه پوسیده‌ست.
حیاط باغچه‌ی ما تنهاست/حیاط خانه‌ی ما
در انتظار یک ابر ناشناس/خمیازه می‌کشد
و حوض خانه‌ی ما خالی‌ست
(ایمان بیاوریم به آغاز فصل سرد)

خانه‌ی دور، خامشی خانه (اسیر)، خانه‌ی دلدار، سکوت خانه‌ی تو (دیوار) خانه‌ی باد (تولدی دیگر)، خانه‌ی معمار، خانه‌ی مصنوعی (ایمان...)، از دیگر ترکیبات شعری فروغ هستند.

مقایسه‌ی عناصر و فضاهای چهار دیواری خانه در شعر فروغ و شاملو حاکی از تغییر در ساخت و معماری خانه‌هاست و یا تفاوت معماری خانه‌هایی که این دو تن در آن می‌زیسته‌اند. در شعر فروغ از سکوی خانه، پستو و دریچه خبری نیست و در شعر شاملو از حوض و ناودان (در اشعاری که پنج واژه مورد نظر در آن بوده است.)

فروغ در همان آرزوهایی که شاملو در آن سیر می‌کند، می‌زید. روشنایی‌های رویایی، بوسه، خانه‌یی تکیه داده در حفاظ پیچک‌ها، چراغ‌های روشن، و البته آرزومند نوزادی با لبخند نامحدود، با جامه‌های شسته بر بام. ولی او چون شاملو به آرزویش دست نمی‌یابد و در انتظار «آن ناشناس» ما را ترک می‌کند، در سال ۱۳۴۵، در حالی که فقط ۳۲ سال دارد.

کوچه‌ی شاملو

قبل از بیان مختصات کوچه که ۳۳ بار در اشعار او تکرار شده است باید به این نکته اشاره شود که تلخی فضای بیشتر اشعار از افسردگی و اندوه‌زدگی شخصی شاعر نیست (آری نومید مردم را امید معاد نیست.) چراکه او روایتگری مسئول برای شرح کاستی‌ها و نابسامانی‌ها و غم‌های مردمی است که دیده است و در کنار آن‌ها مصایب را لمس کرده‌است. او نظاره‌گر هر جلوه‌ئی که می‌شود سرانجامش به مردم و درد مردم ختم می‌شود.

در شعر شاملو کوچه‌ها اگر چه به خیابان می‌پیوندند ولی در اشعارش بیش از شش مورد خیابان نمی‌توان یافت. شاید به علت تأثیر خیابان محل تولد و کودکی شاعر بر او، خیابان‌ها کمتر توجه‌اش را جلب می‌کنند. شاعر، از خیابان محل تولد و کودکی‌اش به خوشی یاد نکرده است.

در اسامی اشعار شاملو نیز این توجه به کوچه و بی‌توجهی به خیابان مشهود است: آواز شبانه برای کوچه‌ها (هوای تازه)، کوچه (باغ آینه)، سرود آن کس که از کوچه به خانه باز می‌گردد (آیدا در آینه)، در کوچه آشتی‌کنان (مدایح بی‌صله).

شاملو با توجه به تمام مناسبات اجتماعی، از دریچه به کوچه که می‌نگرد:

از پنجره‌ی رو در رو، زنی ترسان و شتابناک، گلسرخی / به کوچه می‌افکند.

عابر منتظر، بوسه‌یی به جانب زن می‌فرستد

و در خانه، مردی با خود می‌اندیشد:

ـ بانوی من بی‌گمان مرا دوست دارد،

(هوای تازه، سرود مردی که تنها به راه می‌رود)

به نظر می‌رسد که از همین روست که شاعر در بیان مختصات خانه‌ی آرمانی‌اش، خانه‌ای می‌خواهد که «پنجره‌اش به کوچه نمی‌گشاید» (آیدا در آینه، سرود آن کس که از کوچه به خانه باز می‌گردد)

کتاب «آیدا: درخت و خنجر و خاطره» شعر لوح، تصویر واضح‌تری از معماری کوچه در ذهن شاملو می‌دهد:

چون ابر تیره گذشت / در سایه‌ی کبود ماه / میدان را دیدم و کوچه‌ها را

که هشت پایی راماننده بود از هرجانبی پائی به خستگی رهاکرده

به گودابی تیره

در شعرکوچه در دفتر «باغ آینه»، بدون نام بردن از واژه‌ی کوچه به توصیف آن دهلیز لاینقطع می‌پردازد.

کوچه در شعر شاملو جای مردم است؛ کوچه‌ی مردم است. کوچه قلب دارد؛ شهید دارد. قیام، کوچه‌های پرنفس دارد؛ مردم ازکوچه به خیابان می‌ریزند؛ ازکوچه اسب و سوار می‌گذرد؛ معماری کوچه‌های زمان شاملو این چنین‌اند: تنگ، باریک، مورگی، مثل هشت پا، و تاریک. شاعر ازکوچه‌ی بن‌بست، متنفر است: در «هوای تازه» در شعر بودن، احساس خود را نسبت به سال ۱۳۳۲ چنین بیان می‌کند:

گر بدینسان زیست باید پست

من چه بی‌شرمم اگر فانوس عمرم را به رسوایی نیاویزم

به بلند کاج خشک کوچه‌ی بن بست

شاعر با این که چند بار از خانه‌ی تاریک نام می‌برد ولی تنها در دفتر «ققنوس در باران» و شعر چلچلی‌ست (۴۴/۱۰/۲۵) که ازکوچه‌ی تاریک سخن می‌راند:

از مهتابی/به کوچه تاریک/خم می‌شوم/و به جای همه‌ی نومیدان/می‌گریم.

اوج یأس شاعر را این ترکیب بیان می‌کند: احساس حرام شدگی

در «باغ آینه» (چاپ ۱۳۳۹)، شعر از شهر سرد... پس از برشمردن مختصات شهر تاریک و شهر سرد، می‌سراید:

سربازان مست درکوچه‌های بن بست عربده می‌کشند

و قحبه‌ئی از قعر شب با صدای بیمارش آوازی ماتمی می‌خواند.

کوچه به عنوان بخشی یا جزئی از شهر مطرح است و البته این لایه‌ی آغازین شعر است.

کوچه‌های بید، کوچه‌های تقدیر (قطعنامه) ـ خشم کوچه، کوچه‌های بلند، کوچه‌های پرنفس قیام (هوای تازه) سکوت کوچه، کوچه‌ی مردم (باغ آینه) ـ کوچه‌های باریک (لحظه‌ها و همیشه) ـ پیچ کوچه (آیدا در آینه) ـ کوچه‌های پرنفس رزم، کوچه‌های شایعه (آیدا: درخت و خنجر و خاطره) ـ کوچه‌ی سرپوشیده (دشنه در دیس) ـ کوچه‌ی پنهان،

(مدایح بی‌صله) ـ سرکوچه (در آستانه) از دیگر ترکیبات شعری او هستند.

کوچه‌ی فروغ

کوچه با بسآمد ۲۱، دومین فضای مورد توجه شاعر است که در حدود ۱۷ درصد کل اشعار او آمده است.

کتاب «تولدی دیگر» با فراوانی ۱۲ بیشترین تکرار کوچه را داراست و کتاب «اسیر» اشاره‌ای به کوچه ندارد. در کوچه‌های شب در دفتر «دیوار»، این مناسبات حکمفرماست:

ناودان‌ها ناله سر داده در ظلمت/در خروش از ضربه‌های دلکش باران
می‌خزد بر سنگفرش کوچه‌های دور/نور محوی از پی فانوس شبگردان
دست زیبایی دری را می‌گشاید نرم/می‌دود در کوچه برق چشم تبداری
(قصه‌ای در شب)

در کوچه‌ای که شاعر می‌سراید می‌شد این گونه بود:

می‌نشستم با گروه باده پیمایان/شب میان کوچه‌ها آواز می‌خواندم.
(عصیان، خدایی)

روز کوچه‌های فروغ نیز این مختصات را دارد:

شهر جوشان درون کوره‌ی ظهر/کوچه می‌سوخت در تب خورشید
پای من روی سنگفرش خموش/پیش می‌رفت و سخت می‌لرزید
خانه‌ها رنگ دیگری بودند/گردآلود، تیره و دلگیر
چهره‌ها در میان چادرها/همچو ارواح پای در زنجیر

جوی خشکیده و خالی از آب، مردی که آواز می‌خواند، گنبد مسجد، اذان ظهر، سگ‌ها و کودکان که از پی هم می‌دوند، مرد کوری که عصا زنان می‌گذرد، آشنایی که می‌آید، از مناظر آشنای این کوچه‌ها هستند.

شاعر در یک شاعرانگی نوستالژیک از «کوچه‌های گیج از عطر اقاقی‌ها» حرف می‌زند که سرانجام گم شدند «در ازدحام پر هیاهوی خیابان‌های بی‌برگشت»

کوچه و اقاقی در اشعار متعددی در کنار هم آمده‌اند.

صدای کوچه، گاه شاعر را ـ دل شاعر را ـ به نام می‌خواند:

نمی‌توانستم/دیگر نمی‌توانستم/صدای کوچه/صدای پرنده‌ها

صدای گم‌شدن توپ‌های ماهوتی/و هایهوی گریزان کودکان

و رقص بادکنک‌ها/که چون حباب‌های کف صابون

در انتهای ساقه‌ای از نخ صعود می‌کردند

(تولدی دیگر، وهم سبز)

کوچه‌ها همواره برای فروغ با عشق و دوستی‌های دوران کودکی همراه است. در شعر ای مرز پرگهر (تولدی دیگر) ضمائم دیگری ازکوچه در شعر فروغ آمده است:

من می‌توانم از فردا/درکوچه‌های شهر/که سرشار از مواهب ملی‌ست

و در میان سایه‌های سبکبار تیرهای تلگراف/گردش‌کنان قدم بردارم

و با غرور، ششصد و هفتاد و هشت بار به دیوار مستراح‌های عمومی بنویسم

خط نوشتم که خرکند خنده

فروغ از مرحله مناسبات حکمفرما بر کوچه‌های زمان خود یا بازی‌های کودکی در کوچه‌های باریک و دراز و پر از عطر اقاقی به مناسبات مخفی و آوازهای مستانه درکوچه‌ها راه می‌یابد و آنگاه است که ویرانی منظره‌ی آشنای کوچه با بیداری تلخ او فرا می‌رسد.

«در ایمان بیاوریم به آغاز فصل سرد»، کوچه‌ی شاعر در شعری به همین نام از بوی اقاقی و بازی‌های کودکانه خالی می‌شود:

در کوچه باد می‌آید./در کوچه باد می‌آید.

اینک درکوچه‌های شاعر، مردی می‌گذرد از کنار درختان خیس که رشته‌های آبی رگ‌هایش

مانند مارهای مرده از دو سوی گلوگاهش/بالا خزیده‌اند.

در کوچه‌های شاعر باد می‌آید:

«کلاغ‌های منفرد انزوا/در باغ‌های پیر کسالت می‌چرخند»

و این ابتدای ویرانی‌ست. شاعر بارور شده از دانش سکوت، چاره‌ای ندارد جز دیدن:

جنازه‌های خوشبخت/جنازه‌های ملول/جنازه‌های ساکت متفکر

جنازه‌های خوش برخورد، خوش‌پوش، خوش خوراک
در ایستگاه‌های وقت‌های معین/و در زمینه‌ی مشکوک نورهای موقت
و شهوت خرید میوه‌های فاسد بیهودگی/آه
چه مردمانی در چارراه‌ها نگران حوادثند/و این صدای سوت‌های توقف
در لحظه‌ای که باید، باید، باید/مردی به زیر چرخ‌های زمان له شود
مردی که از کنار درختان خیس می‌گذرد.

فرق کوچه‌ی شاملو با کوچه‌های فروغ در این است که شاملوگویی هرگز کودکی نکرده است و نوجوان نبوده است. کوچه‌های تنگ و تاریک او محل خیانت‌اند. فروغ خواهان نشست و برخاست با باده‌پیمایان است و می‌خواهد که شب میان کوچه‌ها آواز بخواند ولی در کوچه‌های بن‌بست شاملو این تنها سربازان مست‌اند که عربده می‌کشند.

دل کوچه (دیوار)، کوچه‌های آبی رگ‌ها، کوچه‌های کهنه، کوچه باغ، کوچه‌های صبح، کوچه‌ی باریک و دراز، کوچه‌ی ما (تولدی دیگر)، بچه‌های کوچه‌ی ما، کوچه و بازار، کوچه‌های خاکی معصومیت (ایمان بیاوریم به آغاز فصل سرد) از دیگر ترکیبات شعری فروغ هستند.

خیابان شاملو

«پس از آنکه با قانون بلدیه در سال ۱۳۰۹ دو خیابان چلیپایی بوذرجمهری و خیام بافت کهن شهر تهران را از هم دریدند و شهر را مصلوب کردند شالوده کهن ارتباطات از هم گسسته شد و خیابان نه به عنوان عنصر مکمل سازمان و شالوده کهن بافت شهر بلکه به عنوان عنصر مسلط و تعیین کننده در شهر ظاهر شد و بنا بر منطق سلطه هیچ عامل و یا نشانه‌ای را یارای مقابله با آن نبود. خیابان سراسر شهر را درنوردید و خود را به عنوان لبه‌ای قدرتمند در درون شهر مطرح کرد و سرانجام بافت شطرنجی و جدایی عملکردهای شهری بنا بر نوعی منطقه‌بندی نامنعطف، خود را بر شهر حاکم نمود. شهر نقابی از تجدد بر چهره زد و «شهر ـ تقلید»، «شهر مقلد» تولد یافت.

بدین‌سان بود که شاعران حساس ما به این نقاب معترض گشته و چنانکه می‌بینیم خیابان و کوچه که در قطعه شعری از «هوای تازه»، شعری که زندگی‌ست از لحاظ توجه

شاعر، به هم نزدیک‌اند، پس از آن از هم جدا می‌شوند و در مقابل تداوم نسبی کوچه در ذهن شاعر، خیابان تنها در ۶ مورد از ۳۷۳ شعر نوشته می‌شود. در واقع از ۱۵ کتاب مورد بررسی شاملو در ۱۱ کتاب اثری از کلمه «خیابان» نیست. در شعر بر سنگفرش:

آنگاه، من، که بودم/جغد سکوت لانه‌ی تاریک درد خویش

چنگ ز هم گسیخته زه را/یک سو نهادم/فانوس برگرفته به معبر در آمدم

گشتم میان کوچه‌ی مردم

این بانگ بالبم شرر افشان:

«_ آهای!

از پشت شیشه‌ها به خیابان نظر کنید!

در این شعر نیز توجه او به کوچه است نه خیابان. حتی از مردم نمی‌خواهد که به خیابان بیایند. می‌گوید از پشت شیشه به خیابان نگاه کنید. چرا که خیابان فاقد آن همبستگی‌هایی است که در کوچه‌ها دیده می‌شود.

در «ترانه‌های کوچک غربت» (بچه‌های اعماق ۱۳۵۴) شاعر خیابان را از شهر می‌گیرد. و شهر تنها از شبکه‌ی مورگی کوچه‌ها تشکیل می‌شود. قاچاق، زرد زخم، مادران بی‌حوصله، پدران دشنام‌گو، بچه‌های قمار باز، توصیف شهرگونه‌هایی است که به خاطر این صنعت پا می‌گیرند.

در شهر بی‌خیابان می‌بالند/در شبکه‌ی مورگی‌ی پس کوچه و بن‌بست

سه راه، چار راه، پیچ خیابان، میدان، و پیاده رو، فضاهایی هستند که در خیابان توجه شاعر را جلب کرده‌اند.

خیابان فروغ

در سه دفتر «اسیر»، «دیوار»، و «عصیانِ» فروغ از خیابان نشانی نیست. خیابان در کمترین میزان توجه شاعر واقع است که از ۷ مورد آن، ۶ مورد در کتاب «تولدی دیگر» آمده است و یک مورد در «ایمان بیاوریم به آغاز فصل سرد». شاید این کم توجهی، ناشی از ترس شاعر از گم شدن در خیابان باشد:

چرا من اینهمه کوچک هستم؟/که در خیابان‌ها گم می‌شوم

چرا پدر که اینهمه کوچک نیست/و در خیابان‌ها گم نمی‌شود

(ایمان بیاوریم...)

از مختصات خیابان در شعر فروغ دراز بودن و بی ته بودن آن است:

ـ زندگی شاید/یک خیابان دراز است که هر روز زنی با زنبیلی از آن می‌گذرد

ـ آوازهای دوره‌گردان در خیابان‌های دراز لکه‌های سبز

ـ ازدحام پر هیاهوی خیابان‌های بی‌برگشت

گوش دادم/در خیابان وحشت زده‌ی تاریک/یک نفر گویی قلبش را

مثل حجمی فاسد/زیر پا له کرد/در خیابان وحشت زده‌ی تاریک

یک ستاره ترکید/گوش دادم...

(تولدی دیگر)

به هر حال، مشخص است که شاعر، خیابان را دوست ندارد و در حال مردن از دست

کسی که زندگانی‌اش بود خیابان‌ها را بی هیچ مقصدی می‌پیماید:

تو با من می‌رفتی/تو در من می‌خواندی

وقتی که من خیابان ها را/بی هیچ مقصدی می‌پیمودم

(تولدی دیگر)

در این فضا نیز فروغ از کودکی خود و خیابان می‌گوید، ترس از گم شدنش و آنچه که در خیابان‌ها می‌بیند مثل زن زنبیل به دست، آوازهای دوره‌گردها، خیابان‌های پر هیاهو، خیابان‌های تاریک، و غبار خیابان. نگاه فروغ به خیابان، روان شناختی و جامعه شناختی است و نگاه شاملو سیاسی‌ـ اجتماعی. خون، استثمار و مرگ، حاصل نگاه شاملو به این فضای بزرگ جمعی است و نگاه فروغ در آغاز از مسائل انسانی خودش عبور می‌کند و بعد به دیگران می‌رسد.

شهر شاملو

از میان فضاهای خصوصی و عمومی، شهر کلیتی فراگیرتر از دیگر فضاها ـ بعد از خانه ـ در

ذهن شاعر داشته است. یعنی با تکرار در ۴۱ شعر، ۱۱ درصد از کل ۳۷۳ شعری که در ۱۵ دفتر شاعر وجود دارد را به خود اختصاص می‌دهد.

در دفتر «قطعنامه» (چاپ ۱۳۳۰) و در شعر تا شکوفه‌ی سرخ یک پیراهن (مهر ۱۳۲۹) شاعر وانمود می‌کند که شهر را دوست دارد ولی از خیابان آن فقط به پیاده‌رو اشاره می‌کند:

دوست داشتن بلوغ شهر/و عشقش/دوست داشتن سایه‌ی دیوار تابستان
و زانوهای بیکاری در بغل/دوست داشتن زنان پیاده‌رو/ خانه‌شان
عشق‌شان/ شرم‌شان

اما شاملو، شهر را دوست ندارد. چراکه «مفهوم شهر به معنای واقعی و بومی کلمه گم شده. شهر که تا پیش از این معنایی داشت در پی اجرای طرح‌های توسعه‌ای بی‌ارتباط منطقی با سازمان کالبدی ـ فضایی به شکلکی از شهر صنعتی تبدیل شده است. در رویارویی با این چهره جدید و نقابی که شهر در پس آن قرار گرفته است، شهر و زندگی شهری خود را ناآشنا باز می‌یابد. بی‌ریشه و تغییر شکل یافته. شهر در مجموعه‌ای از روابط آشفته، درهم و برهم و نامفهوم اجتماعی ـ فرهنگی گرفتار می‌آید. خود گرفتار می‌شود و شهروند را هم گرفتار می‌کند. این تغییرات بی‌هیچ نگرانی از این که انسان از طریق سکونت گرفتن به بودن دست می‌یابد، صورت می‌پذیرد. شهر از این پس مکانی است متشکل از تعدادی بلوک شهری تعریف شده به وسیله خیابان‌های اطراف، که بی‌هیچ لولای فضایی-کالبدی در کنار هم گرد آمده‌اند» و این همان حالتی است که شاملو به آن شهر شطرنجی می‌گوید:

خانه‌ها/خانه‌خانه‌ها/مردمی،/وفریادی‌ازفراز/شهرشطرنجی!/شهرشطرنجی!
(باغ آینه، کوچه)

از تمام جاذبه‌های شهر، ویرانه‌های شهر و زوزه‌ی سگان توجه شاملو را جلب می‌کند (هوای تازه-در رزم زندگی ۱۳۲۷)

او به جراحات شهر پیر دست می‌نهد (همان، شعری که زندگی ست ۱۳۳۳)
چراکه در تمام شهرشاعر حتی یک فریاد اعتراض نیست. (همان، لعنت ۱۳۳۵)
و در سرود مردی که تنها به راه می‌رود، می‌سراید:
حقیقت از شهر زندگان گریخته است؛

من با تمام حماسه‌هایم به گورستان خواهم رفت/ و تنها

«هر حصار این شهر خشتی پوسیده بود». در این جا، شاملو با استفاده از تمام روابط و عناصر یک شهر، با واکنشی خشم‌آلود نسبت به مناسبات اجتماعی، راجع به شعرش حرف می‌زند.

شاعر در «هوای تازه»، شعر ناتمام، از شهر شب سخن می‌گوید:

زاده‌ی پایان روزم، زین سبب/ راه من یکسر گذشت از شهر شب.

در دفتر «باغ آینه» (چاپ ۱۳۳۹) و شعر دخترای ننه دریا با دلتنگی نسبت به شهری آرمانی می‌گوید:

از سر تپه، شبا/ شیهه‌ی اسبای گاری نمیاد/ از دل بیشه، غروب
چهچه‌ی سار و قناری نمیاد، / دیگه از شهر سرود/ تکسواری نمیاد

در این شعر که بعد از پریا سروده شده دیگر از آن تکسوار که جادو شدنی نبود، خبری نیست و این بار این پسرای عمو صحرا هستند که لب دریا نشسته‌اند و شب تا سحر گریه می‌کنند و اشک‌های شورشان به دریای نمور می‌ریزد و چشم امیدشان به دخترای ننه دریاست و از آن «شهر مردم» شعر پریا، که در این شعر، «شهر سرود» خوانده می‌شود، تکسواری نخواهد آمد. که حاکی از مأیوس شدن مجدد شاعر است چرا که به گفته‌ی خودش، پریا را برای زنده نگه داشتن امید در دل مردم بعد از وقایع سال ۱۳۳۲ سروده بوده است.

در شعر از شهر سرد، (باغ آینه) شهر را سرد و تاریک وصف می‌کند. در این شعر شاعر ویژگی‌های شهر سرد و تاریک را به دلیل نگاه سیاه آزمند ساکنانش توصیف می‌کند که با وزش باد در آن حرکتی سردتر و تاریک‌تر ایجاد می‌شود.

در این شهر سربازان مست در کوچه‌های بن بست عربده می‌کشند. آینده این شهر نیز چنین خواهد بود:

علف‌های تلخ در مزارع گندیده خواهد رست
و باران‌های زهر به کاریزهای ویرانی خواهد ریخت.

در هر حال آینده‌ی شهری که «دیگر هوای سخن گفتن به سر» نداشته باشد، چنین خواهد بود، آینده‌ی مردمی که اعتراضی به شرایط خود ندارند.

غرض شاعر از خلوتی شهر استیلای سکوت پلیسی و خاموشی ندای آزادی و مبارزه است:

در همه خلوت این شهر، آوا/جز ز موشی که دراند کفنی/نیست.

(لحظه‌ها و همیشه چاپ ۱۳۴۳-سخنی نیست آذر ۱۳۳۹)

اگر چه عناصر معماری فضاهای مورد بررسی مطمح نظر نبوده‌اند ولی شعر حماسه (آذر ۱۳۳۹) ـ شعر زیر ـ برای روشن شدن فضای شهرِ مورد توجه شاعر آورده می‌شود: در چارراه‌ها خبری نیست: یک عده می‌روند/یک عده خسته باز می‌آیند/و انسان ـ که کهنه رند خدائی‌ست بی‌گمان ـ بی‌شوق و بی‌امید/برای دو قرص نان/کاپوت می‌فروشد/در معبر زمان /

در شبانه‌ی ۴ که در ۱۳۴۳/۶/۶ سروده شده، شاعر شهر و شعر مقفا را به هم تشبیه کرده است:/عصری که ضمان کامکاری تو/پول چایی‌ست که به جیب می‌زنی/به پشتوانه‌ی قدرتت/ از سمسارها/و رئیسه‌گان ؛ و یکدستی مضامینی از این گونه است که شهر را به هیأت غزلی می‌آراید/با قافیه‌ها و ردیف/و مصراع‌ها همه همساز/و نمای نردبانی ظاهرش ـ که خود، شعار تعالی‌ست.

«با کودتای سال ۱۳۳۲ و وابستگی تام و تمام سازمان اقتصادی ـ سیاسی کشور به سرمایه‌داری جهانی و برپایی اقتصاد ایران بر تولید روزافزون نفت و احاله همه گرفتاری‌ها و توسعه نایافتگی‌های کشور به دوره‌ی ۱۲ ساله پارلمانتاریست، بی چهرگی دامنه‌ی خود را تا اعماق مفهوم شهر و دگرگونی محتوایی آن می‌گستراند. دگرگونی محتوایی در روابط فرهنگی ـ اجتماعی اولین جرقه‌های خود را آشکار می‌کند و «شهر سوداگر» و «شهر مصرف» را تدارک می‌بینند.»

در دفتر «ققنوس در باران» (چاپ ۱۳۴۵) شعر سه سرود برای آفتاب، ۳ (۲۰ /۱۳۴۴/۱۰) خبر از میزان انتقاد شاعر از شهر می‌دهد:

شهر/هراسان/از خواب آشفته‌ی خویش/برآمد/و تکاپوی سیری ناپذیر انباشتن را

ز سرگرفت/انباشتن و/هر چه بیش انباشتن/آری/که دست تهی را/تنها بر سر می‌توان کوفت

شبانه ۸، (۱۳۴۳/۶/۶)

آبریزی کوچک به هر سراچه ـ هر چندکه خلوتگاه عشقی باشد ـ شهر را
از برای آن که به گنداب در نشیند/کفایت است.

در همین دفتر، شعر مجله‌ی کوچک (۱۳۴۴ /۱۲/۲۳) باز هم حکایت از ریای شهر نشینان از دید شاعر دارد:

ماندن/آری/ماندن/و به تماشا نشستن/دروغ را/که عمر
چه شاهانه می‌گذرد/به شهری که/ریا را/پنهان نمی‌کنند
و صداقت همشهریان/تنها/در همین است.

در فاصله‌ی چاپ «ققنوس در باران» در سال ۱۳۴۵ تا «ترانه‌های کوچک غربت» به سال ۱۳۵۹ و قطعه شعر بچه‌های اعماق که تاریخ ۱۳۵۴ را دارد به مدت ۹ سال در اشعار شاملو که درکتاب‌های «مرثیه‌های خاک»، «شکفتن در مه»، «ابراهیم در آتش»، و «دشنه در دیس» به چاپ رسیده‌اند اثری از واژه‌ی شهر نمی‌بینیم.

شاعر در مورد شهر سکوت می‌کند. گویی به این نتیجه می‌رسد که واحه‌ی پاکی و راستی، شهر سرود، شهر مردم، شهری که در آن ریا نباشد و همشهریان صادق داشته باشد، هرگز وجود نخواهد داشت.

«شهر درگذار تاریخی خویش از «شهر ـ معبد» و «شهر ـ قدرت» به «شهر ـ سراب» و «شهر ـ نیرنگ» رسیده است. همان طورکه آن جواب قطعی و تاریخی وابسته به شرایط موجود آن روزگاران بود، این نیز جواب قطعی به شرایط روزگاران خویش است.»

در دفتر «حدیث بی‌قراری ماهان» (چاپ ۱۳۷۹) و در شعر شبْ بیداران (۱۳۷۳/۱/۸) شاعر با فاصله‌ی نزدیکتری از شهر حرف می‌زند و شهر زنده‌تر از قبل تجسم می‌یابد:

حیران بودم همه شب/ شهر بیدار را/که آواز دهان‌اش/تنها
همهمه‌ی عفن اذکارش بود :/ شهر بی‌خواب
با پی‌سوز پر دود بیداری‌اش/در شب قدری چنان ـ در شب قدری.
گفتم: «بنخفتی، شهر!/همه شب/به نجوا/نگران چه بودی؟»
گفتند: «برآمدن روز را /به دعا /شب زنده‌داری کردیم.

مگر به یمن دعا/آفتاب برآید.»

گفتم: «حاجت‌ْروا شدید/که آنک سپیده!

به آهی گفتند: «کنون/به جمعیت خاطر

دل به دریای خواب می‌زنیم که حاجتِ نومیدانه/چنین معجزْآیت برآمد.»

شاملو از واژه‌ی شهر به غیر از محل سکنای انسان‌ها که دیدیم، معنای دیگری نیز می‌گیرد و آن شعر است. در «هوای تازه» و شعر به تو سلام می‌کنم (۱۳۳۴).

به تو سلام می‌کنم کنار تو می‌نشینم/و در خلوت تو شهر بزرگ من بنا می‌شود

بی‌تو خاموشم، شهری در شبم/تو طلوع می‌کنی

من گرمایت را از دور می‌چشم و شهر من بیدار می‌شود.

با غلغله‌ها، تردیدها، تلاش‌ها و غلغله‌ی مردد تلاش‌هایش...

دیگر هیچ چیز نمی‌خواهد مرا تسکین دهد./دور از تو من شهر شبم‌ای آفتاب

و غروب مرا می‌سوزاند/من به دنبال سحری سرگردان می‌گردم

در این شعر که خطاب به حقیقت سروده شده است، شاعر وجود خود را بدون «آن»، شهری در شب و خاموش می‌داند. ولی با احساس طلوع «آن»، شهر شعر و سرایش او بیدار می‌شود (همچنان که خورشید، شهر شب را روز می‌کند) حقیقت با طلوع خود، شهر شاعر را پر از غلغله‌ی تردید و تلاش می‌سازد.

در شعر دیگر تنها نیستم (۱۳۳۴) به دنبال جستجوی شاعر در شعر قبلی که «من به دنبال سحری سرگردان می‌گردم»، می‌سراید که «با تو من دیگر در سحر رؤیاهایم تنها نیستم» و/شهر من رقص کوچه‌هایش را باز می‌یابد.

به اعتبار چند اثر و نشانه دیگر، در این شعر نیز شهر شاعر همان شعر شاعر است.

در سرود مردی که تنها به راه می‌رود، چنان که گفته شد شاملو همچنان در کار مبارزه برای جا انداختن شعر خود است، و با استفاده از تمام روابط و عناصر یک شهر و واکنشی خشم آلود نسبت به مناسبات اجتماعی آن، راجع به شعرش حرف می‌زند.

در غزل بزرگ نیز به اعتبار چندین رد و اثر که معروف‌ترین آن در سرود مردی که خودش را کشته است، آمده، شهر این شعر نیز - در لایه‌ی مخفی‌تر - شعر خود شاملو و مسائل

روحی و ذهنی و تلاش او برای دستیابی به شاخه‌ی جدا مانده‌ی خود است که به صورت کشمکش نیمه‌ی انسانی‌اش و زن رؤیایی در شعر تجسم می‌یابد که هر دو، پاره‌های شاعرند که به سمت هم و برای یکی شدن فریاد می‌زنند تا شاعر به تکامل برسد.

میان دوپاره‌ی روح من هواها و شهرهاست

انسان‌هاست با تلاش‌ها و خواهش‌هاشان/دهکده‌هاست با جویبارها

و در دفتر «آیدا در آینه» (چاپ ۱۳۴۳) و سرود پنجم، ۴ (تیر ۱۳۴۲) مخالفت شاملو با شعر کلاسیک چهره‌ی واضح‌تری می‌گیرد:

گرچه از قافیه‌های لعنتی در این شعرها نشانه‌ئی نیست؛ (از آن گونه قافیه‌ها برگذرگاه هر مصراع، که پنداری حاکمی خل ناقوس‌بانانی بر سر پیچ هر کوچه برگماشته است تا چون رهگذری پابه‌پای اندیشه‌های فرتوتِ پیزری چرت‌زنان می‌گذرد پتک بر ناقوس فرو کوبند و چرتش را چون چلواری آهار خورده بردرند تا از یاد نبرد که حاکم شهر کیست)

در دفتر «آیدا: درخت و خنجر و خاطره» (چاپ ۱۳۴۴) و شعر در جدال آینه و تصویر، ۴ (۱۳۴۳/۷/۳۰) باز هم با عناصر شهر راجع به شعرش سخن می‌گوید.

شعر شاملو چیزی‌ست از جنس جستجو، با در تقابل گذاشتن همه چیز، برای رسیدن به آزادی و راه مستقل که برای او در یافتن راه شعرش، زبان شعرش و تفکر شعرش نهفته بود. در یک درهم‌تنیدگی برای ساختن جهانی نو و سر برآوردن زندگی یی نو که از راه زبان نو و تفکر نو امکان‌پذیر است. او در اتاق به بیرون فکر می‌کند؛ خانه‌ی او، وطن اوست و در مواردی اندک، جای آرامش؛ کوچه‌ی او جای او و مردم است و شهر او شهر شعرش است: واحه‌ی سپید. شهر سپیده دم، شکل‌گیری فضای صبح و بامداد است و به اعتبار همین صبح و بامداد و سپیده، نام شعری که او می‌نویسد شعر سپید است. در «آیدا در آینه»، سرود پنجم، ۱۲ نیز می‌گوید:

این است عطر خاکستری هوا که از نزدیکی صبح سخن می‌گوید

زمین آبستن روزی دیگر است/این است زمزمه‌ی سپیده

این است آفتاب که بر می‌آید

شاعر که آرمان‌هایش یکسره سرکوب شده‌اند، زندگی‌اش همواره در تلاطم بوده است،

ناتوان از ساختن جامعه‌ی آرمانی‌اش به شعر پرداخته است. او در سفر جانکاهش، شهر سپید و شعر سپید را می‌سازد این است که حاصل زندگی‌اش یگانه است و هیچ کم ندارد. امیدی که همواره در دلش زنده بود را شعرش زنده نگه می‌داشت. و این همان امیدی بود که باید در می‌یافتیم شاعر با آن زنده است نه داشتن زندگی خانوادگی و پیداکردن جفتی دم‌ساز. چیزی که در روان شاملو هیچگاه آخرین و والاترین نبوده است.

او برای ما شعر سپید را به یادگار گذاشت. شعر سپید به نوعی تداعی تخلص «صبح» و «بامداد» را می‌کند و اگر به خاطر تأثیر بصری نام سپیده و زنانگی آن نبود شاید تخلص سپیده را هم برای خود برمی‌گزید. به هرحال آرزوی او سرانجام به صورت «شعر سپید» جاودان شد.

شهر فروغ

شهر با فراوانی ۱۹، درحدود ۱۵ در صد کل اشعار فروغ تجسد یافته است. «تولدی دیگر» با ۷ بار بیشترین اشاره را و پس ازآن «دیوار» با ۶ بار و سه کتاب دیگر به طور مساوی هر یک ۲ بار به شهر اشاره کرده اند.

درکتاب «اسیر» در شعر یادی از گذشته، شاعر به شهری اشاره می‌کند و این تنها محلی‌ست که شاعر به آن محبت دارد:

شهریست درکناره‌ی آن شط پر خروش/با نخل‌های درهم و شب‌های پر زنور
شهریست درکناره‌ی آن شط و قلب من/آنجا اسیر پنجه‌ی یک مرد پر غرور

شاعر، تنگ بلور ماهی را ـ خطاب به ماهی‌ها ـ علاوه بر اتاق بلور به شهر نیز تشبیه می‌کند:

به من بگوئید، آیا در آن اتاق بلور/که مثل مردمک چشم مرده‌ها سرد است
و مثل آخر شب‌های شهر، بسته و خلوت/صدای نی لبکی را شنیدید
که از دیار پری‌های ترس و تنهایی/به سوی اعتماد آجری خوابگاه‌ها،
و لای لای کوکی ساعتها،/و هسته‌های شیشه‌ای نور- پیش می‌آید؟-
(تولدی دیگر)

شهر در شعر دیدار در شب به این گونه در ذهن شاعر باز تولید می‌شود:

من فکر می‌کنم که تمام ستاره‌ها/به آسمان گمشده‌ای کوچ کرده‌اند
و شهر، شهر چه ساکت بود/من در سراسر طول مسیر خود
جز با گروهی از مجسمه‌های پریده رنگ/و چند رفتگر
که بوی خاکروبه و توتون می‌دادند/وگشتیان خسته‌ی خواب‌آلود
با هیچ چیز رو به رو نشدم
(تولدی دیگر)

گویی پس از اهواز، آن شهر پر خروش، شاعر هیچ گاه شهر را نپذیرفته است:

موهبتی ست زیستن، آری/در زادگاه شیخ ابودلقک کمانچه‌کش فوری
و شیخ ای‌دل ای‌دل تنبک تبار تنبوری
شهر ستارگان گران وزن ساق و باسن و پستان و پشت جلد و هنر

فروغ در این شعر طولانی در واقع به مختصات این مرز پرگهر - ایران - نظر دارد و تمام مناسبات حاکم در آن را در فضای شهر تهران بیان می‌دارد:

من در میان توده‌ی سازنده‌ای قدم به عرصه‌ی هستی نهاده‌ام
که گرچه نان ندارد، اما به جای آن/میدان دید باز و وسیعی دارد
که مرزهای فعلی جغرافیائیش/از جانب شمال، به میدان پرطراوت و سبز تیر
و از جنوب به میدان باستانی اعدام
و در مناطق پرازدحام، به میدان توپخانه رسیده‌ست
و در پناه آسمان درخشان و امن امنیتش
از صبح تا غروب، ششصد و هفتاد و هشت قوی قوی هیکل گچی
به اتفاق ششصد وهفتاد و هشت فرشته
-آنهم فرشته‌ی از خاک و گل سرشته-
به تبلیغ طرح‌های سکون و سکوت مشغولند/...

در شعر بعد از تو، از دفتر «ایمان بیاوریم به آغاز فصل سرد» فروغ با طرح یک سؤال: چقدر باید برای رشد این مکعب سیمانی پرداخت؟ نه تنها شهر که تمام مناسبات حاکم بر جامعه‌ای را که با شتاب به سوی مدرنیزاسیون می‌رود، بیان می‌کند، شتابی که تمام

ارزش‌های خوب مردمان را از بین می‌برد:

بعد از تو ما به میدان‌ها رفتیم/ و داد کشیدیم:/«زنده باد/مرده باد»
و در هیاهوی میدان، برای سکه‌های کوچک آوازه خوان
که زیرکانه/به دیدار شهر آمده بودند، دست زدیم.
بعد از تو ما که قاتل یکدیگر بودیم/برای عشق قضاوت کردیم
و همچنان که قلب‌هامان در جیب‌هایمان نگران بودند
برای سهم عشق قضاوت کردیم/چقدر باید پرداخت/چقدر باید
برای رشد این مکعب سیمانی پرداخت؟

مناسباتی که درهمان دفتر و شعر پنجره نیز تکرار می‌شود:

وقتی که اعتماد من از ریسمان سست عدالت آویزان بود/و در تمام شهر
قلب چراغ‌های مرا تکه تکه می‌کردند،/وقتی که چشم‌های کودکانه عشق مرا
با دستمال تیره‌ی قانون می‌بستند/و از شقیقه‌های مضطرب آرزوی من
فواره‌های خون به بیرون می‌پاشید/وقتی که زندگی من دیگر
چیزی نبود، هیچ چیز بجز تیک تاک ساعت دیواری/دریافتم، باید. باید. باید
دیوانه‌وار دوست بدارم.

شهر من و تو (عصیان) شهر شما (اسیر) شهر رؤیاها، شهر روز، شهر ما، شهر زیبایی، شهر غمگین، شهر خواب‌آلود، شهر آرزوها، شهر تو (دیوار)، شهر زنجره‌ها، شهر شعرها و شورها (تولدی دیگر)، آن سوی شهر (ایمان...) از ترکیبات شعری فروغ هستند.

هر دو شاعر در ابتدای جوانی از شهر به هیجان آمده و آن را دوست داشته‌اند. پس از آن فروغ دچار ترس از شهر شده است. شهر ساکت که بوی خاکروبه و توتون می‌دهد همانند شهر شاملو که پر از ویرانه و زوزه‌ی سگ‌هاست. هر دو شاعر شهر و مناسبات آن را به سخره می‌گیرند. شهر فروغ شهر ستاره‌گان گران‌وزن... است، شهری که مرزهای جغرافیاییش یا میدان تیر است یا میدان اعدام یا توپخانه. شهر شاملو، شهر سرد و تاریک سربازان مست و قحبه‌هاست. شهر قدرتمداران و سمسارها، شهر انباشتن‌ها و دروغ و ریاکاری. در هیچ

یک از این پنج فضا این دو تن به این همدلی و هم نظری نبوده‌اند و نگاهشان به هم نزدیک نبوده است. فقط فروغِ معترضِ پرداخت‌های سنگین برای رشد مکعب سیمانی، برای تسکین درد ریسمان سست عدالت و مرده بادها، زنده بادها در می‌یابد که باید، باید دیوانه‌وار دوست بدارد اما شاملو تمام عشقش را برای گریز از شهر در ساختن شعرش مصروف می‌سازد. فروغ برای ما عشق را به جا می‌گذارد و شاملو شعر سپید را.

و این تحقیق ادامه دارد ...

منابع:

● مقایسه نگاه شاملو و فروغ به اتاق، خانه، کوچه، خیابان، شهر: فصل زنان (۵). روشنگران و مطالعات زنان، ۱۳۸۴.

● متن سخنرانی درهمایش همه جانبه شعر و داستان؛ به مناسبت روز دولت آبادی، شاملو، و گلشیری. دانشگاه سبزوار، ۳-۱ خرداد ۱۳۸۱.

| سرنوشت رباعی و چنگ مشوش |

بررسی کتاب چنگ مشوش، پوران فرخزاد

حدود بیست سال پیش برای دیدار استاد گلچین معانی به مشهد رفته بودم، ایشان عنایت کرده و مقالاتی درباره‌ی تذکره و تذکره‌نویسی و نقد آن‌ها تحت عنوان «شاعرانی که شاعره شناخته شده‌اند» به من مرحمت کردند. که به کار تحقیقی‌یی که داشتم بسیار آمد. وارد مباحث آن مقالات در خصوص تذکره‌ها نمی‌خواهم بشوم که مثلاً حجابی گلپایگانی از زمره‌ی اناث شاعرات و از نسوان گلپایگان بوده و شاعره‌ای صبیح المنظر و محرم پرده‌ی بی‌حجابی مولانا حجابی یا در اصل خود مولانا حجابی بوده، که در تذکره‌ها فراوان از این گونه تخلیط‌ها موجود است و اصلاح شدنی هم نیست و به همین گونه نواقص هم ختم نمی‌شود چرا که به غیر از حجابی مذکور، به چند حجابی دیگر هم اشاره رفته است. انتساب ابیات به شاعران

متعدد نیز از دیگر معضلات ایجاد شده توسط نسخه‌نویسان، تذکره‌پردازان و مورخین است که سرانجام محقق علاقه‌مند بررسی این قبیل مسائل نمی‌فهمد که رباعی زیر طبق نوشته‌ی تاریخ گزیده از بنت التماریه است یا به نوشته‌ی مجالس النفائس از عایشه مقریه.

ما را به دم تیر نگه نتوان داشت   در خانه دلگیر نگه نتوان داشت

آن را که سر زلف چو زنجیر بود   در خانه به زنجیر نگه نتوان داشت

روشن نبودن نام شاعر منحصر به انتساب شعر شاعره‌ای به شاعره‌ی دیگر نیست به خصوص که از معنی شعر مذکور می‌توان آن را شعری زنانه دانست، اما اشعاری وجود دارد چون شعر زیر که سرگذشتی دیگرگونه دارد؛ می‌نویسند که این رباعی، شعر دختری است:

در مطبخ عشق جز نکو را نکشند   لاغر صفتان تندخو را نکشند

گر عاشق صادقی ز کشتن مگریز   مردار بود هر آنکه او را نکشند

نویسنده ریاض العارفین آن را در شمار اشعار سرمد آورده است ولی گلچین معانی آن را متعلق به حدود دویست سال پیش از زمان سرمد می‌داند؛ در کلیات شمس تبریزی (ص، ۱۳۷۳، رباعی۸۸۱) آن را در عداد رباعیات مولانا می‌بینیم.

در دیوان خواجه‌ی شیراز نیز مکرر به اشعاری برمی‌خوریم ـ در نوع رباعی ـ که به شاعرانی دیگر منسوبند، مثل رباعی زیر و چند رباعی دیگر که به سلمان ساوجی:

جز نقش تو در نظر نیامد ما را   جز کوی تو رهگذر نیامد ما را

خواب ارچه خوش آمد همه را   در عهدت حقا که به چشم در نیامد ما را

و رباعی معروف زیر نیز، هم به کمال اسماعیل (نزهت المجالس، شماره ۳۸۶۱) و هم به کمال خجندی (دیوان کمال، ص۸۲۷) منسوب است:

امشب ز غمت میان خون خواهم خفت   وز بستر عافیت برون خواهم خفت

باور نکنی خیال خود را بفرست   تا در نگردکه بی تو چون خواهم خفت

یا رباعی زیر در دیوان خواجه که هم به عایشه سمرقندی (نزهت المجالس، شماره ۷۹۱) نسبت داده شده و هم در دیوان خاقانی دیده شده است:

گفتی که ترا شوم مدار اندیشه   دل خوش کن و بر صبر گمار اندیشه

کو صبر و چه دل کانچه دلش می‌خوانند   یک قطره خونست و هزار اندیشه

در میان ستارگان قدر اول آسمان علم و ادب ایران، حکیم عمر خیام، جایگاهی ویژه دارد و شهرت او در خصوص فن رباعی‌گویی سال‌هاست به خارج از مرزهای ایران رسیده است ولی دیوان او نیز از اشعار مشکوک و دخیل بی‌آسیب نمانده چنانکه حتی در مجموعه‌های نزدیک به زمان زندگی شاعر، رباعیاتی وارد شده است که متعلق به خیام نیست. در مجموعه‌ی قرن هشتم هجری متعلق به کتابخانه مجلس، شماره‌ی نهصد رباعی‌یی موجود است که به نام مهستی نیز ثبت شده است:

چون ابر به نوروز رخ لاله بشست　　　با باده‌ی لعل کن سر عهد درست

بیت دوم این رباعی به گونه‌های مختلف نقل شده که در این جا از آن می‌گذرم. بحث درباره‌ی رباعیات خیام و نسخ متعدد آن بسیار مفصل است.

شخصیت ادبی مستقل خیام و جهان‌بینی و فلسفه‌ی او به نوعی‌ست که هر شنونده‌ی صاحب ذوقی سریعاً شاعر (یا سبک خیامی) را از خلال کلمات و مفاهیم باز می‌شناسد اما رباعی به علت ظرفیت‌های خاصش که در آن از امضای شاعر خبری نیست، کوتاه است، و جهانی معنی را باید در اندک لفظ گنجانید، به راحتی سرگردان شده و در دواوین و دفاتر شعرای متعدد ضبط می‌گردد. در همین زمان نیز در محافل ادبی، رباعیاتی را می‌شنویم که احساس می‌کنیم قبلاً آن‌ها را شنیده‌ایم که بعضی آن را به قدرت شاعری گوینده‌ی معاصر نسبت می‌دهند و حال آن که اگر توارد هم باشد، فضل تقدم از آن شاعری در چندین قرن پیش است. نداشتن جهان‌بینی و فلسفه‌ی خاص زندگی، نداشتن سبک مشخص و بارز هنری، نداشتن زبان خاص، و تصاویر بدیع و تحت تأثیر متقدمین بودن از زمره‌ی عوامل هویت نداشتن بسیاری از اشعار، به خصوص رباعی است. در شعر کلاسیک زنان شاعر نیز همانند مردان کمتر به شعری می‌توان برخورد که عوامل مزاحم گفته شده را نداشته باشد. بر سری تمام آن عوامل، تقلید شعر مردانه و نفی خصوصیات روحی زنانه (به غیر از نفی امضای زنانه است که در تاریخ ایران و جهان سابقه دارد) منجر به سرودن اشعاری شده است که چنانکه مذکور افتاد می‌توان آن‌ها را به شاعران مرد نسبت داد. بنابراین همیشه هم تقصیر با تذکره‌نویسان نیست. در این باره سخن بسیار است که چون در این جا فقط قصد و بهانه، کتاب رباعیات خانم پوران فرخزاد ـ چنگ مشوش ـ است به همین مقدار از مسائل مربوط به رباعی بسنده شد تا جایگاه شعر خانم

فرخزاد رابهتر مشخص سازد.

کتاب چنگ مشوش کتابی ست به قطع ۱۰ در ۱۴ سانتیمتر در ۱۵۰ صفحه که در هر صفحه آن شعری آورده شده است یعنی در کل حاوی ۱۵۰ رباعی است.

چون شاعر، شبی در باغ اقاقیا گم شده و بر اثر نواخت ساقی خاطرات با روح شراب، همدم خم شراب گشته است (رباعی شماره ۱)، از آنجاست که قصه‌های ناگفته‌ای برای خوانندگان کتاب خود بیان می‌کند. خانم فرخزاد بارها عشق را مخاطب می‌سازد و به یاد او با بهار، با چلچله، با فاخته و ابر و آینه و حتی پنجره و کوچه حرف می‌زند. سینه‌ی تنگ او تا توانسته به خروش آمده و در هر رباعی، پیامی نهان کرده است؛ او سخنی این زمانی دارد:

انسان که به ماه رفت و زان باز آمد   در پهن زمین به خود نه همساز آمد

در آتش کین، برادران می‌سوزند   از کوک بگشت ساز و ناساز آمد

و سئوالی دیرینه راکه می‌توان باز هم پرسید، می‌پرسد:

ما رهرو سال دو هزاریم همه   در چرخه‌ی قرن، بیقراریم همه

یک دور هزار سال زینسان بگذشت   کس نیست که گوید به چه کاریم همه

شاعر برای سخن راندن از جغرافیای سرزمینش از اسطوره‌های مادینه یاری می‌گیرد:

ای بانوی فره‌دار امواج بلند   در آینه‌ی زمان غنوده اروند

از پرتو مهر آتشی دیگر ساز   باشد که برآییم از این فصل نژند

شعر او به یاری تصاویر اسطوره‌ای، شعری‌ست با هویت:

اینک زنی از سپیده دم می‌آید   در چشمه‌ی خور به فرجم می‌آید

در برکه‌ی نور شستشو کرده به ناز   خورشید وشی است کزارم می‌آید

و در بیان رفتارهای فطری زنان، واقعی و زنانه:

بر شانه‌ی عشق سر نهادم خاموش   در میکده‌ی روح دل آمد به خروش

از باده‌ی شوق چون برافروخت دلم   در بازوی عشق مست رفتم از هوش

البته فرخزاد در بند جنسیت نمی‌ماند و از این مرزها در می‌گذرد و از کلام برای رساندن پیام خود بهره می‌گیرد:

سیمرغ سپید از سر کوه پرید   البرز دگر نشانی از زال ندید

رستم به سراپرده‌ی تاریخ بخفت   از این همه جز فسانه بر ما نرسید

او عشق را بیدارکننده‌ی افسانه‌ها می‌داند:

عشق آمد و چون زال مرا برد به کوه   در خانه‌ی سیمرغ فکندم به شکوه
چون پیر خرد راز بیاموخت مرا   سیمرغ دگر شدم به دشت اندوه

او با مهر سترگ، معشوقه‌ای که از پهنه‌ی کیهان، پرتو افشان می‌آید، پیوندی دارد و چشم انتظار آمدن اوست:

ای ایزد مهر باغساران افسرد   مهتاب به چشم چشمه‌ساران افسرد
خورشید درون بستر ابر بخفت   ای یار بیا که روزگاران افسرد

در شعر او، باد بهار از میستان می‌آید و روح شباب و افسانه‌ی عشق بر همه می‌دمد و نیستان، هستان می‌شود و همگان پرواز را می‌آموزند:

ای پنجره‌های آشتی باز شوید   با بانگ خوش مهر هماواز شوید
تاریکی شب به تیغ خورشید شکست   خیزید و پرآورید و پرواز شوید

شاعر، آرزومند بال تیز پروازی‌ست تا بار دیگر زندگی آواز کند. او از عشق که آغازه‌ی هر رازی‌ست می‌خواهد که در او بنوازد و نغمه‌سازکند و در امتداد سخن خواجه‌ی شیراز می‌خواهد که از نو طرحی دراندازد:

ای عشق بیا ز نو سخن سازکنیم   این دفترکهنه را ز نو بازکنیم
انسان دگر چهره برافروخته است   ای عشق بیا طرح نو آغازکنیم

سؤال‌های شاعر همان سؤال‌های فلسفی و اجتماعی شعرای قرون گذشته است با طعمی جدید:

دیشب به صدای گریه‌های باران   رفتم به خیال جانگزای یاران
از شاخ شکسته نال نالی آمد   ایوای کجا شدند آن عیاران

رباعیات فرخزاد برای انتقال زیبایی‌ها به تنهایی نیست بلکه جستجوکنان به دنبال راهی بر معنا از خود به در می‌آید:

در ژرفه‌ی اندیشه‌ی پنهانی من   رازی‌ست نهان ز جفت زندانی من
من کوی به کوی و در به در در پی او   او چشم گشاده برگران جانی من

در جستجوی راهی به معنای هستی گاهی حیرتی خیامی به سراغ شاعر می‌آید:

انسان به فراخای زمین حیران است   افسرده و خسته جان و سرگردان است
از باغ و بهار و باده و بزم مگو   بر چرخه‌ی چرخ آتش نیران است

.....

در دایره‌های بسته سرگردانیم   در پرده‌ی پندار و گمان حیرانیم
در اوج بلوغ دانش کیهانی   افسوس که بر وجود خود نادانیم

اما گاه شاعر آنچنان در ابر سیاه گرفتار می‌شود که شاهسواران سپید رؤیاهایش در تنگه‌ی گور آرزو می‌خوابند (رباعی شماره ۷). در شبستان خیال نیز که می‌خوابد، رؤیایش گسسته می‌شوند و به ناچار با مرگ به گفتگو می‌نشیند و در بستر تنگش، های و هوی به راه می‌افتد. گاه نیز غم او غم زایشی دیگر است:

منظومه‌ی گمگشته‌ی سرگردانم   جستارگری شیفته و حیرانم
در سینه‌ی کهکشان چو ققنوسی پیر   در آتش زایشی دگر پرانم

وقتی پروانه‌ی برف بر سر و موی سپید شاعر می‌نشیند و رفتن افروزه‌های عشق و گذشتن وسوسه‌های آفتابی چون سوز غمی پنهانی او را در تابه‌ی غم می‌سوزاند تا بدان حد که عید سبز پیروز را نیز از جلوه می‌اندازد، او خود را بلبلی مانده در گلو آواز می‌خواند که دیگر هوای پروازش نیست. در ژرف سکوت ناله‌ای به خروش سر می‌دهد و آنچنان در غم فرو می‌رود که گویی ابر سیه از غمان او می‌بارد و او در سوگ ستاره‌ها سیه می‌پوشد:

در کوچه‌ی باد، دل ز بیداد گریست   از یاد تو یاد کرد و در باد گریست
در پیچ و خم باد خیال خوش تو   نقشی شد و در سکوت فریاد گریست

او اینهمه غم را ناشی از تقدیر می‌داند، «تیری ز کمانه‌ی تقدیر بجست» و وصیتی این چنینی می‌کند:

آوای مرا به بادها بسپارید   در باغچه‌ای دلم به کنجی کارید
باران بهار چون ببارید به خاک   هرجا که گلی رست مرا یاد آرید

شاعر در طول زندگی پر نشیب و فراز خود با دلی پر از خیال دوست و با یک قافله خاطره از پهنه‌ی کوچه‌ی درواقعه پیچیده و برباد شده، می‌گذرد. اندوه او گاه اندوه زن بودن است:

از جمع زنان شرقی خاموشم دیری است که در سکوت جوشاجوشم
چون مرغک بال بسته‌ای درقفسی یک باغ سخن دارم و لب می‌پوشم

وگاه اندوه دوست:

زن غمزده در سایه‌ی مهتاب خمید در سوک سیاه دوست بی‌تاب خمید
شبلی صفتان به روی او سنگ زدند حلاج‌وشان به پایه‌ی دار خمید

البته تمام اندوه و غم او غم زن بودن نیست:

بر چهر زمانه نقش بیداد شدست رؤیای سپید ما بر باد شدست
در بیشه‌ی عشق هیچ آوایی نیست تاریکانست وقت فریاد شدست

پوران فرخزاد به رغم اشعار متعدد خاکستری در سوگ ویرانی، درازآهنگ بودن شام و ویرانی بنای عشق و سرگردانی، سراینده‌ای افسرده و درمانده نیست. او امیدوار است و به مدد شور عشق، همگان را دعوت می‌کند تا به موج برآیند و خود را به عشق اندازند تا بدین مرحله برسند که:

معشوق بهانه است در حلقه‌ی عشق بر قله‌ی نور روح فرزانه شدست

او راه این فرزانگی را در رباعی زیر بیان می‌کند:

چون قفل وجود خویش را بشکستی راهی ببری زشور، سوی مستی
از چاه زمین به فرافلاک شوی در ژرفه‌ی نیستی بیابی هستی

فرخزاد شاعری‌ست خوش‌بین:

ای دوست جهان چرا چنین تاریک است شب سرخ و بنفش و ره چنین باریک است
از دور صدای خنده‌ای می‌آید شاید که دگر سپیده دم نزدیک است

او با تردستی از رنگ‌ها بهره می‌جوید و با رنگ‌ها نقاشی می‌کند: «دریای بنفش پهن در آبی روز» و با قدرت از کلماتی که به طور سنتی به فضای رباعی تعلق ندارد: موسیقی، نت، واژگان، چادر (در معنای پوشش زنانه)، شرقی، و... استفاده می‌کند و ترکیبات و تصاویر شاعرانه‌ی قدما را با برداشتی زنانه مجدداً بیان می‌کند.

نغمه‌ی حروف کلمات او، موسیقی خوش آهنگی به اشعارش می‌بخشد:

بدرودکنان برفتم از من بیرون چون پیرهنی برفتم از تن بیرون

آن پیر چهانگشا شبی گفت به راز　　　پروانه شدی زپیله پرزن بیرون

صنعت مراعات النظیر، یک‌دستی خاصی به اشعارش می‌دهد:

دیشب به هوای عشق باران آمد　　　تندر به خروش آمد و توفان آمد
ازآذر خشم آسمان چندی سوخت　　　و آنگاه به خوان عشق مهمان آمد

اگرچه از نظر سنتی، شاعران ایرانی هیچ‌گاه زمان سرایش اشعار خود را مشخص نمی‌کرده‌اند ولی شاید تاریخ داشتن رباعیات خانم فرخزاد می‌توانست جستجوگران را بهتر با تب و تاب شعری ایشان آشنا سازد، همچنان که نظم الفبایی ردیف و قافیه‌ی رباعیات سهولت مراجعه را موجب می‌شد. برکنار از چند لغزش کوچک چون رباعی۱۴۴:

زن غمزده در سایه‌ی مهتاب خمید　　　درسوک سیاه دوست بی تاب خمید
شبلی صفتان به روی او سنگ زدند　　　حلاج وشان به پایه‌ی دار خمید

اسناد حلاج وشان (جمع) به زن غمزده (مفرد) درست نیست. بهتر بود از مصرعی چون این سود می‌جست: حلاج‌وش او به پایه‌ی دار خمید، یا نوعی دیگر.

ورود این بانوی محقق و مترجم گران مایه را به تاریخ ادبیات از دروازه‌ی رباعی خوش آمد می‌گویم.

منابع:

• مجله نافه، س. دوم، ش.۲۳، اردیبهشت ۸۱.

| سیمای زن در آثار شفیعی کدکنی |

بررسی جایگاه مردان فعّال در عرصه‌ی فرهنگ و ادب، نه از زاویه‌ی تکنیک و توانایی در ردیف کردن واژگان، بلکه نگاه آنها به نیمه‌ی دیگر هستی یعنی زنان همواره برایم جالب بوده است و سؤالی بهتر از این نیست که ازآنان پرسیده شود: زن چیست؟ و از آنجا که نمی‌توان میکروفون را به بن دندان افراد نزدیک کرد، باید از ورای کلمات و نوشته‌هایشان بخوانیم که با این معنا در چه رابطه‌ای هستند. سؤال از چونیِ زن مبحث عشق را پیش می‌کشد.

سنّت ادبی‌یی که شفیعی کدکنی در درون آن پرورش یافته، حضور یاری از لون حافظ را مجاز می‌داند و این‌گونه لحظات در زندگی شعری م. سرشک در شعر کلاسیک رخ می‌دهد، فرمی که شاعر در امنیت وزن و قافیه و سنّت ادبی مرسوم می‌تواند در آن پنهان

شود و به این لحاظ در اشعار کلاسیک وی رد بیشتری از عشق زمینی می‌توان دید که شاید حاصل پروازهای خیال در میدان مغناطیسی قافیه و ردیف شعر سنّتی ایران باشد. شعر دیشب را می‌خوانیم:

دوش از همه شب‌ها شبِ جانکاه‌تری بود
فریاد ازین شب چه شب بی‌سحری بود!
دور از تو منِ سوخته تب داشتم اِی گل
وز شورِ تو در سینه شرار دگری بود
هر سو به تمنّای تو تا صبح نگاهم
چون مرغک طوفان زده‌ی در به دری بود
چون باد سحرگاه گذشتی و ندیدی
در راه تو از بوی گل آشفته‌تری بود
افسوس که پیش تو ندارد هنرم قدر
ای کاش به جای هنرم سیم و زری بود

حضور عشق را در اندیشه شفیعی کدکنی از درون اشعار او به اختصار پی می‌گیریم. شاعر در شعر زمزمه۲ بدین گونه به عشق زمینی اعتراف می‌کند:

تو مده پندم ازین عشق که من دیر زمانی
خود به جان خواستم از دام تمنّای تو رستن
دیدم از رشته‌ی جان دست گسستن بود آسان
لیک مشکل بود این رشته‌ی مهر تو گسستن
امشبت اشک من آزرد و خدا راکه چه ظلمی‌ست
ساقه‌ی خرّم گلدان نگاه تو شکستن
سوی اشکم نگهت گرم خرامید و چه زیباست
آهوی وحشی و در چشمه‌ی روشن نگریستن

این عشق، زمینی‌ست چراکه هیچ عارفی رَستن از دام تمنّای یار ازلی را به دعا نمی‌خواهد. شفیعی در چند سال بعد همچنان که خود گفته است عاشقی‌ست پشیمان:

بیگانگی زحدّ رفت اِی آشنا مپرهیز

زین عاشق پشیمان سرخیل شرمساران

آیا می‌توان گفت که او در زمان سرایش این شعر از عاشقی با یاری زمینی پشیمان بوده است؟ چراکه عشق ازلی را پشیمانی نباشد. غزل زمزمه ۱، با این مطلع و مقطع:

هرچند امیدی به وصال تو ندارم

یک لحظه رهایی زخیال تو ندارم

از خویش گریزانم و سوی تو شتابان

با اینهمه راهی به وصال تو ندارم

نگاه مردان به عشق، بخصوص با توجّه به سابقه‌ی ادبی‌شان، به راحتی می‌تواند از عشق زمینی به عشق آسمانی تفسیر شود و چنانکه مشهود است می‌توان این شعر را عرفانی هم تلقی کرد.

به نظر می‌رسد با توجّه به تاریخ سروده‌ها، با افزایش سن، شاعر گام به گام در اشعارش از عشق جنسی فاصله می‌گیرد، هرچند در شعر قصیده‌ای در ستایش عشق با احترام عمیق او به عشق و آگاهی‌اش نسبت به عشق زمینی روبرو هستیم. در فاصله‌ی سی سال، معنایی از عشق انکشاف می‌یابد که دیگر یک واژه نیست و این واژه‌ی مبهم که تنها تجلّی معناست نردبانی است به عالم بالاکه سقوطش نیز عروج است، ولی باز شاعر دچار تردید شده و می‌سراید که عادت دشمن عشق است و رسیدن به آن تباهی است. بخشی از آن را باهم می‌خوانیم:

عشق آغاز می‌شود با تن

به کجا می‌رسد خدا داناست

خود عبوری‌ست از در ممنوع

آن دری که حضور در فرداست

....

عشق جان آفریدن است از تن

گرچه پایان آن تنی تنهاست

عطشی بهر نیم‌زادِ نهان

که رسیدن به او تمنّی ماست
عشق گم کردن من و تو و اوست
هرچه گم کرده‌ای همه آنجاست

تظاهرات جنسی دراشعار شفیعی کدکنی، حدود ۴۵۴ شعر در دوازده دفتر، کمیاب است و به ندرت از بوسه و رُپ رُپ‌های دل حرف زده است، با شعر سرود:

... خاموشم و انتظار
سر تا پا
تا سبزترین ترانه را
فردا
در چهچه‌ی بوسه تو بسرایم

و بوسه‌ای دیگر در شعر مناجات:

و در آغاز، سخن بود و سخن تنها بود
و سخن زیبا بود
بوسه و نان و تماشای کبوترها بود...

در شعر کتیبه سیال:

چون لحظه‌های بوسه و بدرود
بنمود روزگارم و بربود!

تغییر نگاه شاعر به بوسه در فاصله‌ی زمانی سُرایش اشعار بخوبی قابل رویت است، در شعر دیباچه:

... در زیر آسمان
هرگز لبت تپیدن دل را
-چون برگ در محاوره‌ی باد-
بوده‌ست ترجمان؟...

در اشعارعاشقانه‌ی شفیعی رد آشکاری ازمحبوب شعری و عروس شعر نیست. به نظر می‌رسد زمین و زمانه‌ی او و سال‌های مبارزه در حذف عوالمی که بوی جنسیت بدهد دخیل

بوده است. آیا می‌توان گفت که عشق مردمی جای عشق زمینی را گرفته است؟ در شعر پژواک به صراحت از کوتاهی نسبت به این عشق، عشق به مردم، پوزش می‌خواهد:

... ببخشای ای روشن عشق بر ما! ببخشای

ببخشای اگر صبح را ما به مهمانی کوچه دعوت نکردیم

ببخشای اگر روی پیراهن ما نشان عبور سحر نیست

ببخشای ما را اگر از حضور فلق روی فرق صنوبر خبر نیست...

و در پایان مرثیه می‌سراید که:

فرو ریخت پرها و نکردیم پرواز

با اعتراف در صیغه‌ی جمع، گویی می‌خواهد دیگران را نیز در این آغاز نکردن مبارزه همدست کند. به هر رو، او در آن سال‌ها که روی پیراهن بهترین جوانان این مرز و بوم نشان عبور سرخ فلق حکّ می‌شد، خوشبختانه در جمع بهترین استادان، برکنار چون پرگار، مشغول تلمّذ بودند. اگرچه این نگارنده از حفظ این گنج برای ادبیات ایران خرسند است اما این انتقاد شفیعی از خود کمی بوی تواضعی دارد که مایل به تقدیر است. شفیعی در شعر نشانی شریک مبارزات قلمی سایر شاعران نیز بوده است:

... با شعرهامان شمع‌هایی خرد

بر طاق این شب‌های وحشت بر می‌افروزیم

یعنی که در این خانه هم

چشمان بیداری

باقی‌ست...

و به سختی می‌توان این عشق مبارزاتی را در تفکر وی کمرنگ کرد، چرا که به کجا چنین شتابان و محاوره‌ی گَوَن و نسیم جزئی از حافظه‌ی تاریخی مردم ایران است، گیرم همچون بیانیه‌ای چون سایر اشعار.

معنای برخی از اشعار شفیعی به رغم زبان ساده مبهم است که شاید سعی شاعر بر مخفی شدن را نمایندگی می‌کند. در اینجا تاثیر شیوه‌ی هندی و تکریم نسبت به ویژگی‌های سبکی این طرز را در بررسی‌های تاریخی ـ ادبی نمی‌توان نادیده گرفت، اگرچه در چاپ

مجدد زمزمه‌ها بسیاری از اشعاری راکه به این مکتب تمایل دارند حذف کرده‌اند . تجدید نظر در عقاید و نوشته‌ها مخصوص شفیعی کدکنی نیست و دیگرانی هم در این دوران ، و حتّی حافظ در آن عصر، اشعار دوران جوانی یا آغاز ورودشان به صحنه‌ی ادبیات را از میانه جمع کرده‌اند . از این روی ، حذف برخی قطعه‌ها بخصوص از دفاتر زمزمه‌ها ، شب‌خوانی ، و از زبان برگ می‌تواند با تغییر سلیقه و نگرش و مذاق هنری همراه باشد ، اما پاک‌سازی عقاید و تمایلات همچنان با حک و اصلاح ادامه دارد . آیا با این حکاکی‌ها در کار تراشیدن تندیسی بی‌نقص نیست تا تصویری کامل از خود به یادگار بگذارد ؟

توضیحات شفیعی کدکنی در آغاز چاپ دوم کتاب شب‌خوانی در سال ۱۳۶۱ حاکی از همین تغییر در عقیده است . وی به صراحت تحت عنوان انتقاد از خود می‌نویسد:

«به چیزهایی که زیاد هم برای من چندان مقدس نبوده‌اند ـ و آن جنبه‌های قبل از اسلامی ایران است ـ چه قدر تحت تأثیر اوضاع و احوال ـ و شاید وجود همشهری پیشکسوت بزرگواری که از صدور ائمه‌ی شعر معاصر است ـ از خود شیفتگی نشان داده‌ام، شاید هم در آن لحظات واقعاً حالاتی در من بوده است . اما در این لحظه ، ایران ، در جانب اسلامیش و با فرهنگ اسلامیش ، با عین القضات و حلاج و سهروردیش و با فضل الله حروفی تبریزیش و هزاران هزار دیگرش بیا تا خیابانی و کوچک خان و دهخدایش بسیار مقدّس‌تر است از ایران هوخشتره و کورش کبیر و مردی که بر دریا تازیانه می‌زد ، و در آن جانب هم آن قسمتی را دوست دارم که در دوره‌ی اسلامی حیات خود را استمرار داده ، مثل سیاووش و رستم و نه آنهاکه از میان سنگ‌نوشته‌های احتمالاً موهوم سر بدر آورده‌اند.»

به این طریق ، خوانندگان اندک اندک شاهد گذار شاعر از عشق به سبک بیمارگونه‌ی هندی حاکم بر غزل‌های نخستین و نیز عشق به ایران باستان می‌شوند .

اما به‌گواهی تعداد قابل توجّهی از اشعار شفیعی می‌توان گفت که عشق وی به طبیعت حقیقی‌ترین یادگاری‌ست که تولد در کدکن و زندگی در خراسان برای او آورده است تا آنجا که شعر نوی او لونی از سبک خراسانی دارد:

... سفر ادامه دارد و من از دریچه‌ی ترن

به کوه و دشت‌ها سلام عاشقانه‌ای

که جوی‌بار جاری و جوان روشنی‌ست درکویر پیر سوختن

روانه می‌کنم

لطافت هوای باز و بامداد را

زگیسوان دختری که از میان پنجره

فشانده جوی موی نرم خویش را به دوش باد

روایتی رها و عاشقانه می‌کنم...

سفر ادامه دارد و پیام عاشقانه‌ی کویرها به ابرها

سلام جاودانه‌ی نسیم‌ها به تپه‌ها...

در انتخاب واژه‌ها او به زیبایی می‌اندیشد و چنین است که از منطقه‌ی جغرافیایی محل تولدش که بین نیشابور و کاشمر و تربت حیدریه است، دو مکان اوّل در پیشانی کتاب اشعارش حکّ می‌شوند ولی از تربت حیدریه خیر.

از عشق جنسی و مردمی و ازلی بگذریم و به عشق مادر بپردازیم. شفیعی درتکریم مادر، کتاب‌های صور خیال در شعر فارسی و موسیقی شعر را به یاد مادر تقدیم می‌کند: «آن بزرگ آموزگار زندگی و شعر و آن شیفته‌ی سرودهای حافظ که نخستین نغمه‌های سخن پارسی را یک حرف و دو حرف بر زبانم الفاظ نهاد و گفتن آموخت.» او در شب‌خوانی در شعر آشیان متروک خاطره‌اش را اینگونه ثبت می‌کند:

در اینجا زادم از مادر زمانی

مرا این خانه مهد و آشیان است

نخستین آسمانی راکه دیدم

خدا داند که خود این آسمان است

چه شبها مادرم افسانه می‌گفت

از آن گنجشک آشی ماشی و من

به رویاهای شیرین غرقه بودم

نشسته محو گفتارش به دامن

اما در بیان جایگاه مادران در اشعار خود تنها به ترکیب آه مادران در شعر زاینده رود

بسنده می‌کند. احترام به مادر که برخاسته از تعالیم مذهبی ـ سنّتی است ونشان از حضور مؤثر مادری علاقه‌مند دارد، بیشتر با حذف و اندرونی کردن زنان همراه است نه از حضور زنان در جامعه گفتن. شاید داشتن استادانی محافظه‌کار و محتاط در این نوع رفتار بی تأثیر نبوده است.

شفیعی در توصیف تابلو مانند زنان موفق از کار بیرون می‌آید. در شعر هدیه گویی پرتره‌ای را وصف می‌کند:

شاخه‌ای گل، در کفش

خم کرده سر بر شیشه‌ی سردی

کز افق، در خویش دارد، قوسی از زنگار

زن به روی صندلی، خاموش

در کران بی‌کرانی، در زلال خواب

شسته خود زاندیشه‌ها وکار.

همچنان آن شاخه‌ی گل

در کفش لرزان

گاه‌گه بیدار، گه در خواب

ایستگاهی

در قفای ایستگاهی

می‌رسد دشوار.

در کجاها مانده است آن گل؟

تا کجاها رفته است آن زن

در آن دیدار؟

تکریم زنان در شعر شفیعی توصیفی باستانی‌ست، توصیف نقوش مانده بر دیواره‌ی جام‌ها و ظروف یا گزارشی ملایم از بلایای تاریخی و آنچه بر زنان در این ایلغارها رفته است:

بر خاک پشته، تاک جوان، سبز و بارور

زنجیره‌های سبز به هر سوی بسته است

اینک تبارِ تاکِ کهن باغِ شادیاخ!
کز باده‌اش ترانه خیام رُسته است.
وین زن که از میان سفال شکسته‌ای
گیسو گشاده چنگ به مضراب می‌زند
هم‌بزم باده نوشیِ آن هوش قرن‌هاست
کاین سان بر آتش غم او آب می‌زند.
نیمی زچنگِ او به دگر پاره‌ی سفال
در خاکریز وحشت غزها نهفته است
اما صدای چنگ وی از نیمه‌ی دگر
درگوش من به مویه‌ی محزون شکفته است.
وان آذرخش کز دل این ابر می‌جهد
گویی چراغ هوش و دلِ آگه وی است
وین سبزه‌ای که زار بر آن گرید ابر صبح
بذری ز سبزه‌های تماشاگه وی است

در شعر پنجره‌های ابیانه، تکریم تاریخ باز به همان شیوه و آیین است و توصیف محترمانه‌ی ایستایی تاریخی:

پشت آن پنجره در ابیانه
برقی از آذر برزین باقی‌ست
جامه‌ی خویش دگرگونه نکرده‌ست و
هنوز
به همان شادی دیرین باقی‌ست.
پشت آن پنجره در ابیانه
زنی استاده و می‌خواند راهاب رهایی را
کوک سازش را تغییر نداده‌ست و
صدا

در همان پرده‌ی شیرین باقی‌ست

پشت آن پنجره در ابیانه

آرزوها و نگاه آن زن

از پس گرد قرون و اعصار

به همان شیوه و آیین باقی‌ست

و در زن نیشابور، گرچه کار و زحمت زنان را از قلم نمی‌اندازد ولی باز به همان نقش‌های

تاریخی اکتفا می‌کند:

می‌توان در خشکسالی‌ها

گرد خرمن

خوشه چینش دید

می‌توان با کودکی بر پشت

در دروزاران و آن گرمای گرم نیمه‌ی مرداد

داغ و

سوزان و

عرق‌ریزان جبینش دید

می‌توان با چادری فرسوده و تاریک

نوحه‌خوان

بر گورها

زار و حزینش دید

می‌توان در حمله غز یا تتار و ترک

در ستیز دشمنان بر پشت زینش دید

می‌توان در آن سفال آبی ساده

چنگ بر کف

نغمه‌گر

چون رامتینش دید

نغمه‌ی خویش

از حصار مسجد نور

ار برآرد

هر مخالف را کند مغلوب بیدادش

تا توان در حلقه‌ی شادی نگینش دید

این زن گُرد نشابوری ست

می‌توانی آن چنان یا این چنینش دید

می‌توان بیش ازینش دید

شاعر بیش از این از نقش زنان توصیفی نمی‌کند، چرا؟ علاقه‌ای ندارد یا باور ندارد؟ یا زنان نیشابوری بیش از این نیستند؟

البته که شفیعی شاعری حسّاس است و برای بیان درون، مُجازکه هرچه بخواهد تصویر بیافریند، ولی از مادران به آه آنان، در پل خواجو، بسنده کرده و دعای بازگرداندن طراوت را به اشعارش با دوشیزگی روز نخستین تمنّا نموده، برای گفتن از شدت اندوه به زنان ضجه زن بر گور، در صبح ماهان، و پیر شدن دختران جوان، سوره‌ی برائت، اشاره کرده است و نام بردن از روسپیان، چون کلامی نفرینی، چنان عادی که در کتاب لغت بتوان یافت. کلام سرشک، کلامی‌ست فاخر و بدون برانگیزانندگی، سخت و سرد نسبت به همه‌ی جهان. در توصیف صبح ماهان، پس از توصیف صبح و بیدار شدن گنجشک‌ها می‌نویسد:

با چادر مشکی

دو بانوی جوان

آنجا

بر روی گوری خم شده

حاجت ازو خواهان

با ضجه‌های ضجر

....

صبح دلاویزی‌ست در ماهان
صبحی میان سایه روشن‌ها
گر می‌توانستی، به غربالی، جدا کردن
موسیقی گنجشک‌ها را از ضجه‌ی زن‌ها

درین قحط سال دمشقی، مخنّث نیز سهمی از حضور جنسیت را با خود دارد، و البته دختر همسایه که شاید بتوان او را به نوعی در ردیف عرایس الشعر این شاعر تلقی کرد، نیز:

چه شب‌هایی که رؤیا زورقم را
کنار زورق مهتاب می‌راند
دو گوشم بر ترانه‌ی دلنشینی
که تنها دخترِ همسایه می‌خواند

در بررسی اشعار شفیعی به رغم سعی بسیار برای رمزگشایی زمینه‌های احساسی مورد علاقه‌ی شاعر بیش از این به سیمای زن دست نمی‌یابیم.

در حاشیه‌ی شاعرانگی، دیده می‌شود که غیر از دفتر زمزمه‌ها و خطی ز دلتنگی، که در آنها هیچ شعری به کسی تقدیم نشده، در ده دفتر دیگر کلیه‌ی تقدیم نامه‌ها برای مردان است که البته تعجبی ندارد. در کنار تقدیم نامه‌ها گاه اشعاری را با اشخاصی دیگر سهیم است یا نشانی می‌دهد که به آن فرد نظر داشته است، چون شعری در دفتر از بودن و سرودن که همراه با دانته و ابوالعلاست و یا در دفتر غزلی برای گل آفتابگردان با اوکتاویوپاز و ...

جالب است در شعری که جای پای رابعه بنت کعب قزداری به وضوح باقی‌ست و به دلیل احاطه‌ی سترگ شفیعی به این متون نمی‌توان او را بی‌اطلاع دانست، روشن نیست که چرا شعر را همراه با رابعه ثبت نکرده است؟ شاعر معاصر عرب، البیاتی، نیز شعری به نام مگس زرّین دارد و شفیعی در کتاب آوازهای سند باد آن را ترجمه کرده است. قرن‌هاست که شعر ملخ‌های زرین با نام رابعه قزداری همراه است. در اصل نیازی به طرح نام نیست، اما وی در اشعار دیگرش به اندک ارتباطی شعر را تقدیم کرده یا به شراکت عنوان می‌کنند، البته نه در همه موارد:

این بارهم ناگاه
زرین ملخ بارید
آری
اما نه بر ایوب
برمشت کِرمی در کنار راه...

عوفی در کتاب خود در باره‌ی رابعه می‌نویسد: «دختر کعب اگر چه زن بود اما به فضل بر مردمان جهان بخندیدی و فارِس هر دو میدان و والی هر دو بیان، بر نظم تازی قادر و در شعر پارسی بغایت ذکاء خاطر و حدّت طبع، پیوسته عشق باختی و شاهدبازی کردی و او را مگس روئین خواندندی و سبب این نیز آن بود که وقتی شعری گفته بود:

خبر دهند که بارید بر سر ایوب   ز آسمان ملخان و سر همه زرین
اگر ببارد زرّین ملخ برو از صبر   سزد که بارد بر من یکی مگس روئین

شاید بتوان این تکریم شعری نسبت به فروغ فرخزاد را جایگزین کرد و سوک سروده‌اش را خواند:

یک لحظه در این معبر خاموش
- بندرگاه غوکان لجن خواره -
فواره‌ای در سینه‌ی مرداب قد برافراشت
با طیف بی‌آرام ناقوسی که دامن بر سحر زد
و آوازهایی نقره‌گون می‌خواند
رنگین‌کمانی داشت تا آن سوی دریاها
گسترده بر بالین فرداها
افسوس!
از هیبت تاریکی توفان
آن قامت رونده روشن
- فواره‌ی بالنده با رنگین‌کمان‌هایش -
به خاک افتاد

و اکنون
مرداب دیگر باره آرام است و شب تنهاست
تنها
بر پرده‌ی بی‌موج تاریکی
تصویری از آن روشنای رهگذر برجاست

شفیعی کدکنی احساسش را نسبت به وضعیت زنان در جامعه‌ی پس از انقلاب ایران در شعری گفته است. حضور زنان در این عصر به قدری روشن و نورانی و واضح است که شاعر تاریخی ما را روزآمد می‌کند و وامی‌دارد که رسالت تاریخی خودرا به انتها برساند. سرانجام سرشک می‌رسد اگرچه با تأخیر، اَجر شاعر مأجور باد!

اگر مردی
بیا ای دوست، اینجا، در وطن باش
شریک رنج و شادی‌های من باش
زنان، اینجا، چو شیر شرزه کوشند
اگر مردی، در اینجا باش و زن باش!

منابع:

۱. شب‌خوانی، نشر توس، تهران، ۱۳۴۴.

۲. در کوچه باغ‌های نشابور، نشر رز، تهران، ۱۳۵۰.

۳. مثل درخت در شب باران، نشر توس، تهران، ۱۳۵۶.

۴. بوی جوی مولیان، نشر توس، تهران، ۱۳۵۵.

۵. هزاره‌ی دوم آهوی کوهی، پنج دفتر شعر (مرثیه‌های سرو کاشمر، خطی ز دلتنگی، غزل برای گل آفتابگردان، ستاره‌ی دنباله‌دار، در ستایش کبوترها)، نشر سخن، تهران، ۱۳۷۶.

۶. آیینه‌ای برای صداها، هفت دفتر شعر (زمزمه‌ها، شب‌خوانی، از زبان برگ، در کوچه باغ‌های نیشابور، مثل درخت در شب باران، از بودن و سرودن، بوی جوی مولیان)، نشر سخن، ۱۳۷۶.

۷. در روشنایی باران‌ها، تحلیل و بررسی شعرهای محمدرضا شفیعی کدکنی، کامیار عابدی، کتاب نادر، تهران، ۱۳۸۱.